“兵头将尾”的客户中心管理

全媒体客户中心管理

Multi-Channel Customer Engagement Center

张艳 著

成 都 时 代 出 版 社

图书在版编目(CIP)数据

全媒体客户中心管理/张艳著.--成都:成都时代出版社,2016.7

ISBN 978-7-5464-1703-5

Ⅰ.①全… Ⅱ.①张… Ⅲ.①企业管理-销售管理 Ⅳ.①F274

中国版本图书馆CIP数据核字(2016)第172675号

全媒体客户中心管理
QUANMEITI KEHU ZHONGXIN GUANLI
张艳 著

出品人 石碧川
责任编辑 蒋雪梅
责任校对 李茜蕾
装帧设计 风入松文化
责任印制 干燕飞

出版发行 成都时代出版社
电　　话 (028) 86742352(编辑部)
　　　　 (028) 86615182(发行部)
网　　址 www.chengdusd.com
印　　刷 北京人教方成彩色印刷有限公司
规　　格 170mm × 240mm
印　　张 18
字　　数 310千
版　　次 2016年8月第1版
印　　次 2016年8月第1次印刷
书　　号 ISBN 978-7-5464-1703-5
定　　价 38.00元

本书若出现印装质量问题,请与工厂联系。电话:(010)85979785

客户互动管理的未来

（代序一）

移动互联网、客户体验革命、大数据、认知计算、人工智能，各种变化正在深刻改变着客户交互与服务领域的形态与内涵。新渠道、轻渠道、微渠道层出不穷，伴随着客户互动的革命，从呼叫中心演变到的客户中心，并不断扩展到客户交互平台，本行业正经历着深刻的变革。运营日益规模化、精准化、多通路化、智能化和普适化。随着语音和文本、多媒体渠道为一体，人工与智能服务共协同，物理与数字的通路大融合；随着以客户理念、人文为中心时代的来临，客户中心正从企业价值链的一侧走向价值传递的中央，与惊艳的产品研发一起发挥着客户体验创造的核心角色。

客户互动管理领域在中国历经短短二十年的快速发展历程，业内通常以“电信九七工程”作为本行业在中国发展的始点。而发展路径则经历着呼叫、接触、互动（call center –> contact center –> interaction center）这样的演化过程；而新时代的客户交互互动又注入了客户契合互动（engagement）的内涵。

单一的语音服务渠道进化成为多介质的复合服务渠道体，并最终将发展为整合传播服务和营销、销售和产品为一体的互动中心的机制架构。作为企业数字化服务、电子商务中信息流和体验流的接入平台和整合载体，客户中心正在发生深刻的变革，展现出日益多元的价值。而随着全新的人机智能时代的到来，深度学习、认知计算、服务机器人，增强现实空间又在深刻地改变客户交互的方式、能力与体验；以致深刻冲击客户中心现有的运营方式、人力资源体系和绩效指标等管理手段。我们再一次目睹时代的风云正在奔来，我们有幸处在大变革时代的当口。

从呼叫中心到客户中心的演变正在全面改变着本行业的管理基础。越来越多的客户互动渠道的管理者们深刻地意识到传统语音呼叫中心对 KPI 和团队文化的关注已经不能适应非语音渠道客户互动管理的新特点。行业的发展亟待总结出台一个“非语音客户互动渠道”的管理规范，而这一项工作毫无疑问又是从零开始的求索之旅。

本书的作者张艳女士从呼叫中心运营管理一线成长起来，因为工作的原因，近年来在互联网、移动互联网、电子商务等领域的客户互动渠道的建设和管理方面有了非常多的实践和总结。基于她和团队的努力，我们得以提炼出这样一本来源于实践一线、同时服务于一线实践的管理体系，期待《全媒体客户中心管理》一书的面市可以迅速帮助本行业的管理者们找到进入非语音客户互动渠道管理的“入口”，并随着自己的实践不断丰富和完善这样一个管理体系。

当然，“全媒体”这样一个称谓也许并非最准确的名词定义。一些诸如新媒体、全渠道、富媒体等名词也正层出不穷。但是，企业的投资者们并不关心你设置的媒体是否够全、互动渠道是否够新；他们关心的永远都是客户的体验是否够好、客户的价值能否更好地被挖掘。基于这样的原因，这本书也仅仅只是客户互动管理领域在现阶段发展中承上启下的一本实践性的作品，我们期待它的面市可以发挥应有的积极作用！

赵　溪

客户世界机构创办人，CC-CMM 国际标准组织主席

2016 年 6 月 7 日于北京

全媒体客户中心是技术更是艺术
（代序二）

2014 年，李克强总理首次指出互联网是大众创业、万众创新的新工具。2015 年，十二届全国人大三次会议上，总理在政府工作报告中首次提出"互联网 +"行动计划。"互联网 +"是知识社会创新 2.0 推动下的互联网形态演进及其催生的经济社会发展新形态。"互联网 +"不是简单的"互联网 + 各个传统行业"，而是利用信息通信技术以及互联网平台，让互联网与传统行业进行深度融合，创造新的发展生态。

"互联网 + 客户服务"正在充分发挥互联网在社会资源配置中的优化和集成作用，将互联网的创新成果深度融合于客户服务之中，提升整个客户服务行业的创新力和生产力，形成更广泛的、以互联网为基础设施和实现工具的客服发展新形态。客户服务正在被重塑，面对各大接入媒体、各个年龄段受众、各种连接移动设备，"互联网 + 呼叫中心"逐渐进化成为"客户中心"，而"互联网 + 客户中心"又蜕变成为"全媒体客户中心"。全媒体客户中心正是随着企业向互联网转型以及社会环境的改变应运而生的。

据研究报告显示，自 2006 年起，国内就已经有企业践行多媒体客户中心的探索，主要提供语音呼叫中心客服和网页端客服，探索前期发展缓慢。随着移动互联网的发展，社交媒体爆发以及专门为移动端提供 SaaS 客服的厂商纷纷崛起，促进了全媒体客服领域的高速发展。自 2014 年以来，中国 SaaS 客服领域吸引了大量的投资者，投资总额超过 5000 万美元，同时 BAT 等互联网巨头也已经入场。经过十年发酵的沉淀，客户中心正从话音呼叫中心、网页端客服向全媒体架构的统一客服平台升级，经过 2015 年的启动期，2016 年全媒体客户中心将进入高速发展期，预计 2017 年将达到 680 亿元市场规模。

经济与社会环境发展促进客服需求升级，"互联网 +"时代需要全媒体客户中心！

1.2015 年 9 月，国务院常务会议决定设立总规模为 600 亿元的国家中小企业发展基金，政府对中小企业发展持鼓励态度。国家将"互联网 +"提升为国家战略，传统企业加快互联网化进程，对全媒体客户中心需求激增。

2. 从宏观经济层面看，2015 年全年国内生产总值 676708 亿元人民币，较上年增长 6.9%。截至 2015 年底，中国互联网用户人数达 6.88 亿人，其中手机上网人数 6.20 亿人，互联网普及率高达 50.3%。企业级信息消费蕴含着新的系统机会，中国企业级服务市场已经被打开。

3. 中国基础移动网络速度提升，2015 年我国 4G 用户总数达 2.25 亿，中国智能手机用户渗透率提升。网民的上网设备正在向手机等移动端设备集中，互联网对于整体社会的影响已进入到新的阶段。

4. 我国消费结构升级，从实用型向品质型升级、从必需型向享受型升级、从物质型向服务型升级。消费者对服务态度、客户体验的要求越来越高，消费习惯开始逐渐转变，线上咨询购买、线上消费线下购买相结合，O2O 等行业呈井喷式发展，服务型消费已经逐渐成为主流，客户服务成为任何企业都不可或缺的"标配"。

关键词从"连接"变成"服务"，全媒体客户中心将扮演重要"连接"角色！

上一个互联网时代创造了 BAT 等互联网巨头，核心关键词是"连接"。百度连接人与数据、阿里巴巴连接人与商品、腾讯连接人与人，分别在万亿级的市场获得了巨大成功。随着"互联网 +"国家战略的不断深入，国内以颠覆型"服务"商业模式驱动的 O2O 和互联网金融等行业风生水起，不断创造出诸如滴滴出行、蚂蚁金服等新互联网神话。

互联网产品从以往的专注做"加法"、唯 KPI 论转变为做"减法"、唯用户体验论，用户体验为王的设计理念已经深入人心。下一个互联网十年将以"人工智能 + 大数据 +VR"为驱动，打造一个体验为王的服务型互联网世界。

著名经济学家凯恩斯曾说过："消费是一切经济活动的唯一目的和对象。"因为人类存在消费需求，才会有生产和制造来满足这样的需求，也正是因为有了消费和生产制造，才需要服务去支持它们，使其更有效率，而全媒体客户中心将在服务领域扮演非常重要的"连接"角色。

全媒体客户中心的最佳实践

1. 全媒体接入解决了客服请求渠道杂、体验差等问题。包括来自电话、网页端(H5)、APP、新媒体（微博、微信等）的客服请求均能一键接入、一键回复、一键管理。

2. 智能机器人解决了招聘难和效率低问题。客服领域当前是一个典型的劳动密集型领域，面临着中国人口红利消失、招聘艰难且成本日益增加等很多问题，一些简单的、重复的问题由机器人解答，一些复杂的问题也可以改为在人机混合模式下由机器人提供备选答案、由真人来选择答案。智能机器人能够帮助解决 60% ~ 80% 的常见问题，智能机器人 + 人工协同的服务方式将极大地提高效率。

3. 客服从成本中心向营销中心和盈利中心转化。客户中心开始承担更多营销、销售的职责。过去是以客服工单为主，沟通关系被动，职能隔离且偏售后，与销售、营销部门无协同关系。但未来客服的业务链条将“并联”营销、销售和售后环节，是互联网时代企业与用户的“第一连接点”，承担客户关系维护、二次销售、营销等职能，成为盈利中心。

4. 大数据驱动，精准客户画像，不止于报表。

全媒体客户中心不仅是一门技术同时更是一门艺术!

全媒体客户中心理论以“体验”为核心视角，恰到好处地描绘了未来客户服务全媒体接入、人工智能驱动、大数据升华，参与企业全要素、全流程运作的服务蓝图。全媒体客户中心的发展历程经过呼叫中心、联络中心、客户中心，作为一种体系，在互联网技术升级换代中不断注入新的内涵，从此不再简单，充满人文情怀，但仍然质朴，不忘初心。

一位资深从业者曾这样总结这个时代：“伴随着客户互动的革命，从呼叫中心演变到客户中心，作为不断扩展的客户交互平台概念，一直经历着深刻的变革。运营日益规模化、精准化、多通路化、智能化和普适化。作为集语音和非语音渠道为一体、人工与智能服务共协同、物理与数字的通路大融合，随着以客户理念，人文为中心时代的来临，客户服务中心正从企业价值链的一侧走向价值传递的中央，与惊艳的产品研发一起，发挥着客户体验创造的核心角色。”

本书通过理论与实践相结合，深入浅出地诠释了全媒体客户中心的建设与文化等核心内容，将能够很好地帮助企业管理者解决客户中心日常运营中碰到的问题，同时也将促进客户服务在企业运营中发挥更大价值。

全媒体客户中心不仅是一门技术，同时更是一门艺术！是为序。

刘俊彦
环信 CEO

作者自序

从事服务相关的工作已经二十多年了，亲历了国内服务行业各个发展阶段，体会着消费者、企业管理者、客服负责人在近二十余年来对客服中心在定位、诉求、关注重点方面的变化，而我本人在这二十余年来在角色上经历了从一名一线从业者到基层管理者、到后端支持者、到企业中高层管理决策者的变化。这个过程有太多的感悟与经历，在行业上从商旅行业到电商行业再到咨询培训，无论是从一个从业者的角度还是从消费者的角度，或者从企业管理者的角度，这二十年都有太多的收获、感悟与时代变革下思路和方法的转变，尤其是近几年随着互联网的发展与企业管理思路的变革，无论是企业领导者还是企业各个部门的管理者都深知市场竞争最终是客户之争，“跑马圈地”最终是一场获取客户与保留客户双赛道的竞争，而这个理念推动着企业运营管理中的技术、流程、产品都将服务的 DNA 深植其中。当服务已经成为“基本功”、服务的基础指标已经成为“及格线”、基础的服务已经逐步被“自助化”的时候，也就推动着客服中心的转型与升级，这一切推动着企业管理者对客户中心的重新定位，同时在这场变革中也带来了从运营思维到经营思维的转变，而在转变过程中的反思、焦虑、尝试之后，带来了脱胎换骨与豁然开朗，定位的变化、视角的变化、思路的变化、环境的变化，带来的是行业的转型升级与新的春天！

一直有个梦想，就是将所思所想所行分享给同行，分享给企业的管理者，分享给客服职场上的基层和中层管理者。

非常幸运有好朋友文香的引荐，在 2016 年 1 月底和《客户世界》赵溪主席在一次短暂的交流之后有了编写《全媒体客户中心管理》这本书的想法，感谢赵主席从行业关注点上给予点拨和帮助、感谢环信 CEO 刘俊彦在技术发展现状与前景方面给予的分享。

希望这本书能够帮助到企业的管理者，重新认识客服在企业中的重要作用与可以创造的价值；希望这本书能够让客服中心的管理者变“被动”为“主动”，突破原有的服务思维，让客服中心成为推动企业变革、拉近企业与用户的桥梁、成为推动企业成长的动因、成为不断为企业创造价值的最有利的经营中心；希望这本书让客服中心每一层的从业者看到自身发展的希望和成长的路径，以身为其中一员为荣，在每天看似平凡的工作中吸收养份、挖掘精华，以用心、专心、精心的态度成就不平凡的自己！

张　艳

目 录

绪论："互联网+"时代背景下的客户互动管理整合电子商务信息流

一、电子商务的概念

电子商务 Electronic Commerce，简称"EC"，就是通过电子手段进行的商业事务活动。通过使用互联网等电子工具，使公司内部、供应商、客户和合作伙伴之间利用电子业务共享信息，实现企业间业务流程的电化配合企业内部的电子化生产管理系统，提高企业的生产、库存、流通和资金等各个环节的效率。

二、电子商务在国内的发展阶段

第一阶段：电子邮件阶段。

这个阶段可以认为是从 19 世纪 70 年代开始的，大家主要应用子电子邮件的方式进行联络，尚没有交易行为。

第二阶段：信息发布阶段。

从 1995 年起，以 Web 技术为代表的信息发布系统爆炸式地成长起来，成为 Internet 的主要应用，大量门户网站如搜狐、YAHOO、新浪等门户类电子商务网站异军突起。

第三阶段：EC (Electronic Commerce)，即电子商务阶段。

从 1998 年起，电子商务逐步走入人们视野，但还处于萌芽阶段，阿里巴巴、易贝易趣、亚马逊等电商开始尝试经营模式，而网购还只是尝鲜者出于好奇心而在忐忑中尝试。从购买到支付到物流的环节中，支付手段相对单一，网上交易的安全保障尚不健全，物流网络覆盖相对局限，线上交易仍处于磨合当中。直到 2011 年，随着支付环境、消费环境安全性的提升，物流网络的覆盖范围的扩大，以及国家对于电子商务在监管机制等方面的不断重视，使得电子商务在经历了十余年的发展之后终于日趋成熟。马云的一句"要么电子商务，要么无商可务"的预言也从"危言耸听"到逐步被企业家认可，电子商务俨然成为产品和服务走向消费者的必要载体，以电子商务带动的服务链、产业链、服务提供商逐步走向成熟。

第四阶段：全程电子商务阶段。

全程电子商务是随着 SaaS (Software as a Service) 的发展和成熟，逐步实现全程信息流整合，延长电子商务产业链，整合电子商务信息流。全程电子商务阶段也是实现人工智能的基础。

第五阶段：智慧阶段。

近两年来，不断出现“智慧城市”“智慧旅游”等概念，随着互联网及云计算技术日趋成熟 ，碎片化信息、图文信息的解读和整合能力快速提升，推动互联网营销通过对于各类信息的整合而实现了千人千面的主动营销、客户互动、客户关怀。

三、电子商务的基本模式

电商领域按客户群体划分，大体分为几类。

◇ B2B(Business to Business)，指企业对企业之间通过互联网进行产品、服务、信息的交易。

◇ B2C (Business to Customer)，“B2C”模式是中国最早产生的电子商务模式。如今的 B2C 电子商务网站非常多，比较大型的有天猫商城、京东商城、苏宁易购等。

◇ C2C (Consumer to Consumer) 是个人对个人的交易模式，像淘宝、微店、AirB&B 都是此模式的代表之一，C2C 的模式也是分享经济的模式之一。

◇ O2O (Online to Offline) 是线上线下融合的商业模式。苏宁是国内首家践行“O2O”的电商。从 2013 年开始，O2O 的模式大力发展，线上推广线下体验的模式以及线上交易线下体验的模式被广泛应用，很多电商开始通过合作等模式进行线下实体店的布局，而像百度外卖、E 洗车等电商上门服务也逐步成为广受欢迎的消费模式。

◇ C2B(Customer to Business),“C2B”即消费者对企业的反向定制的交易模式。这种交易模式是在充分了解消费者需求的前提下进行私人定制的服务，能够满足客户的个性化需求，减少企业的库存压力，目前正成为电商企业差异化竞争的业务模式。

四、电子商务信息流的整合

电子商务由商城(平台)、消费者(客户或用户)、产品、物流、资金流等要素组成。

◇产品相关的信息包含商品基础信息、价格信息(供价、卖价)、库存、促销信息、消费者评价信息、退换货规则信息。

◇消费者信息包括客户账户内的基本信息,如姓名、地址、浏览行为信息、购买历史、购物偏好、投诉行为信息、商品评价信息等等。

◇物流信息包括正向物流、逆向物流信息。正向信息包含从订单生成到备货、出库、干线物流、站点配送、配送时间、配送结果等；逆向物流包含从退货申请到退货快递配送进展、退货检核入库，再到退款环节。

◇资金流信息包括消费者支付信息、退款信息、供应结算及分账信息等等。

◇所有信息在交易过程中是联动的状态，因此单点信息不能称之为电子商务，信息流一体化整合的成熟度也代表着电商平台的成熟度。

◇电商平台上任何一笔交易都涵盖商品信息、客户信息、订单信息、物流信息、支付信息。每个信息的背后都有强大的系统支持，比如商品信息来源于SAP (System Applications and Products) 系统，客户及订单信息来源于CRM (Customer Relationship Management) 系统，信息流整合也是业务流及系统的整合。

全程电子商务阶段的实现前提即是整合信息流，这也是全面实现人工智能的基础。没有信息流的整合，由人来进行信息的追踪、联络，无法承载电商平台的几何增速，同时无法释放人力，客户体验过程的不同步、不透明更无法推动客户体验的提升与电商行业的大发展。

站内信息的整合包含商品、促销、客户浏览、客户购买、客户订单、物流、支付、信誉等级信息等，这些信息的整合决定着平台的运营能力、自助服务能力，转化能力等，是决定综合运营成本的关键。能够有效地将站内信息应用于站外的推广，将站外的消费者洞察信息应用于产品定制与站外推广，就能有效降低营销推广成本与库存周转。

整合电子商务信息流源于服务体验流程与业务流程，服务于企业的经营决策与营销推广，是电商企业在实现业务飞涨的同时有效降本增效的根本。

服务营销一体化

一、服务的核心是什么？

笔者以为，服务的核心是为企业为客户创造价值。

二、如何在服务的过程中创造价值？

对于服务创造价值，我们可以从几个层面来推进展开。以往的服务是“传话筒”、是问题处理中心、是业务跟进中心，这些基础功能将逐步被前置服务和自助服务所取代。

在服务的过程中宣传品牌、带动销售、提升会员黏性、打造服务品牌、提升客户体验，每一个与客户互动的环节都是创造价值的开始，从服务向服务营销，不仅仅是销售部门、传统电话销售的职能，更是量化每一个服务成果的核心。当然，这个量化不限于销售额、它可以是会员的忠诚度、复购率、购物频次、NPS（客户净推荐值）、亲传率（客户推荐比例）等等。

对客户而言，创造价值不仅仅是解决问题、不仅仅是销售产品，服务的价值还可以扩展为知识推广、产品选择、专业指导。比如母婴垂直电商的代表“红孩子”旗下客户互动中心就是通过育儿知识互动、全媒体育儿顾问的服务而创造了季度复度率 75%、购物频次超过 3 次的好成果。通过服务带动销售是企业提升会员黏性“四两拨千斤”的做法，它可以实现服务品牌打造，同时通过对于客户画像、喜好等标签的完善来实现交叉营销，拉升客户的生命周期，提升会员的亲传效果。

NPS 值（Net Promoter Score），净推荐值，又称净促进者得分，亦可称口碑，是一种计量某个客户将会向其他人推荐某个企业或服务可能性的指数。它是最流行的客户忠诚度分析指标，专注于客户口碑如何影响企业成长。通过密切跟踪净推荐值，企业可以让自己更加成功。

自助化与轻服务趋势

在几年前大家谈及客服中心，首先问的是规模，最大的痛苦是业务增量带来的团队规模成长快、人员流失高、基层管理人力能力跟不上等问题。讨论的是：如何迅速招聘？如何降低人才培养周期？如何降低人才培训成本？如何减少场地成本？如何通过外包减少管理投入？如何提升人员利用率（utilization）？如何减少平均通话时长 ATT（Average Talk Time）、平均处理时长 AHT（Average Handle Time）？如何通过人员的管理提升服务？如何通过运营管理提效降本？当前的时代给了传统客服中心通过技术、知识手段来前置服务、提升自助化服务能力的机会，如何减少人力投入、打造轻服务平台则是未来研究和讨论的话题。

如果说通过运营管理实现提效降本可以实现人效提升 2 ~ 3 倍的效果已经是一个显著的成就，那么通过 DB（Data Base）和 KB（Knowledge Base）双驱动来实现降低客服成本、将客服的费比降低，将有更大的想象空间。

服务产品化与定制服务趋势

服务前置、智能机器人带来标准服务自助化，人工服务差异化的趋势已经呈现。人力不再是解决简单重复的问题，私人定制的服务在大数据应用和全媒体普及后的趋势愈加明显。定制服务可以成为高端客群或高价值客群免费享受的服务产品，也可成为有偿服务的产品，而这类服务产品作为平台类公司，尤其是平台电商，将会有更多的盈利空间。

比如面向合作企业提供增值服务（B2B 类）的服务外包、营销外包，可以实现多盈的经营结果；或者是向高端客群（B2C 类）提供定制服务，服务本身将成为会员分级服务的产品之一。

“O2O”服务模式打造——传统企业人力升级打造全民服务

随着全媒体带来随时随地服务的技术条件，传统的呼叫中心客服与店面销售人员的服务边界越来越缩小，服务的界面与服务标准越来越趋同。经营客户的理念深植人心，除了服务渠道的差异以外，经营客户的方法和手段都具备共通性，而线上线下的配合更可以打造服务的闭环，让管家式服务成为可能和趋势。

远程服务与众包服务趋势打造轻平台业务模式

互联网、线上推广、促销、活动补贴等占领市场的一系列商业行为带来业务增量的无限幻想，而服务增量之大之快，更是传统服务模式无法承载和应对的。借助全媒体技术，让服务不再是业务爆发的短板和瓶颈，除了自助服务能力建设以外，两种方式也将成为打造轻平台、提升承载能力的制胜法宝。

远程服务模式

通过业务细分实现业务引流，可以降低业务难度，减少业务跨度，对于简单的、周期性的、即时类的业务可以结合促销节奏及业务类型打造远程服务团队。家庭办公、时段服务等方式既可减少人力储备成本，又可减轻管理及场地成本。

众包服务模式

大规模电商的平台化发展势必带动服务众包模式的快速推进，如天猫、京东、苏宁、百度外卖等平台均采用了众包的服务模式，从服务体验上看，减少了中间沟通环节，提升了服务效率；从企业价值上看，更是降低了人力成本。平台类的电商客服正在从“运动员”向“裁判员”转变，由服务向服务管理、客户体验提升的角色进行转变。

第一章　全媒体客户中心的优势与定位

全媒体客户中心是互联网时代的产物，是迎合和顺应客户沟通交流习惯的必要途径。也许有些人会说，我们只要有产品优势就行了。其实不然，就像纸媒不知不觉被自媒体弱化、传统线下零售逐步被电子商务抢占市场一样，全媒体客户中心将是与客户互动的标配，它不仅决定着企业的服务运营效率、成本、客户体验，更是决定着未来服务可否产品化、服务是否能够成为企业的核心竞争力的关键因素。全媒体客户中心的发展在近两年势如破竹，正在成为企业拓展客户、保留客户的重要渠道。

第一节 全媒体客户中心的优势与价值

随着”互联网+”概念深入人心，网络普及，智能手机覆盖全民，人们的沟通习惯也发生了巨变，当你看到街头巷尾的大爷大妈都在玩微信、发语音，当你看到公交车上地铁里全民“低头”，当两个临座的同事都在用即时通讯沟通工作，这些习以为常的事情说明网络交流已经成为人们的习惯。全媒体互动的方式已经成为企业给消费者提供服务的必要途径，我们来看一组数据：

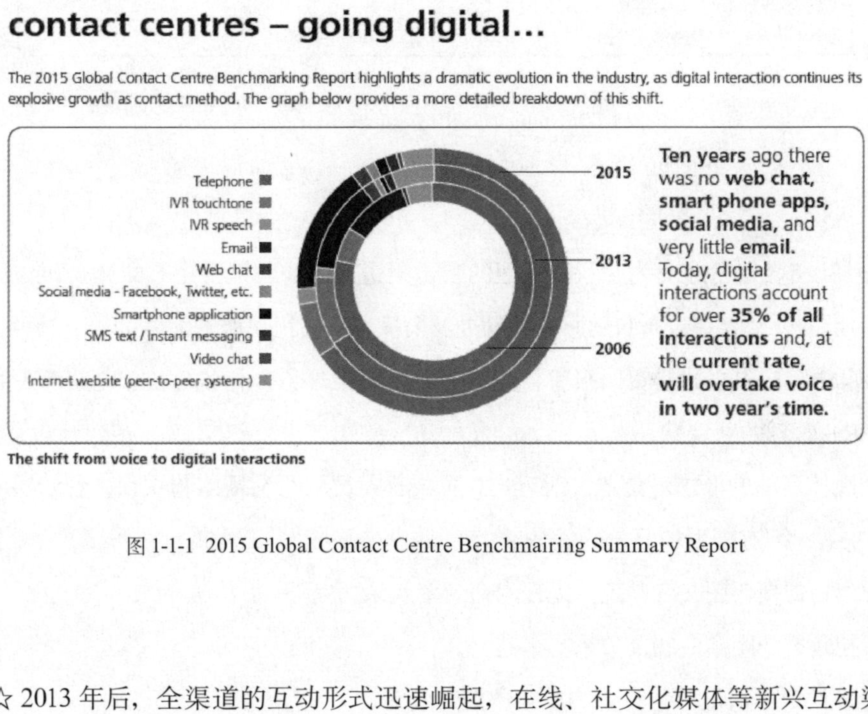

图 1-1-1 2015 Global Contact Centre Benchmairing Summary Report

☆ 2013 年后，全渠道的互动形式迅速崛起，在线、社交化媒体等新兴互动渠道迅速提升并逐步超越语音互动渠道。

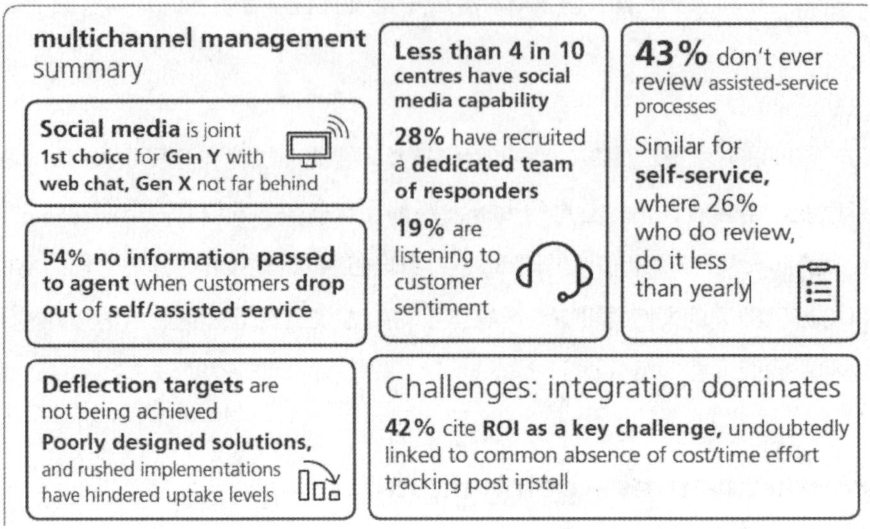

图 1-1-2 Omnichannel – frictionless by design

本图摘自 2015 Global Contact Center Benchmarking Summary Report

☆ 社交媒体已经成为互联网沟通的首要渠道，但如何提升中心的社交媒体服务能力？如何借助社交媒体进行自助服务的辅助及衔接，不断优化服务流程和服务体验？如何提升全媒体客户中心的投资回报率，并不断进行降本增效，愉悦客户？这些都成为全媒体客户中心管理的新课题。

全媒体互动的形式对企业、对客户、对从业人员，无论是体验层面、经营层面、管理层面来看，都有着更加显著的优势：

☆沟通便捷，图文音并茂，提升沟通效率效果。

☆拉近客户距离，朋友关系易于建立。

☆降低企业通讯成本、人力成本，提升效率。

☆提升沟通效率，借助辅助信息提升销售转化效果。

☆利于推进自助服务及智能质检，减少管理成本及管理风险。

☆减缓听说同步压力，减少情绪冲突。

☆远程服务易于推广及监督，使远程服务、外包、兼职等多种服务及人力构成方式并行变得更加可行。

全媒体客户中心是互联网大发展的产物，是电子商务业态下的基础服务手段，是迎合客户沟通习惯的必要途径，也是电商高速发展的背景下服务降本增效、打造服务轻平台的解决方案之一。

第二节　全媒体客户中心定位

我自1995年开始实习以来，在服务领域工作至今，管理过大大小小服务类、销售类面向企业客户或面向普通客户的客服中心，也管理过企业自建和外包型呼叫中心，很多朋友问我为什么一直在这个行业？有没有想过换行？和一群小朋友一起共事，是不是会影响到自己的成长？

在我看来，面向客户的工作是企业的核心，是一条五彩斑斓的路，它需要不断思考、创新、突破、顺应变化；它可以让想法付诸实践，推动人、业务、企业共同成长；它甚至可以通过客户的引导和知识的推广来改变社会，并推动某个领域在行业内的认知和行为习惯。

对内，它是核心环节，连接上下游，衔接内外；对上，它是智囊团，左右手和耳目；对下，它是培育者、教育者。这是一个包罗万象、充满无限想象空间的工作，这又是一个不断拓宽视野、越走越深的工作，越深入越能看到真谛，就像从大千世界走入桃源仙谷、从嘈杂环境走向空门静地，你可以发现很多“宝藏”，取之不尽，用之不竭。

在过去很长时间的发展历程中，很多企业将客服中心定位为被动服务、派工、信息转达、业务处理的部门，定位的被动将会产生一系列恶性循环，包括问题得不到解决从而反复发生、用户体验不佳投诉无门、客户流失高、复购率低等问题，这些看似个体的问题实际上体现着企业内部的综合服务能力与运营能力，只有深度挖掘才能够“变诉为宝”，问题解决的过程即是整体服务能力和运营能力提升的过程。

全媒体客户中心承载着企业最重要的客户沟通环节，尤其是在企业互联网化的背景下，每一次互动都是一次营销行为，每一个服务人员都是自媒体人，每一个交易都是在客户的监督中进行，每一个客户的抱怨和点赞也都会带来成百上千乃至成千上万的围观，因此，服务必须变被动为主动。

客户中心的定位与企业的发展阶段相关，我把它分成六个层级，这与“马斯洛需求理论”出奇的吻合。深入每个层级，客户中心的职能带给企业的价值、带给用户的价值、带给员工的价值以及所需要的管理手段都迈向了更高的台阶，能实现多赢的成效；而全媒体客户中心则像插上翅膀的天使，轻盈而又直冲云霄。

◇第一层定位：业务咨询与受理中心

此定位相当于“马斯洛需求理论”的第一个层次，即满足生理的需要 (Physiological needs)，如温饱需要，也是最基础的需要。

★承担的内部职能：日常客户问题的受理、问题解答、内部信息转达。

★为企业创造的价值：作为业务流程的一环，完成企业与客户的沟通作用。

★为用户创造的价值：作为业务流程的一环，为客户提供基础的服务，解决基本问题。

★为员工带来的价值：提供工作机会、生存所需要的基础物质需求。

★适用管理手段：需要建立基本的服务规范及管理制度，要采取指导、监控、辅导甚至处罚的方式来强化执行。

★未来发展趋势：随着前置服务和自助服务能力提升，将逐步被流程化、系统化取代。

◇第二层定位：信息集散与挖掘中心

此定位相当于“马斯洛需求理论”的第二个层次，即满足安全的需要 (Safety needs)，如稳定、安全、秩序的需要。

★承担的内部职能：传递企业最新信息，解答客户问题，反馈客户意见、想法、不满，将客户反馈有效地归纳、分析以供决策参考。这是企业信息公示等单向信息传递方式或现在的人工智能服务模式所不能取代的。

★为企业创造的价值：传递企业信息、举措、产品及服务优势、改善计划，宣传企业品牌价值。将有价值信息收集整理，是企业的耳目。

★为用户创造的价值：帮助客户了解企业并做出正确的选择；传递客户需求与意见，让企业迎合客户并创造更加便捷的服务与产品。

★为员工创造的价值：深度了解企业、深度了解客户，逐步具备经营管理思路，拓展沟通能力，找到成就感、归属感。

★适用管理手段：强化培训辅导与训练，强化对业务的深度理解，案例式、场景化的规范尤为重要。需要增加管理、分析、全业务流程的能力拓展。激发潜能至关重要。

★未来发展趋势：长期存在，能力要求高，能够通过问题分类分析推动自助能力提升，需要借助全媒体手段提升沟通效率。

◇第三层定位：客户体验管理中心

此定位相当于“马斯洛需求理论”的第三个层次，即社会需要（Social），为情感与归属感的需要。

★承担的内部职能：梳理和体验客户服务流程，抓住关键体验节点，反馈体验问题，提出优化方案。

★为企业创造的价值：关注客户体验，提升客户体验，是企业产品及服务全流程的体验者，站在客户的角度上梳理客户体验节点的每个细节，在关键点上抓住提升和改善机会，是企业与客户关系的黏合剂，有效提高客户忠诚度与复购率。

★为用户创造的价值：站在客户的角度上体验流程、优化流程，成为客户体验提升的推动者。

★为员工创造的价值：让员工学会站在客户立场上体验流程和服务，意识到自身是推动改变的一份子，学会主动思考的思维方式和改变现状的思维习惯。

★适用管理手段：土壤和服务基因；激发细节管理能力，培养服务基因，让服务理念深植人心，形成服务文化；要有统一的服务目标，形成良好的内外部服务氛围，影响和改变员工的思维习惯和行为习惯，形成塑造人的“大染缸”。

★全媒体客户中心的管理者：要从强化数字化管理逐步过渡到客户体验管理，从客户体验角度发现问题，解决优化现有问题，有前瞻性的设计服务场景创造喜悦点，从迎合及满足需求到超越需求。

★未来发展趋势：成为全媒体客户中心的主要职能。

◇第四层定位：服务管理中心—企业服务提升的驱动引擎

此定位相当于“马斯洛需求理论”的第四个层次，即尊重的需要（Esteem needs），马斯洛认为尊重的需要得到满足，它能使人对自己充满信心、对社会满腔热情，体验到自己活着的用处及价值。

★承担的内部职能：推动业务流程优化，建立对外服务制度及对外服务管理规则，为企业的服务水平和客户体验负责，有能力、有权限带动企业整体服务水平提升。

★为企业创造的价值：提升整体服务水平，降低服务成本，创造服务亮点，提升专业化形象，使服务成为核心产品之一。

★为用户创造的价值：通过专业知识帮助客户解决问题并作出最佳购买决策，解决客户在产品使用及自身需求方面存在的疑惑。

★为员工创造的价值：能力得到提升，视野得到拓展，能够参与到服务规则设计和流程设计中来，实现自我价值，提升行业竞争力。

★适用管理手段：文化管理与制度管理并举，通过分享机制、竞赛、激励手段激发员工潜能，形成主动思考、主动学习的文化氛围，更加民主、自律。管理的作用是激发潜能。

★未来发展趋势：成为全媒体客户中心的主要职能。

◇第五层定位：服务营销中心——企业的价值中心

此定位相当于"马斯洛需求理论"的第五个层次，即自我实现的需要（Self-actualization needs），自我实现的需要是指实现个人理想、抱负，发挥个人的能力到最大程度，达到自我实现境界的人，接受自己也接受他人，解决问题能力增强，自觉性提高，善于独立处事，要求不受打扰地独处及完成与自己的能力相称的一切事情的需要。也就是说，人必须干称职的工作，这样才会使他们感到最大的快乐。马斯洛提出，为满足自我实现需要所采取的途径是因人而异的。自我实现的需要是在努力实现自己的潜力，使自己越来越成为自己所期望的人物。

★承担的内部职能：作为企业的核心价值，以服务带动销售，或通过人工创造服务产品及服务口碑，成果可量化。比如 B2B 类的业务模式，作为商家的管理和服务中心，应用客服中心的管理工具与管理手段，实现商户开发或大客户开发。再比如 B2C 类的业务模式，通过一对一的多媒体互动方式进行新会员挖掘，通过专业知识引导客户转化为注册会员或购买会员；或者对于现有客户通过专业知识引导进行交叉销售，延长客户生命周期，提升客户的购物频次。

★为企业创造的价值：为企业降低新会员获取成本，减少会员流失，提升客户购物频次及 ARPU 值(Average Revenue PerUser)，即每用户平均收入。提升高端客群、战略合作伙伴的增值服务，实现服务创造价值。

★为用户创造的价值：带给客户相关的产品知识和外延知识，帮助客户作出正确的选择，让客户买对买值、做对做会。是客户身边客观的顾问，从客户的角度思考并给出最佳的解决方案。

★为员工创造的价值：激发潜成，快速成长，拓展专业知识，得到自信与尊重。逐步形成客户思维、经营思维。有成就感，提升社会价值。

★适用管理手段：激励重于处罚，激发潜能胜于监督监控，授之与渔取代授之以鱼。让每个人有自驱力，为自己学习、为自己奋斗。管理者是引领者、同学、班长的角色。

★未来发展趋势：成为全媒体客户中心的主要职能。

◇第六层定位：私人定制服务——企业核心服务产品及核心竞争力

“马斯洛需求理论”的第六个层次自我超越的需要(Self-Transcendence needs)，是马斯洛晚期提出的理论。这是当一个人的心理状态充分满足了自我实现的需求时所出现短暂的“高峰经验”，通常都是在执行一件事情或是完成一件事情时才能深刻体验到这种感觉。达到这个层面时，每个员工都想方设法愉悦客户，他们把这一目标当时最高的成就;每一次业务都力求完美，主动创新求变以迎合和满足每个客户的需求。像“海底捞”的服务，每个人都全心全意、创意无限。达到这个层面的客户中心不需要标准，因为每个人都超越了标准，每个人都是在充分了解客户的情况下提供定制化的服务。

★承担的内部职能：经营客户、愉悦客户、打造服务品牌，起到引流吸粉效果，具备媒体属性。

★为企业创造的价值:打造差异化服务，形成核心竞争力和良好口碑，创造服务价值，会员分级服务或有偿服务，让客户形成依赖，摆脱价格战，通过服务为企业经营一批忠实粉丝。通过口碑传播，吸引客群。

★为用户创造的价值：提供实实在在的专业帮助，成为身份的象征，成为客户的随身顾问和朋友。像“红孩子”私人定制育儿顾问，对于享受此项服务的客户，育儿顾问就是身边随时通过图、文、语音来教会新手爸妈解决宝宝问题的密友，建立信任与忠诚。

★为员工创造的价值：激发潜能，自主学习，创意无限。个人成长空间巨大，每个人都可以成为一个独立的经营体，逐步强大，为企业创造价值。

★适用管理手段：激发潜能、激励成长，提供方法给予自我学习的路径，提供舞台给予实践的机会与试错的包容机制，适当授权，让每个人充分发挥专长并有承担责任的意识。

★未来发展趋势：成为全媒体客户中心的主要职能。全媒体的互动方式，尤其是语音、图片、各类生活分享等沟通方式易于拉近服务与客户的距离，促进企业和服务人员更加深入了解客户，提供定制化的服务营销。

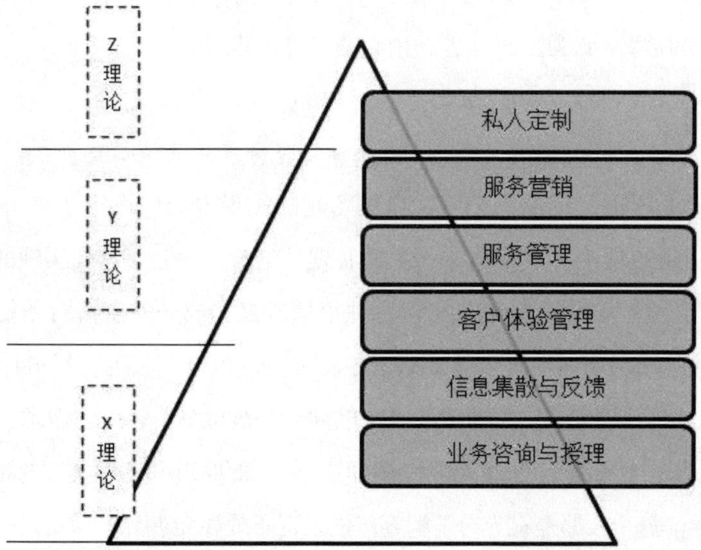

图 1-2-1 服务六层需求理论

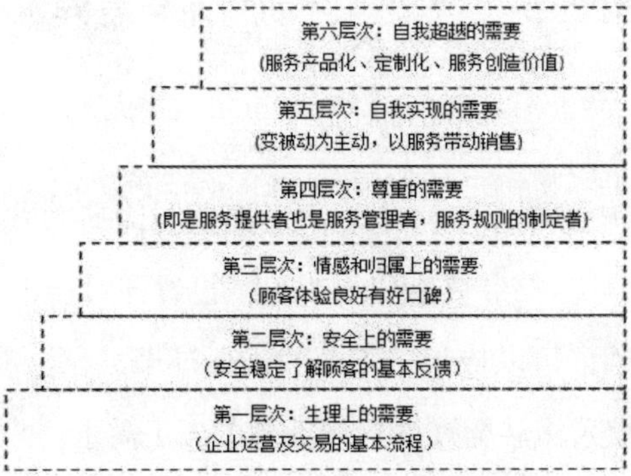

图 1-2-2　全媒体客户中心六层需求理论

有些企业把服务职能归为后端非业务类部门，对于服务的管理者及部门定位均相对较低，无论是话语权、费用匹配还是战略规划会议都让客服在侧，难怪当消费者离开、获客成本攀升、业绩下滑的时候找不到原因和解决办法。高高在上不落地，远离服务又如何走近消费者？

幸运的是，我所任职的几家企业都将客户体验放在第一位，技术、采购等职能部门都能够深入客户中心倾听客服和客户的声音，在系统功能的开发与流程的制定时都能够围绕服务体验来思考，采纳客户中心的建议，在客户中心需求的基础上进行功能完善。CEO、COO、CTO 等高管都在新业务、新产品推广前参与或组织会议讨论流程、细节。这就是企业的服务基因。

第三节 各渠道互动特点与差异

全媒体客户中心为客户提供了多样化的沟通渠道与沟通方式，随着线上企业APP端销售份额增长以及企业对客户潜移默化的引导，在线即时通讯成为主要的沟通渠道，而从各渠道的沟通特点上看，可以应用于不同的沟通环节，在为消费者提供便利的同时可以减少开发成本和人力投入，甚至减少常规业务的人工需求。

一、互动渠道特点与价值对比

互动渠道	特点优势与价值	适合范围	发展现状
在线（即时通讯IM）	易于沟通、图文并茂、一对多沟通、自助应答提效、智能质检提效、易于远程管理	高效沟通渠道	超越电话成为主要沟通渠道
微信公众号	易于沟通、建立强关系、兼顾媒体与服务属性、功能多元化、易于传播推广	高效沟通渠道 营销推广渠道	成长最快的沟通渠道
微博	易于传播、易于沟通、易于公示信息	VOC及口碑效应营销推广渠道，舆情监控的重点渠道	客户吐槽时使用最多的渠道，网站公告同步渠道
语音-400电话	沟通灵活便捷、单点互动效率高、适合处理复杂问题	必备沟通渠道 投诉受理和解决	主要沟通渠道
语音-网络电话	沟通灵活便捷、节约双向通讯成本、单点互动效率高、适合处理复杂问题	高效沟通渠道	部分超前企业主要沟通渠道，如携程旅行网
短信	可上下行、易于结合流程节点自动触发信息，信息流畅通；减少人力服务需求	业务状态通知、服务信息通知、营销推广	多用于单向沟通和营销渠道
APP PUSH	零成本、个性化、易于结合流程节点自动触发信息，信息流畅通；减少人力服务需求；作用日趋凸显	业务状态通知、服务信息通知、营销推广	多用于单向沟通和营销渠道
EDM	展示信息丰富、信息来源广、打开率低	营销推广渠道，尤其适用于站外合作推广（非网站会员）	多用于单向沟通和营销渠道

二、全媒体互动渠道的应用

以下是几家长期专注于客户体验提升的网站在沟通渠道建设与消费者引导方面的参考。

（一）携程旅行网案例分析

主推在线服务通道，在线通道按产品线分类，机器人“游游”为夜间主要服务渠道。在线界面与自助服务、智能搜索、帮助中心、常见问答、电话服务、邮件投诉等沟通渠道形成互助，同时PC端可直接进行网络电话、语音电话分流，简化客户操作及系统资源占比。

微信公众号通过关键字回复的方式提示相关问题的解答路径，同时能够识别简单的语音。

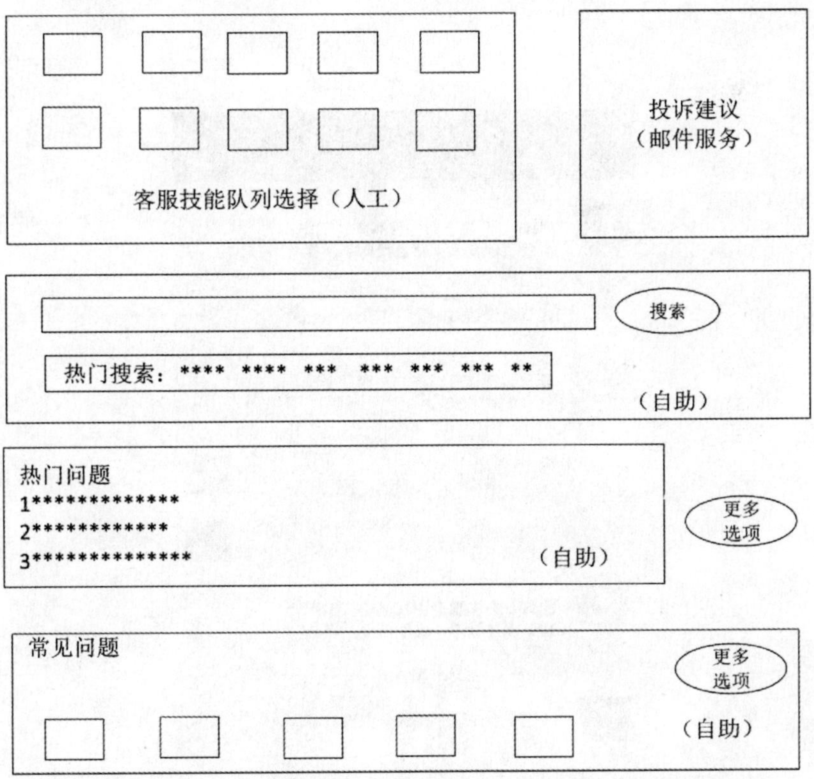

图 1-3-1　携程旅行网 PC 端在线客服服务入口

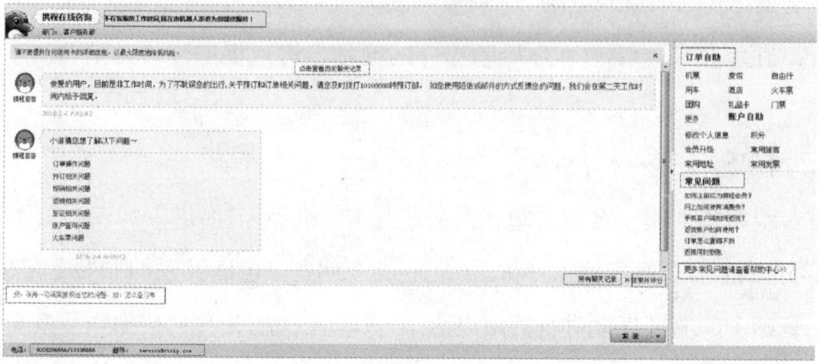

图 1-3-2　PC 端在线服务界面（非服务时间，机器人“游游”当家）

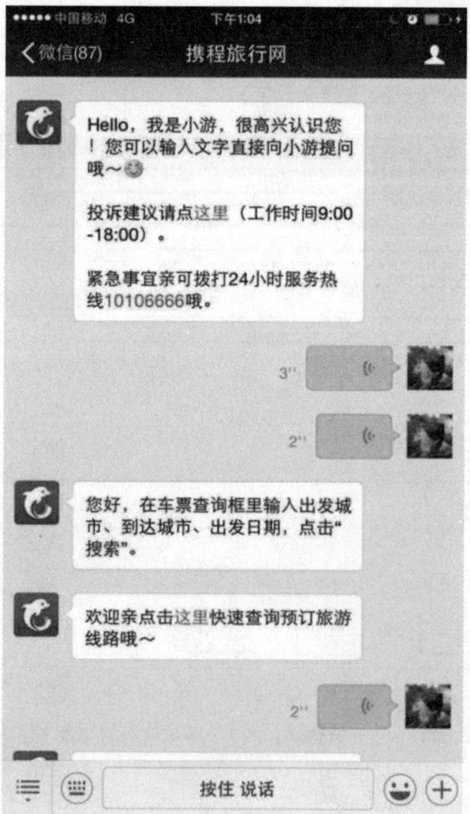

图 1-3-3　APP：提供多样化的沟通选择

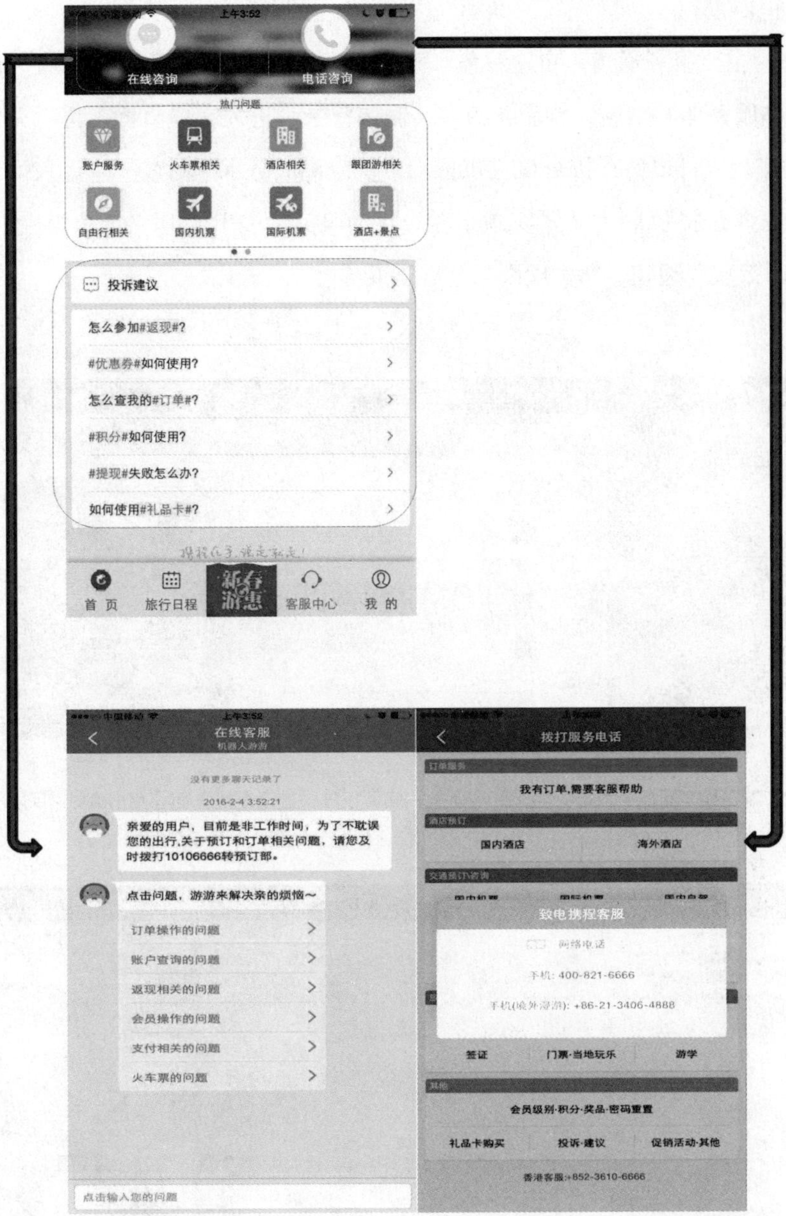

图 1-3-3　APP：提供多样化的沟通选择

（二）京东案例分析

在线服务为主要服务通道，自助服务、智能机器人、客户群互助服务、服务众包等模式并存，整体服务体验流畅，创新亮点多。比如登录后进入在线页面，售后类订单相关类业务在选择相应订单后直接分流至供应商，供应商服务水平由客户监督和评估；售前售后类咨询可以选择群聊方式，实现了客户互助服务；APP 端服务入口整合了电话、在线、预约回呼等服务通道，路由规则与会员分级结合。

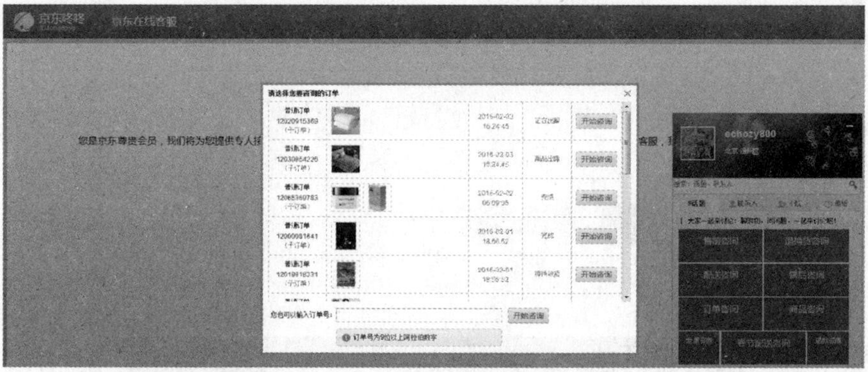

1-3-4　PC 端在线客服服务入口（选择在线服务—登录账户—进入在线页面—点击开始咨询）

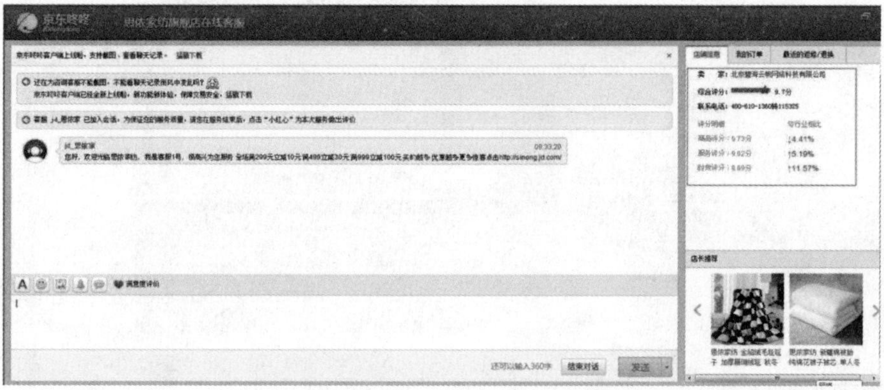

图 1-3-5　PC 端第三方商品在线分流

（选择订单属于第三方供应商直接进行分流）

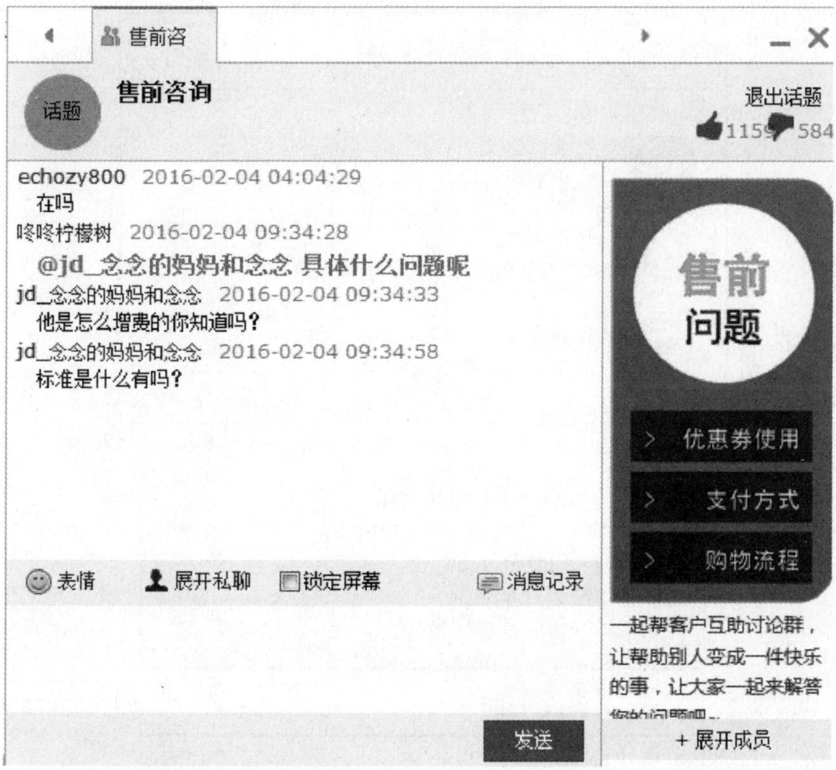

图 1-3-6　售前咨询采用群聊互助方式进行

服务与反馈	
JIMI 智能机器人	
在线客服	
电话客服	
意见反馈	客户端功能建议
配送服务查询	
我的预约	
京东通讯营业厅	
京东通讯营业厅	
京东来点	一键点击智能购物

图 1-3-7　APP 端 服务入口

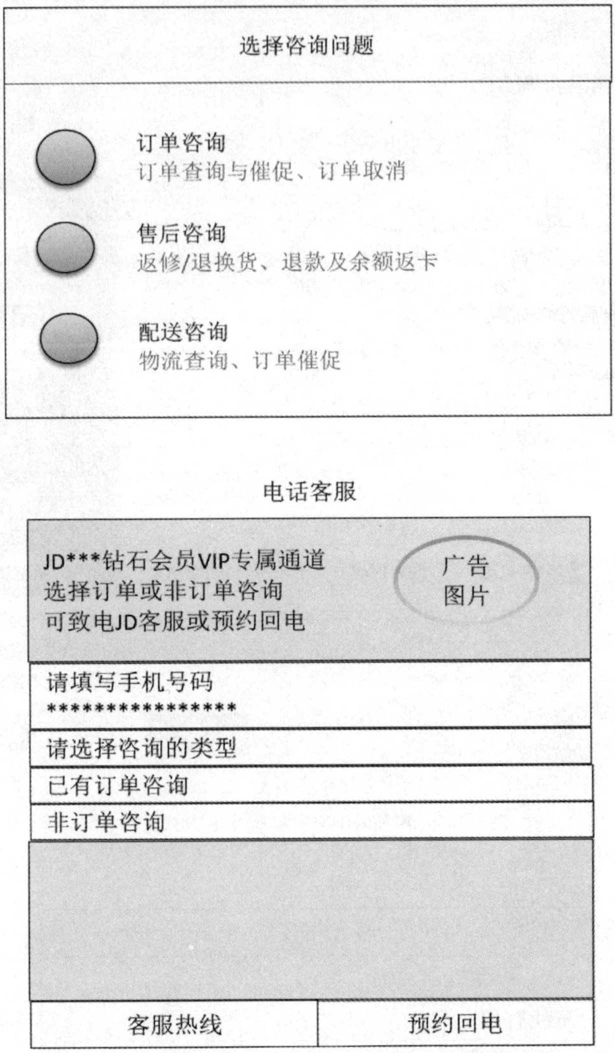

图 1-3-9 APP 端电话服务通道

（三）唯品会案例分析

主推在线渠道，先将问题按业务类型细分，再通过录屏方式解答问题，同时提供转人工的通道提示。虽没有智能机器人做补充，但流程清晰、易于操作、开发成本低，同时对于解答问题界面设定转发分享等功能提示，兼顾社会化传播功能。

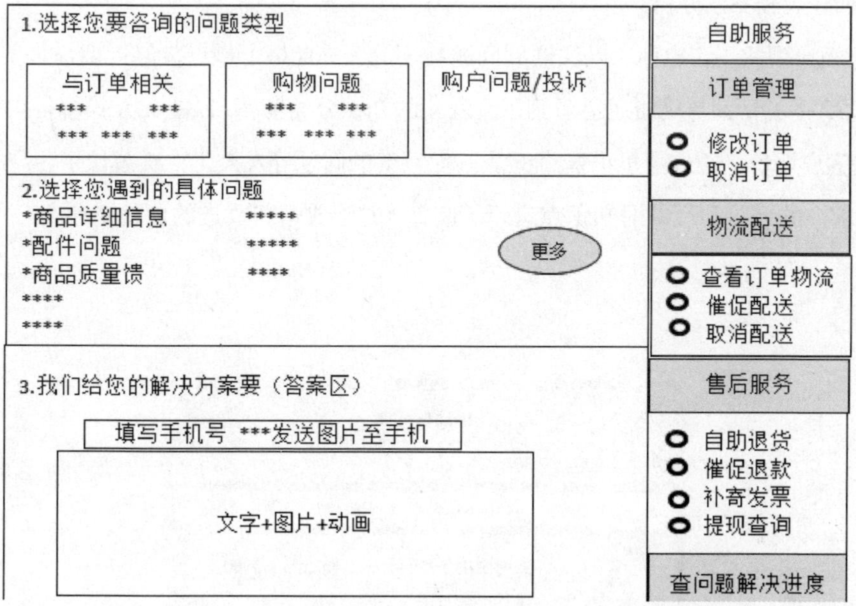

图 1-3-11　唯品会自助服务流程

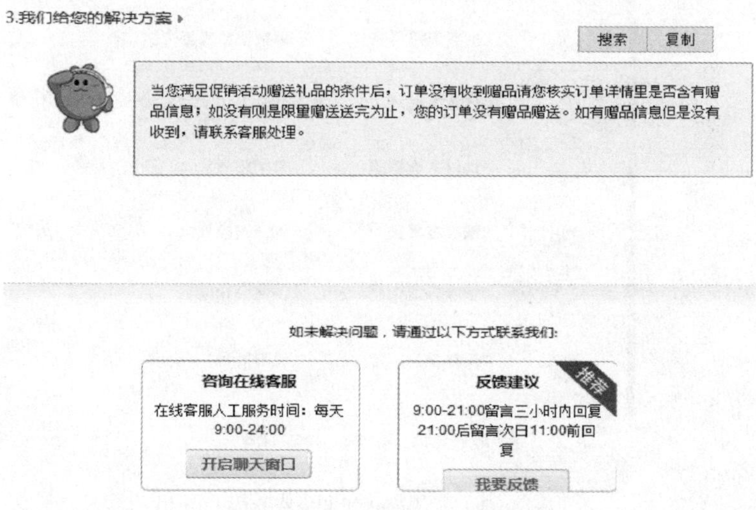

图 1-3-12　唯品会自助服务与人工服务衔接

（四）天猫案例分析

作为典型的平台电商，以往遇到问题找不到人一直是个槽点，但近期惊喜地发现在天猫 APP 中的帮助与反馈通道看到了流程化的知识分类解答，以图文方式解答常见问题，并邀请客户评价，通过阿里小蜜将无法匹配答案的问题导入人工，既解决了客户的问题，又借助客户的评价和反馈对知识点进行了监督，并形成不断改进的优化循环。

图 1-3-13　天猫 APP 自助服务入口

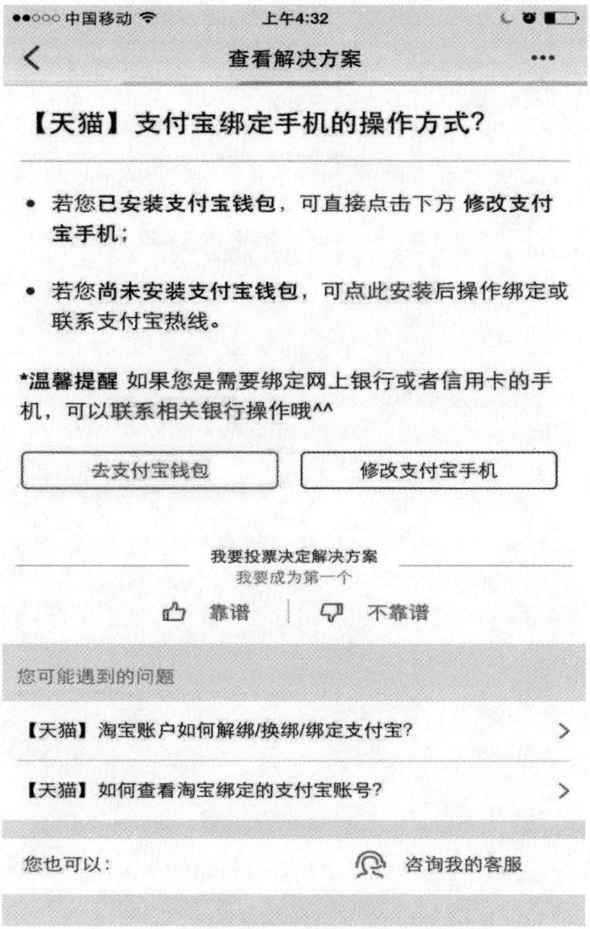
●●○○○ 中国移动
上午4:32
查看解决方案
【天猫】支付宝绑定手机的操作方式?
若您已安装支付宝钱包，可直接点击下方 修改支付宝手机；
若您尚未安装支付宝钱包，可点此安装后操作绑定或联系支付宝热线。
*温馨提醒 如果您是需要绑定网上银行或者信用卡的手机，可以联系相关银行操作哦^^
去支付宝钱包
修改支付宝手机
我要投票决定解决方案
我要成为第一个
靠谱
不靠谱
您可能遇到的问题
【天猫】淘宝账户如何解绑/换绑/绑定支付宝?
【天猫】如何查看淘宝绑定的支付宝账号?
您也可以：
咨询我的客服

图 1-3-14　为答案点赞

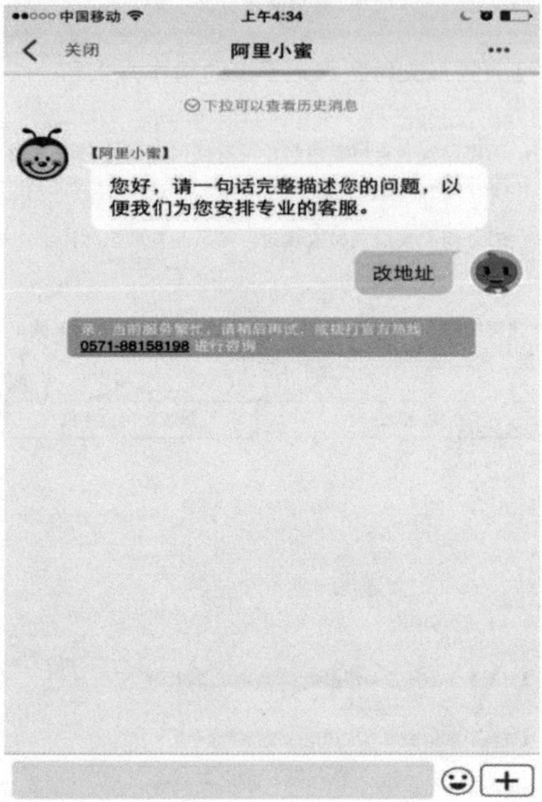
中国移动
上午4:34
关闭
阿里小蜜
下拉可以查看历史消息
【阿里小蜜】
您好，请一句话完整描述您的问题，以便我们为您安排专业的客服。
改地址
0571-88158198

图 1-3-15　阿里小蜜

第二章　全媒体客户中心的建设与升级

建设全媒体客户中心是指利用通讯系统、互联网和全媒体互动系统建立呼叫中心多媒体信息通道，实现网络与客户的多渠道互动。在运营模式上重点创造先进的客户关系管理理念，实现呼叫中心从业务受理型向营销服务型的转型，深度服务客户。而对于电商企业来说，核心的产品就是服务，全媒体客户中心的转型能够将服务打造成为企业的核心竞争力，更有机会通过互动营销模型促进销售转化，将成本中心向价值中心转型。

第一节　传统呼叫中心如何转型

全媒体客户中心是随着企业向互联网转型以及社会环境的改变应运而生的，因此企业级“云客户中心”的建设应与企业的发展现状相结合，但不应过度局限于企业的外在环境而固步自封，可以借助社会化工具逐步迎合客户需求的变化，可以紧跟甚至引领企业与客户的沟通方式及服务水平。

纵观企业级客服中心的转型，可以从几个方面着眼着手，逐步推进转型。

一、确定转型定位和目标

确定转型全媒体客户中心的期望是什么，目标是什么？未来的客户中心按之前提及的六层理论，要实现哪一层？

列宁有一句名言：“只要方向对了，就不怕路远。”对于客户中心来讲，定位就是确定方向，尤其是对于成千上百人的大团队，整体目标和方向尤为重要，否则劳民伤财自伤元气。

那么如何确定定位及目标呢？

做好客户中心管理即要埋头拉车，又要抬头看路，而做好规划和定位，抬头看路尤为重要。笔者总结出“五看”，这也是每年做规划、每次遇到转折点时帮助笔者找到答案的方法，即看市场变化、看企业发展、看客户反馈、看业务走势、看员工能力。

◇看市场变化

很多企业通过一些调研机构来解读和验证环境发展的预判，或通过调研结果进而预判环境的变化。这不失是一个常规方法。而笔者往往采用另外两种方法来帮助自己做出准确的判断，即体验和闲谈。

体验的方法很简单，就是从上下游生态圈企业的佼佼者中找到几个目标进行深度体验，在体验过程中找到变化的趋势和亮点，判断变化的驱动因素，要“知其然也知其所以然”。这个工作很多时候需要管理者亲力亲为，因为这是一个需要敏锐思考和动态判断的事情，就像医生在看病时诊断开方的事情必须亲自做，哪怕是带徒弟，自己也要先有判断。

闲聊其实就是要学会不断通过与他人的交换思想来拓宽视野、认清形势、看清自己，而聊天的对象可以是上级、同僚、竞争对手、合作伙伴或团队成员。要聊聊经验、困惑、方法和思路，要让工作始终保持新鲜感，让你所带领的客户中心始终在进步并在行业发展的前列，需要有开放的心态、欣赏的眼光和接纳的胸怀。

◇看企业发展

客户中心是企业的核心，所有的变化都要依托于企业的发展及期望。不让客户中心成为企业发展的短板和瓶颈是一个基本的温饱问题，要让客户中心成为企业的长板、核心竞争力或高速发展的助推力。我总结了几点方法。

看业务增幅：不同类型业务对人力需求的差异是在确立方向时要考虑的因素。当业务增幅大、人力需求高时，首先要考虑的是如何借助全媒体、如何推动自助化来减少人力需求；当业务增速不足、人力出现冗余时，则需要从主动营销拓展新客、赢回老客的方面考虑。不同发展阶段要有不同的阶段性重点，只做好“自己的事儿”，对环境变化漠不关心，只能让客户中心脱离主流业务。

看发展战略：结合产品线变化以及产品特点、客户发展计划、区域发展变化、合作对象变化等制订客户中心发展规划。

看成本期望：企业的发展阶段不同，对于成本的期望也大不相同，而各项成本的投入影响着客户中心的定位和发展规划，包括营销、系统、人力、场地。结果导向匹配资源型企业更适合通过发展规划看成本需求，这样的企业更适合主动型、营销型客户中心的发展。

看企业发展中痛点：假如企业目前的痛点是新客成本高、老客户流失率高、单客贡献低、增速放缓等等，凡是和客户有关系的痛点都有可能通过客户中心得以改善，也就都是在转型方向时考虑的要因。能担千斤只挑八百的风格是对企业和团队不负责任的做法，勇挑重担才是利于团队、利于个人发展的优秀习惯。

◇看客户反馈

俗语讲：“干事不由东，累死也无功。”客户作为产品和服务的最终买单人，是最好的老师。利用好客户层面的大数据，则商机无限。

看客户需求：要解决哪些痛点、要满足什么需求，这些信息都源于日常积累。充分运用数据，将客户的反馈数据化，将最终形成生产力。比如细分投诉类别、细分差评类别、深度分析典型案例，通过日常回访收集客户建议，找到客户最关注的问题及发展关键点。

看客户结构：从客户的构成深度分析。从客户的购买行为、消费潜力、活跃情况、区域分布等，结合深度数据分析看客户问题及改进机会。

◇看业务走势

从业务走势上验证市场变化。在 2011 年前无论是零售电商还是在线旅游，呼入销售都是一个主要的收入渠道，但随着互联网发展，呼入销售增长乏力、传统的促销或宣传手段对业务的带动力较小，投产比下降；单从这一业务趋势看就可以看到消费者的选择渠道和购买渠道发生了巨变，这些变化的数据都要成为我们定位时要考虑的因素。当然企业内部的业务走势数据多种多样，后面我们可以通过相关的分析方法进行详细介绍。

◇看员工能力

全媒体客户中心的转型，各层级人员意识和能力变化是推进转型成功与否的关键因素。各层级员工能力的现状和培养周期是转型节奏与发展规划及配套培养方案要考虑的内容之一，但不应因此而影响到整体的计划。

结合上述五点，确定转型后的客户中心的价值、使命、业务发展规划。

二、确定长短期规划

当我们任重道远的时候常说一句话："前途是光明的，道路是曲折的。"

结合整体环境、公司业务规划要制订客户中心的长短期规划，以变应变。

在这个过程中要考虑到业务发展节奏、配套系统、人力培养的同步节奏。这里有一个非常重要的提示：不应因配套设施和人力情况影响原则性的方向，可以确定实现总目标的节奏和过渡方案，以时间换空间。

三、系统建设与开发

想到全媒体转型，多数人首先想到的是系统建设要投入的大量的成本和时间，而当前全媒体客户中心的系统建设门槛远低于传统电话呼叫中心。传统呼叫中心转型成为全媒体客户中心系统是助力因素，决定着转型后的效率，但不是决定是否转型的最关键因素，真正的关键是意识的扭转。

个人认为用三句话可以概括转型过程中系统建设的观点：丰简由人、以小博大；先有后精、先借鉴再超越；循序渐进、不断创新。

对于系统选型和系统构建形式，有几个考虑的关键点。

（一）拓宽接入渠道

功能涉及模块及考虑因素应与业务及发展规划相结合，由原来单一的在 PC 端、APP 等渠道公示电话的高人力投入的方式转向在 PC 端、WAP 端、APP 端、微信微博均可接入在线服务人员。因系统开发周期或产品的成熟度差异，有些自主开发或购买的产品无法接入所有渠道，但一定要注意事先分析所有企业的主要销售来源，尤其是目前很多企业 80% 以上由 APP 端贡献销售额，流量（UV 即 unique visitor，即每个访问此网页的自然人）也主要源于 APP 端，但遗憾的是，往往 APP 端和 WAP 端很多都不支持在线或开发计划远迟于 PC 端。

图 2-1-1 多渠道服务入口

（二）接入入口更加显性化

结合网站相应功能，可配置并可预设技能分组。

以电商企业为例：显示在促销页面、商品详情页面（四级页面）、订单提交页面等接入的业务均为售前业务类型，无需客户再次进行技能选择，同时可带入客户关联页面，提升沟通效率。

如进入沟通时已经选择了相关订单，则直接进入售后技能队列。

（三）交流方式

在原来单一的电话沟通方式基础上增加语音、图片、文字、视频、音频、表情、文件、链接等。多方式交流既可提升双向交流效率，又能增加交流的友好性，为客服与客户形成朋友式的关系互动搭建桥梁。

（四）服务营销基本功能

★对话基本功能

包括文字聊天、输入提示、会话记录携带、超链接识别、文件及图片传输、发送表情、客服质量评分、客户咨询排队及提醒、自动消息、商品信息同步、多语言支持、页内模式、跨平台支持、下载聊天记录、留言入口、公司名片、支持广告图片及链接、常见问题、自动显示问候语（可设置）、长时间未回复的提示语（可设置）、访客无输入提示、访客留言。

咨询接待消息提示：消息时间提示、排队提示、客户列表、最近联系人、客服会话监控、用户当前页面显示、文字通信、发送表情、截屏功能、发送图片及文件、消息预知、咨询转接、咨询总结、未总结会话提醒、邀请评价、智能会话管理、客户屏蔽、商品信息同步、访客重要信息显示、互动记录、客户实时轨迹、常用语、智能输入、CRM信息记录、访客详细信息查看、状态改变实时提醒、客服头像自定义、客服外部名称设置、客服业务介绍、智能会话分配、客服状态切换（在线、忙碌、离开）等。

★留言管理功能：留言提醒与信息查看、留言处理与分配、留言处理状态提示；自定义查询等功能。

★实时营销功能：如网站基本概况、访客注册统计、未购买用户分析、用户流失统计、购物车流失分析；购买放弃分析、关联商品推送、凑单商品推送等。

★媒体与营销平台的功能：每一次与客户的交互都是一次营销、推广和服务的机会，因此在每一个交互页面上均可配置轮播焦点图，内容可以是促销信息、服务公告、交叉营销的产品介绍等，而相关配置应具备与技能配置或路由规则相匹配的分级设置功能。目前有些企业具备此功能但仅限于统一化、标准化，易流失较多销售资源。试想，如果每天有4万次对话，相当于4万次长达200秒以上的访问，其流量质量之高，远高于站外推广所获得的销售机会，而这个功能的价值在于可以提升转化与客单。

（五）智能服务与管理

★智能服务

基于对客服与客户交流信息的挖掘，深入了解客户的特征；完善客户标签，并为相应的智能服务奠定基础。

★智能路由

结合客户与各终端交互的场景以及客户标签来预测客户的服务诉求，给出最优的自助问题排序及最佳的路由策略。

★营销机会识别：通过服务场景实现智能推荐，挖掘销售机会，实现向上销售及交叉销售。

★情绪预警：通过禁忌词或关键词判断沟通氛围及客户情绪，从而规避投诉风险。

★智能质检：通过禁忌语、关键词设定对对话数据进行百分之百检核，实现全程全服务质检，对于“不合格”对话形成任务单由人工质检进一步判断与审核。

★智能对话小结：通过对话内容设定对话分类，为后续服务分析、营销机会挖掘形成数据支持。

（六）服务人员服务签入方式

前面讲过，未来远程服务以及众包等服务模式是企业客服中心由“重”到“轻”的手段之一，因此对于服务人员的签入不应仅限于单位网络或终端及或网站版，应拓展到基于无线网络的 APP 端。

（七）服务页面设置功能

★个性化设置功能

包括头像、名称、问候语、推荐产品、表情、常用语、沟通字体、颜色等，应可以进行个性化设置。现代人尤其是“85 后”、“90 后”、“00 后”人群越来越追求个性化，不仅仅是客户更喜欢个性化的服务，我们的服务人员也希望能够凸显个性、张扬自我、形成个人名片。每个人服务的既是企业的客户也是自己的朋友，希望愉悦客户并博得信任，因此个性化设置既具有提升双向满意度的功能，又具备提升沟通效率的功能。

★通用设置功能

即统一设置并呈现于所有对话或业务中的设置功能。如设置公司信息；设置自动应答内容；设置访客常见问题内容；设置客服常用语内容；设置咨询类型；设置质检评分标准；设置客户评价条件；黑名单管理；设置系统通知等。可分技能匹配设置内容，更加可以提升管理效率。

（八）管理功能

★路由规则设置

灵活的路由规则可以提升双向沟通效率。如按业务类型、按产品类型、按访客类型等，同时具备优先接入、接入记忆、绑定专属服务人员的相关功能。

★权限管理

接入技能、服务时间、管理权限、账户开设权限等功能。

★座席状态管理

除了与电话座席状态相同的签入、签出、小休等以外，对于可以一对多对话的文本类服务还应有最大同时接话人数、强制接话、暂不接话等状态。同时接话人数一般有 2 ~ 25 人，要设置最大上限，可以依座席技能级别进行预设；强制接话是由座席自己依据当前业务情况及自身能力状态，当有排队现象时可以主动接起来话。

★账户管理

如支持 POP 商家入驻形式的账户管理，可以针对第三方入驻商家开放在线客服系统账号。

★互动记录管理

互动记录检索；自动分类；自定义查询时间段；聊天记录关联查询；聊天记录导出；聊天记录中显示客人相关信息；查询某客服人员所有会话；管理员通知、会话小结预设功能。

★通用语言管理

常用语及禁忌语设置功能。借助常用语功能，能够对一线人员提供辅助应答作用；借助禁忌语言设置功能，能够屏蔽恶意服务用语发出，实现恶意对话拦截功能。

（九）统计分析

全媒体的客户互动数据不仅为内部管理提供依据，客户互动大数据分析更是做好精准营销的依据。

★客服 KPI 分析：客服销售效果、服务质量、服务效率、工作时长等相关数据报表，可以实现个体、分组、技能队列的分析等，也可结合业务技能自定义分析数据。

业务流量分析：技能队列分析、咨询时段分布分析。

★咨询关键词分析：通过对咨询关键词分析来了解客户关注的热点问题，进而进行服务或产品信息的优化。

★业务来源分析：包括客户咨询渠道、客户所在区域等方面的分析。

★营销漏斗分析：客户浏览历史分析、转化效果分析等。

（十）扩展功能层面

★ SDK 移动端：文字聊天；表情自定义；语音信息。

★商品数据集成及商品信息展示。

★ ERP 集成开放的 API 接口：API(Application Programming Interface，应用程序编程接口）是一些预先定义的函数，目的是提供应用程序与开发人员基于某软件或硬件的以访问一组例程的能力，而又无需访问源码，或理解内部工作机制的细节。API 除了有应用“应用程序接口”的意思外，还特指 API 的说明文档，也称为“帮助文档”。

★定制化个性化功能。

（十一）基于开发形式的考虑

由于全媒体客户中心与企业的销售平台及核心 CRM 系统紧密相关，因此很多企业采用先购买成熟平台、后自主开发更多个性化功能的办法。个人认为这是一个很有智慧的做法，可以节约初期自主研发带来的时间成本，让服务转型迅速上马服务于客户，而同步采用自主研发个性化功能则可以减少走弯路的风险，又可在后续功能拓展的实现周期上更有主动权。

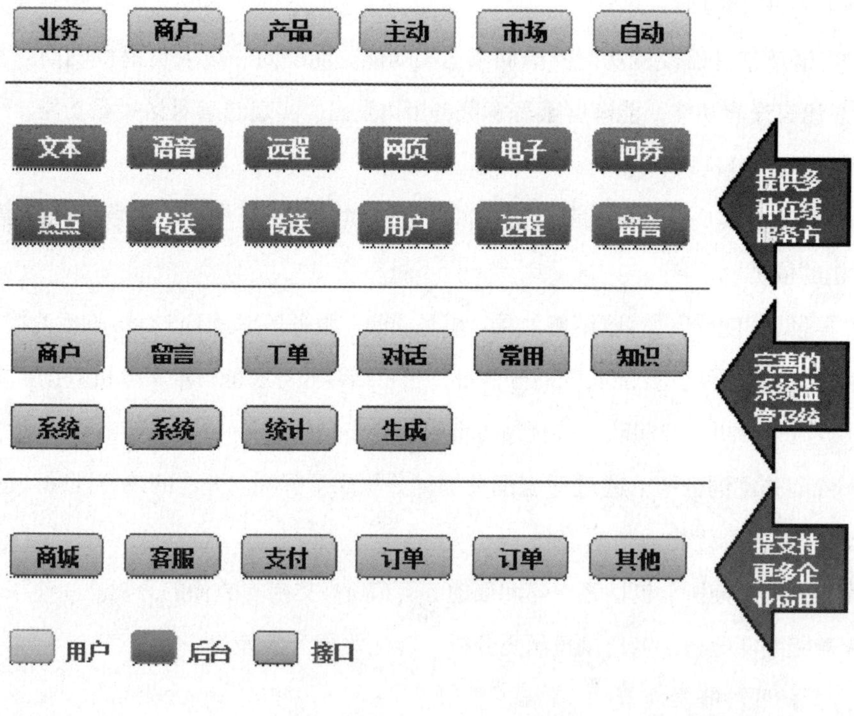

图 2-1-2 全媒体交互系统功能模块

目前市场上成熟的在线服务系统分为三类，第一类是运用 C/S 模式，一般以座席收费，需要安装的客服系统，服务与品质都很好；第二类是以 B/S 模式，按照功能收费，不同的功能不同的收费，而座席数量一般是无限的；第三类具备 C/S 模式也具备 B/S 模式。如何选择，要结合企业规模以及需求功能综合考量，尽可能小投入大产出。

四、人员能力训练

从单向语音服务向全媒体客户中心转型，人员的能力转化和提升是转型成功与否的重要因素，这个过程要结合业务差异、管理差异来对各个层级的人员进行强化。个人认为能够把传统客服中心管理好的团队，只要其意识能够转变，就可以顺利推进或成功地管理一家全媒体客户中心。很多企业认为转型需要重建团队，其实更好的做法是以时间换空间，通过意识转变来逐步推进企业服务转型。

全媒体客户中心与传统客服中心的差异是从接入渠道、沟通方式的变化而引发的客户关系、管理机制、服务标准、业务流程的变化，因此涉及到的人员能力训练也应结合相应变化进行培养和训练。

◇客服人员涉及几个层面的能力变化：文字表达能力、打字速度、快速组织语言能力、工具应用能力、归纳总结能力、一对多并行沟通能力的强化与提升。

◇基层管理人员：由重于现场管理、排班及数据分析逐步转向知识沉淀、人员辅导等方面的能力。

◇服务话述变化：全媒体互动方式灵活，与语音对话不同的是，声音是可以传递情绪和态度的，而文字在情绪的传达上就需要借助表情、动画、文字中相应的语气助词、用词来营造良好的沟通氛围，因此原有的服务话述的制定方式需要从几个方面进行调整：

★ FAQ 按不同沟通方式进行梳理。

★问答指导方针的清晰制定胜于应答话述强制执行。

★应答参考案例仅作为回答问题的参考，起到抛砖引玉的作用，要鼓励使用者结合语境进行内容的微调，达到愉悦客户的目的。

◇对话风格：比如宫廷体、调侃范以及结合热点电视剧等衍生出的相应风格都会形成服务风格，营造轻松的沟通氛围。

◇管理机制：全媒体客户中心在培训、质控、KPI 关键指标的设定、现场管理制度等方面均需进行调整。

五、关注转型误区

◇对于新媒体急于求成，忽视传统媒体的作用和服务能力。

◇各媒体独立运营，不交叉不协同，严重影响效率及体验。

◇只重视下行，忽视上行和服务职能，尤其是微信公众号。

◇仅为迎合环境，对本企业现状和客户习惯理解不够。

◇追求硬件的建设，希望系统大而全，而忽视基于业务应用的基本功。

第二节　全媒体互动中心接入模块设计

一、全媒体接入渠道

可接入渠道：包括 PC 端、WAP 端、APP 端、微信、微博，均可接入全媒体客户中心。

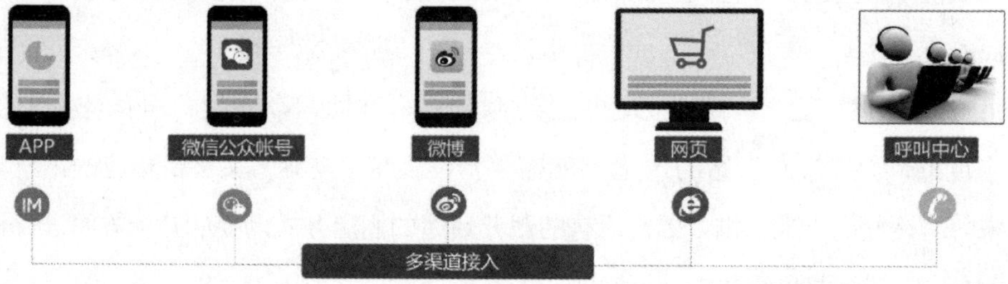

图 2-2-1 全媒体服务接入渠道

(一) 渠道选择与用途

基于开发周期及现有系统提供商的成熟度，可能会存在无法一次性接入的情况，应该注意在系统选型及排定开发优先级时需要考虑到几点：

★参考各渠道业务占比，优先上线主要业务集中渠道。

★微信、微博等已经具备交互基本功能的社会化媒体可以独立服务，逐步并入统一路由。

★系统的可扩展性及后续定制化功能的响应能力及后期投入。

★选择与企业开发团队优势互补的供应商。

（二）接入页面设计

很多企业把服务看成是负担与成本，但对于售前类业务而言，服务却是销售机会。常规情况下通过在线咨询的客户能够有 20% ~ 40% 甚至更高比例会立即购买，不同购物渠道设置在线客服的前后页面转化率可以有 30% 的提升。而售后类业务如果及时得到应答和解决，则可以大大减少投诉及差评的产生，同时还是带动客户触发好评、形成良好服务口碑的机会。

服务管理有时更像是“悟道”，这个过程往往与做人做事相关，往往支持决策的见解更多的是如何做取舍，是否能够做到“将欲取之，必先予之”，而服务营销也是这样一个过程。

（三）全媒体服务通道的展示

全媒体服务接入渠道呈现三个特点，即显性化、多入口、差异化。

◇显性化

★以往找到客服的联系方式很难，往往只有在帮助中心找到，甚至有些企业的网站根本找不到联络客服的方式。这不能按对错来分，但应结合业务情况综合考量。不同企业、不同社会环境下做法也不尽相同，不能盲目效仿，应考虑服务带给企业的价值，可以结合产品类型、服务对象、产品属性、客户体验流程、服务成本等因素来考虑服务入口的设计。

对于单价高、购物频次低、产品使用或选择的专业门槛高的产品类别来说，谁能提供更好的服务和销售引导，谁就更容易导入销售。

★对于服务类产品，尤其要因人而异，需要定制化的产品，比如旅游、医疗、家装等产品，更需要显性化。此时服务人员的作用是服务产品咨询，是专家式的服务，更是产品导向销售的关键。

企业类型	服务对象	销售产品	服务入口	参考企业
平台型	B2C	交流工具	相对保守	QQ、微信等
平台型	B2B	快消、标品	相对保守	阿里商户服务
平台型	B2C	非标品、高客单商品	显性化	苏宁、京东等
电商	B2C	高频低客单快消品	可相对保守	微店、淘宝
电商	B2C	低频高客单非标品	显性化	唯品会、家装类网站
服务提供商	B2C	服务类产品	显性化	携程、宜信、春雨问医等

◇多入口

以往的服务入口仅是帮助中心或“联系我们”，随着企业触网，网站承担的作用由原来的信息展示和企业宣传逐步转变成为主要产品和服务销售渠道、客户获取与招募渠道、业务交互与衔接的唯一渠道。客服则是企业互联网化的助手与推手，因此服务的入口可以从客户需求出发来进行设计与规划。

以电商企业为例，不同的服务需求可以针对不同的客群、在不同的页面提供服务入口。

服务类型	适合业务	展示页面	收益与价值	开放对象
通用服务类	政策类公示发退换货、积分政策、会员分级政策、配送政策、服务流程类等等	帮助中心、服务中心、服务我们等等、对话下常见问题展示	实时备查、减少交互	所有客群（会员、非会员）
销售类	促销咨询、产品咨询	网站首页、各类促销页、商品详情页、购物车	提升转化、提升客单	所有客群
售后服务类	订单修改、取消、退换货申请	售后服务申请页、订单完成、订单详情页等	提升客户满意度	购物会员
商家服务类	开店、店铺装修、店铺运营	商家服务页、系统使用页面	提升商家服务水平	供应商、服务提供商
评价页面	订购评价、页面咨询	差评提交时、页面文字咨询时	减少差评率、提升转化率	注册会员、购物会员

★按需求分类的多入口能够更加精准判断客户需求，简化客户的操作，提升客户的满意度，同时也可以精准分析不同入口的服务需求，从而为相应页面的服务体验提升带来改进依据与参考。

★对于互联网企业来说，服务思维、用户思维是致胜的关键，一切从用户需求和用户体验出发，把自己当成普通用户来体验服务的每一个细节，成就服务体验，等于成就企业经营!

◇差异化

不同服务类型的服务入口应有差异化的设置和体验，并结合服务需求进行差异化的设置。

★业务流程差异化：如售前咨询类业务是促进销售的环节，在网络安全的情况下应开放所有人，即流程简化，无须登录；但对于售后类业务应增加登录、选择订单等环节，前置服务，减少交互环节。

★服务风格差异化：对于售前类业务的口吻与售后类口吻可以差异化，如售前使用淘宝体，凸显轻松愉悦，可以略显俏皮，营造朋友交流经验的感受;售后类可以使用宫廷体，凸显客户的尊贵，适当调侃以赢得客户的认可或消除客户的怨气。

展示位置差异化：展示位随服务体验及决策节点进行展示位预设，服务类别不同，展示应有差异，如售前类可以在页面的最低端或悬浮页上展示，售后类则仅在需要在界面展示即可。

★沟通页面差异化：在与客户沟通的过程中经常有几层交互，每一次交互时间短则120秒，长则600秒。这一过程既可以解决客户的实际问题，又可以渗透和抓住销售机会。

§ 售前类咨询:增加关联产品展示、关联促销活动展示。需要定制开发,实现千人千面、精准推荐。如客户在咨询一段奶粉，展示框和服务选择框可以进行纸尿裤活动或辅食活动,帮助客户作关联产品的选择,挖掘销售机会。

§ 售后类咨询：增加售后类服务政策提示、增加服务类产品的展示，展示产品当前促销信息等。

★技能匹配差异化：可以结合技能难度来匹配不同服务人员及分流规则以及不同的服务时间设置。能力要求与内部服务人员能力水平匹配，既能实现人才效率最大化，又能够实现内部激励，形成人才培养阶梯，降低培训和人员培养成本。

★路由规则差异化：不同服务类别，路由规则及服务层级可以差异化。分技能设定路由规则，事先分析客户心理及服务预期。

★目前对于服务入口后的相关设置，多数企业采用的是通用规则，当然差异化带来开发成本，但从体验及效率角度上来看，差异化的设置是一劳永逸，值得投入的服务体验，可以带来高转化、高满意度、高效率等收益。

二、案例展示：《微信红包，小改变带来大收益》

2016 年的红包大战，微信红包因其人性化的功能和应用体验大获全胜，完美地击败了自掏腰包玩红包的支付宝。

与 2015 年相比，微信红包有几个创新点：

将原来藏得很深的微信红包放入私信对话，点“+”号即可发红包；从需求角度出发，发红包首先要发私信；春节发红包和抢红包要直接、要快捷，便捷取胜。

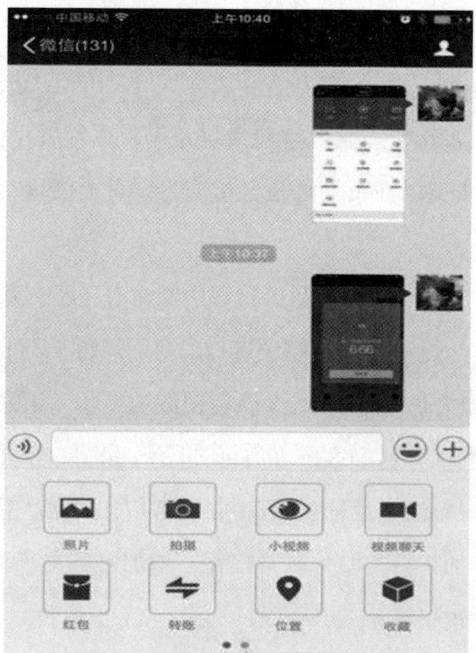

图 2-2-2 微信红包页面

红包类型增加拜年红包，应景儿，精准定位需求。

红包

拜年红包

图 2-2-3　红包类型选择

拜年红包可定制，金额可自动派发，也可手动更改选择，抓住中国人对吉利数字的偏好，每个数目都很吉利，每一句话都很讨喜。无论是收红包还是发红包都如此愉悦，堪称完美！

图 2-2-4　拜年红包页面选择

图 2-2-5　微信红包原有页面

依然简朴的存在，保留原有功能，一方面为新功能形成使用习惯进行过渡，另一方面当新功能不能完全取代老功能时仍可作为补充功能以满足原有需求。

三、接入方式

文本类来话接入形式与语音类 IVR 接入方式有很多可借鉴之处，同时基于一对多的互动方式，在接入环节与语音的接入方式也有突出差异。

(一) 会员登录环节

以往在语音环节除银行外，考虑到客户体验，很少有在接入人工后即要求客户登录，但在线业务可直链接入页面，登录后可直接识别客户并调取相关会员基础信息、浏览信息、购买信息等。

(二) 自动接入

◇文本类互动与语音不同的是可以一对多同步交流，因此在一对多的设置方面涉及几个细节，可大幅提升沟通效率。

◇基于不同技能水平、不同技能队列、不同季节，可以预设同时接入数量。

所处时段	员工水平	技能队列	同时在线高限
业务高峰期	从低到高	复杂技能	4 ～ 12，适中高限为 8
业务高峰期	从低到高	简单技能	6 ～ 20，适中高限为 12
非业务高峰期	从低到高	复杂技能	4 ～ 8
非业务高峰期	从低到高	简单技能	6 ～ 12

特别提醒

★同时在线高限设计需要与业务类型相结合，业务复杂度高，单通对话时间长 AHT(Average Handle Time)，则同步在线的高限值越小。

★最大并发数应按业务周期、技能队列、员工技能级别进行预设和调整，可批量设置，也可单独调整。

★并发数设置与满意度、询单转化、接通率、来话等待时长成反比，需要设置平衡点，当上述四项已经影响体验及目标达成时需调整并发数量，及时补充人力。

★多线并行的记忆与交流提醒功能：多线并行的服务要克服单线等待时间过长、业务漏接等问题，需要从规范的管理执行与系统功能完善两个方面规避问题产生。

★对话提醒：当客户发送内容后应通过闪烁、变色等方式提醒服务人员应答。

★答复延时提醒：预设答复延时提醒，遇最高回复时间应弹屏提示或自动向客户发送等待提示语，等待提示语可预设。

★超时转接功能：与语音服务相同的情况，即如出现离席导致业务长时间无人受理时应转接同技能人员并带入前期对话，实现电话服务所说的“热转接”。

（三）手动接入功能

这个功能可以在排队高峰时、在自动分配来话的基础上由高技能人员或仍有接入能力的人员随时接起排队来话，以缓解排队压力。

（四）主动邀请对话

此类多用于营销型平台，通过对客户浏览痕迹的解读来挖掘销售机会，主动发起对话，为客户提供帮助。

（五）来话转移

与电话服务相同，即当客户选择技能队列或当业务升级当前服务人员无法受理时可以进行来话转移。转移功能是影响转接体验和效率的关键，特别提示几点必备功能。

★按技能组转接，进入路由队列，接统一路由规则排队。

★按工号或姓名搜索后转接：搜索功能应简化，如技能人员较少，可以考虑在技能队列选择转接对象。当所选座席已经超过最大接线数量时，应可选择继续转接或转入其他人员。

★转接上级：可默认组织中直接上级，可以选择在线的其他上级。

转接应代入转接前会话内容及客户基础信息，包括会员信息、购买信息、工单信息、浏览信息等。

★来话小结：可与电话服务来话小结相同。逐步完善，简化操作，并起到信息收集分析反馈的作用。

★内容可按技能队列配置，配置内容要能够反馈业务重点。

★选择界面应在来话结束时，且操作便捷。

★小结分析可预设、可导出、可生成预设报表。后续在数据分析中详述。

★接入业务流程。

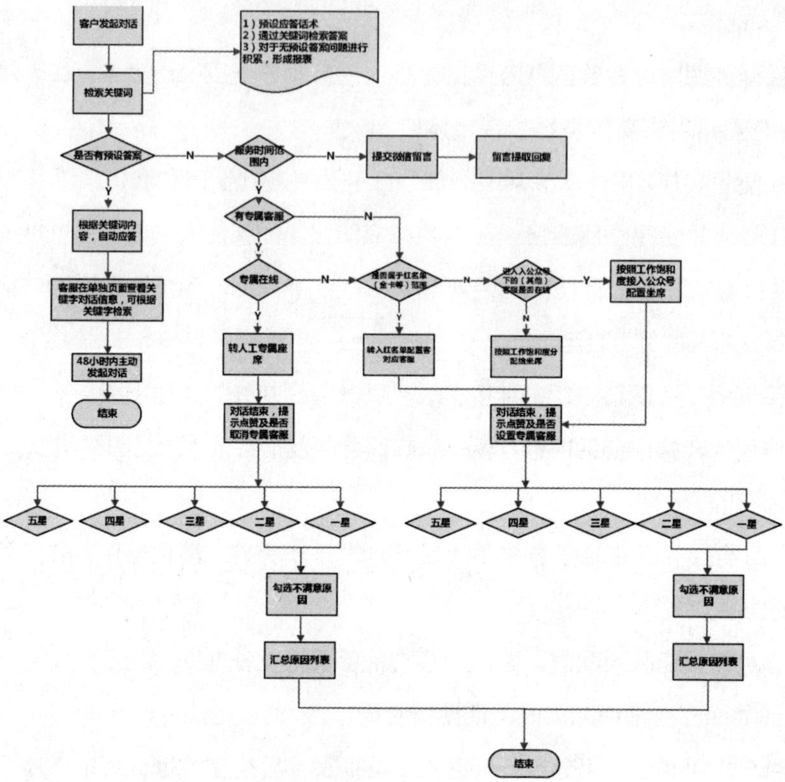

图 2-2-6　接入业务流程

◇座席常用会话功能

客服的对话窗口提供多样式的对话体验。访客对话窗口支持文件传送、截图、输入文字格式设置、表情发送、保存对话内容等功能；客服对话窗口可以设置对话常用语、常用文件、转换客服、交流文字字体设置、表情、截图、保存设置和发送文件功能。常规情况包含以下会话辅助功能。

★访客消息预知

通过消息预知功能，客服人员可提早一步了解客户的咨询内容，了解客户的需求及想法，方便客服人员能更快速、更详细地为客户服务，提高工作效率和质量

★互动图文及语音

客服和访客双方对话窗口都提供多样式对话体验，文字对话为主，文件传送、截图、

表情、链接为辅。支持客服人员和网站访客双向文件传输功能。提供客服和访客双向截屏（截图）功能，图文结合让沟通更简单。

★常用语及常用链接

可对客服使用的常用消息、常用链接、常用文件进行管理和维护，便于客服在交谈时直接调用此类文件进行快捷回复。

◇个性化信息设置功能

让每个服务人员努力打造自己的服务品牌，从服务照片、服务宣言、自我介绍、自定义广告、交流字体、服务背景等均可以有统一服务形象，又可以供服务人员彰显个性的选择。

◇双向评价与标签

很多电商平台会话后的评价往往都是单向的，即由客户对服务进行评价，而共享经济带动下的 C2C 业务模式通过标签化进行双向评价，如“滴滴打车”的乘客与司机的互评及标签，如“51TALK”及“跟谁学”等教育网站上学生与老师的互评。标签化的评价也可以引入到电商企业对于客户类型的定义和标签。

◇服务评价与标签

★满意度调查、32 个赞、NPS 值、服务标签等服务评价方式可以达到客户监督服务；服务人员自我约束与自我提升的激励；服务需求的深入了解与持续改进。

★客户评价与标签

每一次与客户的交互都可以收集到很多信息，为后续的服务营销打基础。如果界面足够简单易用，标签选项简洁全面，再加上未评价的提醒等功能，这些需要长期积累，能够推进精准服务营销的信息将会循序渐进，逐步发挥更大作用。

图表 2-2-7　会话功能模块

图 2-2-8　滴滴专家司机印象标签

第三节　全媒体可视化导航与路由策略设计

一、可视化导航

与语音导航不同的是，在线服务导航展示更加直观，客户一目了然，展示形式及内容更加多样化。

（一）展示内容

第一层展示：包括队列名称、服务时间、服务内容等，便于客户选择服务队列。

第二层展示：服务人员头像、姓名、综合评分、服务人员介绍等。

（二）展示形式

展示形式要结合技能队列数量来选择适当的形式，大体包括标签式、宫格式、抽屉式、图示式、幻灯片式、下拉菜单式、列表式、选项卡式。目前电商企业因业务类型多，选择宫格式较多。

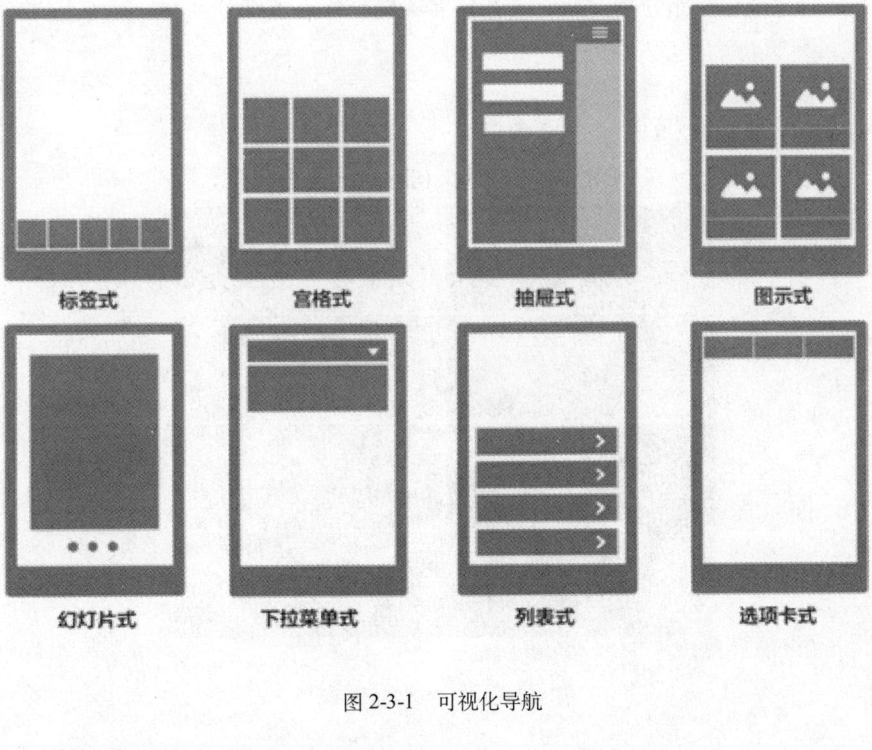

图 2-3-1　可视化导航

二、通道设置情况对比

我们来看一下海尔（有电垂直电商、低频高单价较多）、苏宁易购（综合电商平台）、京东商城（综合电商平台）三家的服务通道设置情况。

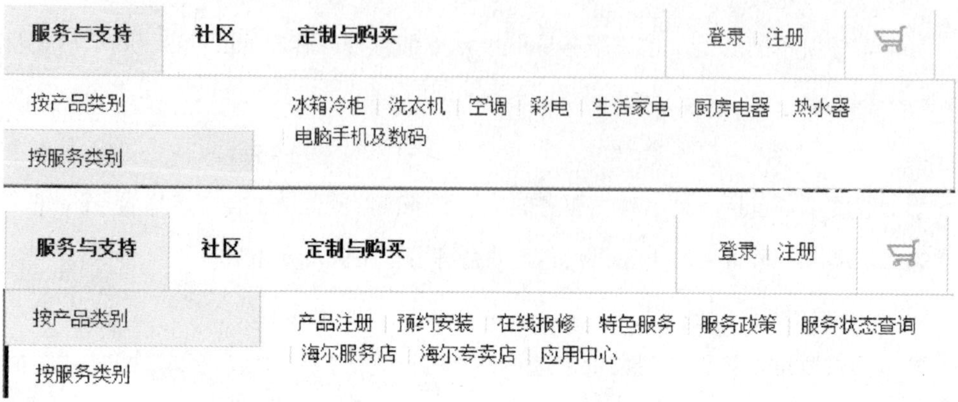

图 2-3-2 海尔服务与支持导航

（一）通过细化产品分类、细化服务分类实现服务需求细分

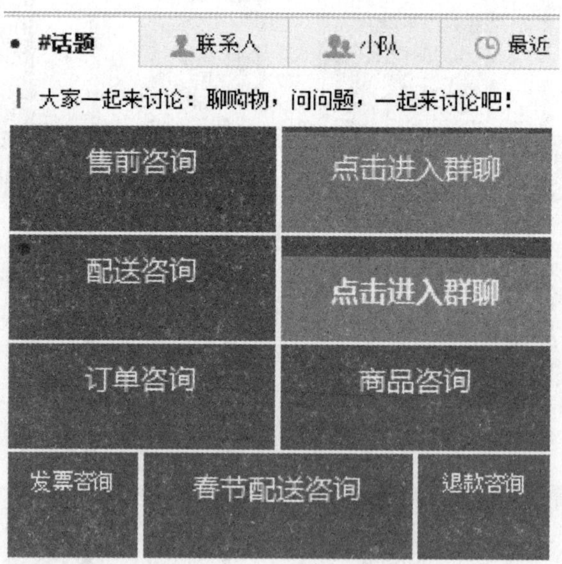

图 2-3-3 JD 在线客服导航

（二）动态设定热点话题，实现服务分流

图 2-3-4　苏宁易购业务与产品类型细分

（三）通过业务类型划分实现服务导航

比如综合电商平台，可以按服务流程分为售前、售中、售后相关功能。也可结合业务进行业务细化。

（四）路由策略设计

全媒体客户中心路由策略与传统语音呼叫中心相比更加全面与灵活，路由规则的设定维度更多。大体分为几个层级。

基于业务模式或服务提供商：基于业务模式的路由规则在服务体验一致、服务管理到位的情况下，客户很难体验到差异。

以电商公司为例，如苏宁易购、去哪儿网、京东等自营及平台形式共存，逐步打造服务轻平台的网站。第一层即是按业务类型及服务提供商进行业务分流。

对于综合电商，大体分为三种业务模式，一是自营类自主服务，二是自营类供应商服务，三是平台类。

自营是指从采购、库存管理、物流配送到客户服务全部由电商企业完成的业务模式，而在业务增量大、企业追求低成本运营、打造轻平台模式的当下，很多电商也逐步将售前类业务咨询或促销咨询转由产品提供商完成，由电商平台进行服务管理。

平台是指企业提供电子商务交易平台，提供引流、展示以及平台交易系统，而库存管理、物流服务由商家自行完成。

★基于业务流程或产品类别分类：此部分技能通道往往是可视化的。

★按产品线划分：对于综合类电商，尤其是行业跨度较大的，适合按照此类划分。比如苏宁集团旗下业务范围涵盖零售电商（母婴、化妆、家电、家居、数码、超市、图书）、金融、生活服务（商旅、团购等）、文化产业、商业地产等多个业务板块，专业跨度较大，往往按产品线匹配专业技能队列及技能组。

★按业务流程区分：包括售前（促销咨询、产品咨询等）、售后类（退换货政策、退款）等等。

★基于会员等级：会员身份目前包括会员等级、红黑名单、重复来访。其中会员等级和红黑名单是会员本身的身份属性，重复来访是在线客服系统内部的会员身份的设定。

★基于会员区域：对于分布式客户中心，可以通过区域路由设置直接分配本地化的服务中心进行后续服务。

★基于内部服务人员分级：客户分级与内部服务人员分级相结合，如由最高级别的服务人员为VIP客户提供服务。此类路由策略要同步考虑溢出规则，以免导致人员利用率下降或服务接通效率的下降。

(1) 专属客服服务对象：一般为VIP客群；专属客服设定可在客服管理中进行设定，配置后，该客服只服务此类客户。

(2) 会员咨询前直接在页面对服务通道客服是否在线进行判断，从而限制会员在客服不在线时不能进入服务通道队列。

(3) VIP客户路由策略：会员在进入队列时，VIP会员可以进行插队，优先排在队列的最前面；若存在多个VIP会员，则按照进入的先后顺序排在队列的最前面。

(4) 分配会话时需判断当前服务通道中是否有普通客服在线。若无普通客服在线，专属客服的专属属性配置视为禁用，可接待所有类型的客户。若两种类型的客服均在线，则按照专属客服只接待VIP会员 & 普通客服接待所有类型的会员 &VIP会员优先分配给专属客服的规则进行分配。

(5) 服务通道中最后一个客服退出系统时告知前端正在排队等待分配的会员客服已

下线，提供机器人入口。

(6) 会员咨询时优先根据会员的身份识别有没有对应的专属客服，再从相应的客服群中去匹配最近一个服务的客服人员，若找到该满足条件的客服人员就直接分配对话；若没有，则按照工作饱和度原则分配最合适的客服。

(7) 饱和度计算规则：当前对话数／接待上限；饱和度低的则优先分配对话；若饱和度相同，则随机分配。

差异化服务流程融合了专属客服、熟客识别及饱和度分配策略。

(8) 四级页自营商品接入需先验证是否存在厂家对应关系进而判断客服是否在线，在线即进行业务分配，不在线则接入预设溢出队列或进行留言设置。

反向路由策略：预约服务作为一种新的服务形式，可以由客户按需求类别、回复时间要求、回复形式要求、问题及需求描述等信息进行提交，形成任务工单后由相应技能人员进行服务对接。此类需求可以参考外呼的业务模式结合技能队列进行任务分配，涉及相关的路由策略与正向路由规则共享。

第四节　全媒体客户中心服务金字塔构建

好的服务体验绝非一日之功，是企业服务文化与服务基因的体现，是企业配合机制与管理成熟度的体现。打造好的服务体验，上到企业决策层，下到企业前台，都应该渗透着一种换位思考的习惯、一种为他人着想的习惯，以及亲和友善的态度。

习惯的培养，是靠体系和制度逐步让不同背景、不同岗位的人形成日常工作中默契的配合机制，我习惯称之为以客户为中心的服务金字塔。

全媒体客户中心无论是初建还是升级，都是很好的构建或重建服务金字塔的好时机。金字塔的顶层是企业对客户的承诺与服务体验，而支撑塔尖最好体验的则是内部的基础建设与管理体系。

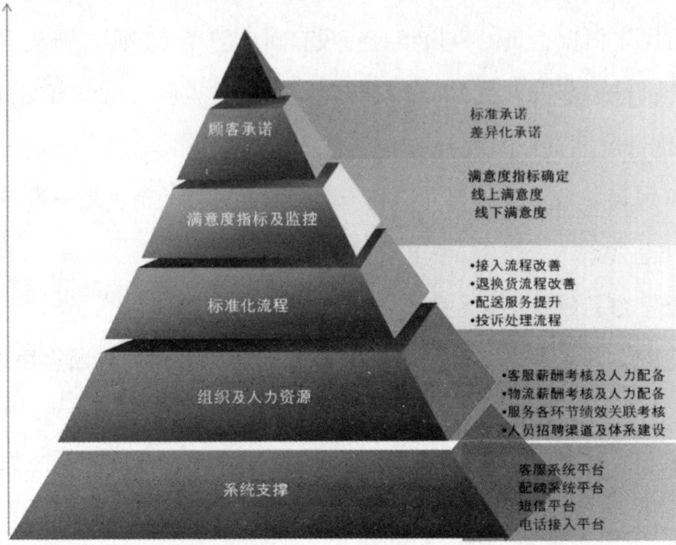

图 2-4-1　全媒体客户中心服务金字塔

一、系统支撑

呼叫中心在国内发展二十余年，国外发展近六十年，基础设备日趋成熟，成本也有下降趋势，但各家在技术层面的应用决定着系统能够发挥的最大作用。可以说，真正拉开体验差距的不是技术设置，而是意识与配合机制。很多企业投入大量人力财力在系统的招标及采购上，动辄成百上千万，但系统上线后效果未达预期，其原因却各有说辞，一方面认为采购设备的功能与期望有差距；另一方面则是基于基础功能上的应用开发落后于业务需求，业务抱怨技术对需求了解不透甚至南辕北辙，而技术又抱怨业务需求总在变化，业务逻辑不清晰，周而复始，难有默契。当然，也有很多公司的技术和业务亲如一家，业务有需求，沟通讨论后技术将需求的逻辑性梳理得更清晰，完善了业务中欠缺的思考环节，同时又能够将需求有节奏地分阶段实现，让系统功能在不断的完善中帮助业务，不断实现功能，解放人力，或实现业务上线。我所在的三家企业在这方面有着良好的配合，使得服务体验和服务效率日趋提升。

例如携程旅行网业务上线前的务虚讨论，业务关联部门、技术部门均从体验出发，梳理思路，共同梳理内部业务逻辑，多次研讨，在思路清晰后才投入开发。过程中业务、技术的虚拟小组日日讨论、周周沟通，最终上线后系统与需求不但不会有差距，往往还会有惊喜。

再如遨游旅行网在上线动态打包自由行产品时要把包含酒店、机票等较为复杂的产品设计成为客户可定制的动态打包产品，要知道酒店涉及多种库存模式、酒店确认方式，订购后又涉及多个确认结果，而机票涉及的逻辑则更为复杂，这一系列的业务需求、业务流程、各个节点的判断逻辑极其复杂，从最初的需求到最终的系统实现，过程中要涉及多次业务思路的调整，才能最终实现自由行产品上线。

再说电商公司，因涉及商品的库存管理、物流配送等环节，其流程更长。光一个物流寻源逻辑就会牵一发而动全身，但一个功能的实现可以大大降低企业运营成本、满足客户需求，并提升销售转化率。

对于系统支撑层面，需要包括必备的硬件设施、快速迭代的应用软件、良好的内部配合机制，才能打造良好的服务体验，解放生产力。

◇硬件：像 PBX+ 数据库服务器 + 话务盒 & 耳机 + 座席电脑等已基本成熟，各家差异不大。按使用周期进行更新迭代即可。

◇软件：是企业运营的核心，是打造服务体验的核心，更是企业的核心竞争力。即使相同的硬件，应用软件的开发也会带来千差万别的结果。就像中国的美食，原料一样，但却可以做成各种美味佳肴不同菜系。一般来讲，包含几类软件。

★客户关系管理系统

CRM(Customer Relationship Management)，客户关系管理，是一种以“客户关系一对一理论”为基础，旨在改善企业与客户之间关系的新型管理机制。通过信息科学技术实现市场营销、销售、服务等活动自动化，使企业能更高效地为客户提供满意、周到的服务，以提高客户满意度、忠诚度为目的的一种管理经营方式。客户关系管理既是一种管理理念，又是一种软件技术，而更多的是通过管理理念驱动技术实践。

★业务处理系统

业务处理系统又称业务员信息系统，提供给基层人员使用的系统，是对业务处理过程进行针对性支持的信息系统，能够为某项工作的完成提供有力的工具支撑。如订购系统、退换货、退款、工单管理系统等，能够支撑业务运转。

★运营管理系统

运营管理系统是随着公司不断地发展壮大、业务量不断增加、业务种类越来越多而手工操作无法完成日常运营管理工作时应运而生的，它可以和其他系统连接在一个后台数据库中共享数据，通过数据库的信息达到高效运营管理的目的，可以提高工作效率。目前运营管理系统通常包括排班、质检管理、人力资源管理等等。

★数据分析系统

从数据采集到数据分析、数据挖掘，数据分析系统在互联网时代下已经演变成为企业情报系统，它承载的不再仅是呼叫中心内部的运营数据，而是涉及客户购买信息、网站流量、转化效率、业务规律、人员效率等方面的综合数据分析系统。

★舆情监控系统

舆情监控系统又被称作互联网舆情监控系统，是指通过相关的专业舆情软件按照一定规则和方法将互联网上繁杂的信息当中关注的舆情信息抓取而来，并通过分析过滤等方式加工处理，最终呈现出与需求相匹配的舆情信息。

★智能客服系统

智能客服系统是在大规模知识处理基础上发展起来的一项面向行业应用的适用于大规模知识处理、自然语言理解、知识管理、自动问答系统、推理等技术行业的系统。智能客服不仅为企业提供了细粒度知识管理技术，还为企业与海量用户之间的沟通建立了一种基于自然语言的快捷有效的技术手段；同时还能够为企业提供精细化管理所需的统计分析信息。

互联网推动全媒体客户中心在软件方面不断创新，尤其在智能客服系统、知识库管理系统、数据分析系统方面处于不断完善和进一步进行服务系统升级的阶段。

◇快速迭代意识

互联网企业是快鱼吃慢鱼，正所谓天下武功唯快不破！新业务、新思路、新需求、阶段性促销活动等都会要求系统功能快速迭代。动辄开发周期半年的功能风险越来越大，很可能上线后已经错过最佳时期甚至市场化导致需求已变，因此无论是业务还是技术，都应该习惯敏锐开发、小步快跑、快速迭代。

◇内部配合机制

常规来讲，往往业务需求推动系统完善，以下几点是驱动系统进步的源头：

★基于新业务上线

★基于服务体验提升

★基于销售及服务能力提升

★基于系统安全及运营效率提升

通常情况下，企业内部系统开发至少包含以下几个环节，而每个环节都需要充分讨论以达成共识，因此很多企业会在较大功能开发前成立虚拟项目组，不断磨合思路，确保思路同步、信息畅通、过程动态调整。

（涉及系统招商或外部开发则需要更多配合环节）

无论业务还是技术，都需要站在用户角度上思考和体验，对外提升用户体验，对内解放生产力，必须充分沟通、博弈、体验，才能不断完善。很多优秀的系统开发团队往往在“坐”在客户中心，“听听”客户的想法，“看看”用户的操作，研究运营数据，主动寻找突破点，当技术团队融入服务的DNA，那么体验和效率的优化则会成为企业的最大优势。

二、组织与人力资源管理

客户中心往往是企业中人力最多的部门，在电商企业中仅次于物流体系的人员数量，而与人相关的管理机制是构建和支撑服务金字塔的关键，在六个层面尤为重要。

◇组织清晰职能明确：不仅是客户中心，乃至是整个企业都成功的关键，从效率角度、从配合角度，简单高效协同的组织以及部门职责岗位职责清楚都至关重要。我们看到越来越多人提及组织扁平化，个人也认为扁平化组织更为高效和愉快。很多企业在设定架构及汇报关系时纵横交错，带来很多内耗及低效率的沟通。

◇岗位配置与招聘标准明确：岗位职责和岗位的工作特点决定着岗位胜任能力，进而决定着岗位招聘标准。在招聘环节方面，多数客户中心甚至多数企业是有标准的，但如何衡量标准，是否可以具备“火眼金睛”的辩别标准，往往是讨论和出现问题的原因。

◇人才培养与开发：建设基于各岗位胜任能力的岗前培训、岗中培训、晋升培训体系。

◇薪酬与激励：薪酬是指劳动者依靠劳动所获得的所有劳动报酬的总和。激励，简言之就是调动人的工作积极性，把其潜在的能力充分地发挥出来。薪酬激励就是有效地提高员工工作的积极性，在此基础上促进效率的提高，最终能够促进企业的发展。在企业盈利的同时，员工的能力也能得到很好的提升，实现自我价值。薪酬是基础，但对于作业类岗位仍应按劳取酬，能够通过技能级别、计件提成方式体现多劳多得。激励是导向，目的是激发潜能，因此激励应与阶段重点以及倡导的方向相结合，促进执行，激发潜能。

◇绩效管理机制：所谓绩效管理，是指各级管理者和员工为了达到组织目标而共同参与的绩效计划制订、绩效辅导沟通、绩效考核评价、绩效结果应用、绩效目标提升的持续循环过程。绩效管理的目的是持续提升个人、部门和组织的绩效，对于以客户为中心追求良好服务体验的企业，在目标分解与绩效管理过程中影响到客户体验的各个环节都应有服务体验相关的目标分解及绩效管理政策。有明确的目标、有言出必行的考核机制，推动内部重视度，凡事关注，才会得以改善

◇组织文化：营造服务意识的内部文化，换位思考，以及支撑管理部门对内部客户的服务意识和习惯，都在潜移默化地形成组织文化。

三、标准化流程及管理制度

标准化流程包括内部的业务流程、配合流程以及客户体验流程；管理制度包括人员管理、业务管理、服务管理等制度以及各类服务相关规范。这些都是决定客户体验的关键因素。

四、满意度指标及监控机制

包括客户满意度评价、NPS 值、内部服务监控、客户服务评价等等。

五、客户承诺与服务体验

包括对外承诺政策，比如退换货政策、退款政策、分级服务政策等等，还有承诺的执行情况、各环节的服务体验。

传统呼叫中心与全媒体客户中心在服务金字塔的构建方面，其结构和思路上没有太大差异，但构建这一切的每一层政策及标准都将会因沟通渠道的差异而产生很大的不同，需要结合业务进行微调，而后再陆续深入。

客服

第三章　全媒体客户中心的管理体系变革

服务渠道的变化带动着内外部管理机制及客服中心价值标准的变化，包括客户中心用人标准的变化、服务标准的变化、客户互动语言的变化、价值评估标准的变化、关键考核指标的变化、日常运营报表的变化、内部管理机制的变化等等。全媒体客户中心能否创造出更大的价值，不仅仅在于服务渠道的丰富，更重要的是内部管理体系和服务管理体系的变革。

第一节　服务管理体系的搭建

随着人工智能的推动，简单重复的劳动逐步被自助服务取代，服务升级进入了更加快速发展迭代的阶段。企业间服务体验、服务效率、服务成本的竞争更加激烈，这影响了客户的活跃度，也影响着企业的运营成本。

客户中心作为业务处理中心、信息集散中心，每天经历大量案例，每个案例都交织着各个环节的问题，如果不能将问题看清、摸透，让日常问题通过流程、制度以及系统来解决，就无法推动人工智能的建设。如果客户中心仍借助人的力量进行判断，突发事件众多，个案协调众多，无制度可循、流程不顺畅，那就更谈不上轻平台的建设。那么应该如何搭建完善的服务管理体系，从而推动服务体验提升、自助服务能力提升与服务成本的下降呢?

一、思维方式转变

在人工智能的大势下，客户中心在服务的管理方面更需要通过以下几个方面进行“华丽转身”，而驱动“华丽转身”最重要的是管理者以及内部成员思维方式的转变。

1. 由运动员到裁判员的角色转变。以往的客服人员尤其是客诉处理人员往往认为投诉的完成是客户接受解释或处理方案，投诉处理完成即工作完成，实际上这只是完成了投诉的一半，另一半投诉的深度分析、责任判定、推动改进、改善方案的执行情况等工作并未真正开始，带来了问题的重复和再发。这个转变应该自上而下，管理人员意识的转变带动工作机制和能力培养方向的转变，最终推动每一位接触投诉、舆情、负面评价的一线人员能够具备“裁判员”的能力。

2. 由处理问题到根除问题的转变。

3. 从单点处理问题到举一反三梳理同类问题，从判断问题及问题判责再到如何从源头上根除问题，这需要管理者在充分了解问题的情况下梳理上下游业务流程及规则地执行，才能够追本溯源，推进问题改进。

4. 由平台的使用者到平台的建设者转变。

5. 服务的自助化要求平台的迭代速度更快，更加贴近需求，而推动技术平台不断迭代的一定是业务需求和业务问题，因此管理者必须摆脱等、靠、要的心态，从业务场景出发来改变技术的功能，而系统的功能要从支持常规业务向支持多场景业务的方向转变。

6. 由用人解决问题到通过流程与系统解决问题转变。以往在业务波峰阶段和在大促集中期，传统的客服中心往往从人力测算到人员储备的思路来进行服务应对和准备，而全媒体客户中心应从自动化推动的角度提升自助化服务能力，并做以下的转变。

（1）从预知到预防：无论是单点促销还是常规业务，都要从预测预知服务场景、问题场景、需求场景到预防方案的设计。

（2）从预访到预设：预访方案的设计推动系统在各个业务场景的功能设计，系统的自助服务程度取决于预设场景的覆盖程度，当各类突发事件全部在预设的常规服务机制当中时，服务的自动化能力才能够得以体现。

（3）前置服务场景测试：传统的客服大量的工作是在问题发生后，而全媒体客户中心大量的工作是在前置服务时，包括服务场景的设计、系统测试、知识库应答测试等等。

正所谓："思路转变天地变，思路不变原地转"，只有自上而下思维方式的转变才能够推动客户中心不断创新、提升与改变。

二、管理机制转变

1. 管理流程的转变

问题改善流程与问题预防并重。

在过去的服务管理中，售后服务类的客服中心在流程的管理与执行上经历了三个阶段的演变。

第一阶段：作为流程的一个环节，处理好当前业务环节。被动的作业流程导致螺丝钉的角度与机器化的工作内容。

第二阶段：作为问题处理的一个环节，通过问题反馈倒逼前端事前预防与事中的规范执行，从客户问题的反馈到内部问题的反馈起到了管理和推动的作用，是后知后觉的管理。

第三阶段：通过大量的案例积累与服务的专业沉淀来预知和预防风险，做到先知先觉的管理，引领服务提升。

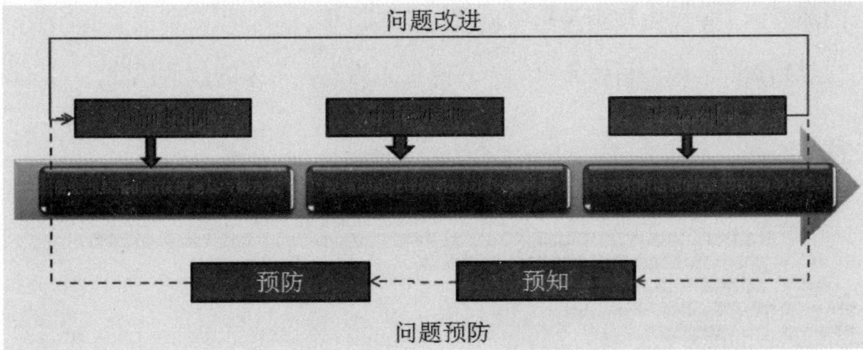

图表 3-1-1　从问题持续改进到预知预防预设的服务场景前置

2. 强化场景化

从主业务流程的梳理到场景流程的细化，通过场景细化细分业务单元来推动人工智能的完善。

三、日常的分析思路的转变

1. 运营分析与案例分析并重

以往的分析以业务量、咨询量、处理效率以及各项运营指标为主，但要实现服务管理推动服务提升，需要侧重于案例的深度分析与持续跟踪。

对于案例的分析必须深入每一个环节以及各个时间节点和业务节点的细节，包括投诉处理状态、案例分类名称、留存图片、投诉日期、工单号、投诉渠道、客户地址、责任部门、订单类型、投诉人、备注、客户投诉内容详细记录、投诉受理人、投诉事件调查情况分析、调查人、协商后解决方案及结果、回复人、目前存在的问题、分析人、回访客户情况记录、回访人、投诉后购物行为、客户贡献值。

2. 结果分析结合归因分析

无论不满意的服务评价还是网站各类差评以及日常的投诉工单都需要进行原因分析，并结合问题、责任归属追踪投诉率、处理速度等，这需要几个前提条件。

多渠道接入的工单系统：即评价、舆情、升级投诉、客户发起投诉等生成工单，并进行统一路由分配。

投诉分级处理、投诉判责功能支持。

内部投诉工单路由规则及超时提醒等流转流程。

通过判责、追踪、目标分解等方式降低人为失误带来的投诉风险。

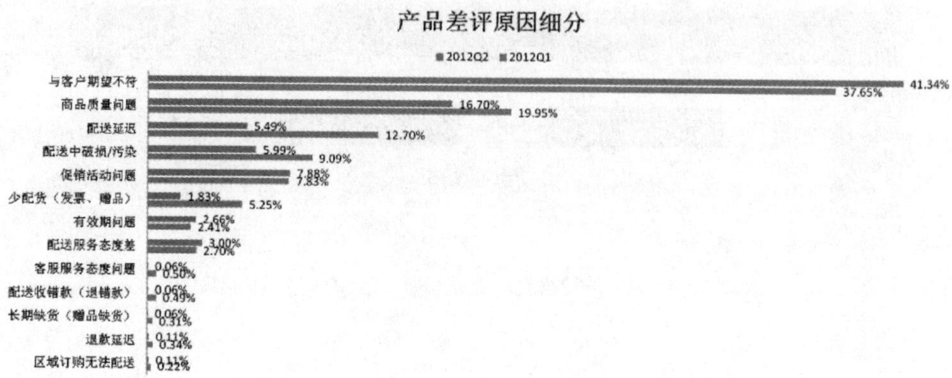

图表 3-1-2　产品差评归因分析

四、外部服务政策制定

统一的对外服务政策是客户服务体验的基础保障。客户中心作为各类业务和投诉的受理中心，应结合行业政策、业务场景、客户诉求来制定统一的对外服务政策并推动政策在全公司内执行，对内达成共识，对外形成服务保障。比如对于电商企业而言，必须要界定的政策包含以下几个方面。

◇退换货政策及鉴定标准：要结合商品品类来确定退换货周期及可退换的范围及其界定标准，尽可能细化、量化，只有被细化、量化的标准才能够实现系统功能开发及客户的自检自助服务流程。早期的电商企业由人来判断退换货，服务人员起到的是讨价还价的作用，这不仅是一种低效能的处理方式，更成为影响客户满意度并导致客户流失的要因。

◇消费者服务保障体系：对于平台类电商消费者而言，服务保障体系既是对商家的服务约束，也是对客户的服务保障，一般包含服务处理效率的保障及超时的服务赔付、产品质量方面的保障以及假货或劣质商品、过期商品等问题对商家的处罚及对消费者的补偿政策等。对于商家违规的服务或产品，消费者可直接向平台监管方举报并由平台客服进行处理及跟进。

消费者服务保障体系

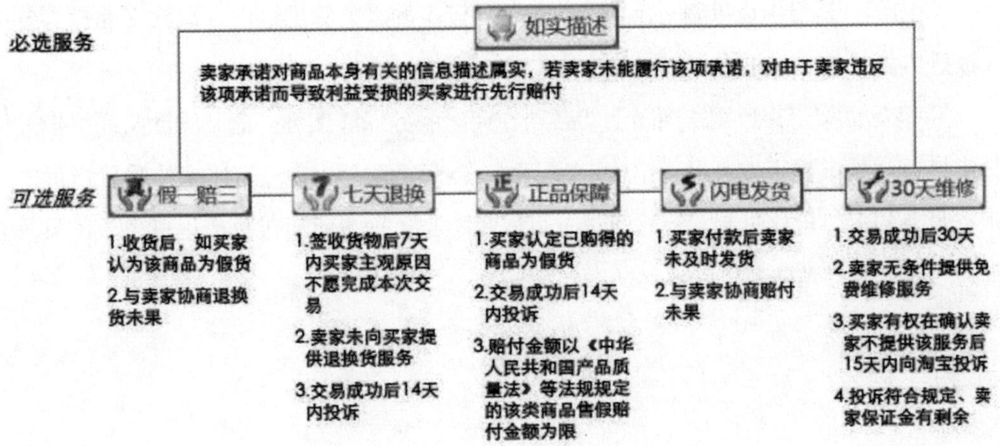

图 4-1-3　淘宝消费者保障服务体系构成

◇投诉理赔政策：对于投诉的处理时效、不同情节的投诉按场景细分制定理赔标准及赔付流程，对外的承诺即是内部的标准。标准范围内流程化处理，标准范围外除了一单一议的处理机制以外要有形成标准和改善的循环。

◇服务体系的搭建除了明确、细化的服务政策以外还要强化场景化、客户化的知识转化。

五、内部管理机制制定

◇投诉内部管理和处罚：投诉必须进行认责、追责和分析。服务质量是在每个环节百分百执行的前提下才能够得以保证，因此人为投诉必须有认责和处罚的机制。投诉的内部管理制度包括客户投诉回复及解决的时效、问题纠正及持续改善的时效、追责涉及到的处罚、降职等方面的落地实施等。

◇平台质量监控：通常电商包括商户和自营两种模式，对于商户提供客服及物流服务的，在服务时效、政策、规范方面应按统一的管理规范进行执行并形成考核制度，通过培训认证的方式颁发上岗和提供服务的资质，后续进行统一服务监控。

◇风险预防与应急处理：涉及支付风险、个人信息风险、流程风险、运营风险等，应有现场突发事件的预防与应急处理方案。

◇内部分析与沟通机制：作为推动各环节进步的服务管理部门必须建立起投诉分享及改进方案推进进展的分享或讨论。

◇商品上架下架原则：商品上架必须在商家服务保障达标、商品质量及证照相关材料审核通过的前提下方可上架销售。对于同一商品某时期出现一定比率的质量投诉，必须有紧急的下架检核机制，检核通过方可恢复上架。一方面通过标准规避风险，另一方面通过制度和规范防范风险再此发生。

附录工具：案例跟踪表

案例编号		投诉处理状态	
案例类名称		当时网站显示图片	
投诉日期		工单号	
投诉渠道		客户地址	
责任部门		订单类型	
投诉人		其它备注	
客户投诉内容详细记录：		投诉受理人	
投诉事件调查情况分析		调查人：	
和相关部门协商后解决方案及结果：		回复人：	
目前存在的问题：		分析人	
回访客户情况记录：		回访人	
和相关部门协商后解决方案及结果：		回复人：	
目前存在的问题：		分析人	
回访客户情况记录：		回访人	
投诉后购物行为		客户贡献值	

第二节 服务界面与服务形象设计

与传统呼叫中心不同的是，全媒体客户中心除了声音、文字以外，还可以与客户直面交流，服务形象更具体，而服务形象的设计是又一次企业品牌形象塑造的过程。如何打造企业的服务形象，利用全媒体客户中心的各个渠道来塑造深入人心的服务品牌，可以从以下几个方面考虑。

一、服务形象设计的前提

1. 结合企业产品、服务人群、人群特点来进行服务形象设计。

如我们接触到的电视栏目，从主持人形象到主持风格，再到背景环境、音乐、主题曲等全部围绕观众来打造统一的形象；又如我们熟知的少儿栏目，鞠萍姐姐主持的《七巧板》和《大风车》、金龟子刘纯燕主持的《智慧树》，陪伴几代人度过童年时代。栏目之所以深入人心、经久不衰，除了内容以外，主持风格与栏目形象同样重要。

2. 对于客户中心来说，要让服务愉悦客户，同样需要精心设计，而设计过程需要从几个方面考虑。

◇企业的品牌定位

品牌定位的最深层面是在消费者心目中代表什么、留下什么烙印。品牌定位的维度包括市场定位、价格定位、形象定位、人群定位、渠道定位等。如某企业品牌定位是面向中高端市场、25 ~ 35 岁女性、追求时尚品质生活等。

◇服务形象设计应与此定位相匹配

企业产品与面向客群：

★服务形象要结合销售产品和服务客群以及客群的特点，如母婴类产品面向“70”、“80”、“90” 后人群，服务的对象是宝宝、宝妈、宝爸，那么服务形象就应该是温馨的、专业的、可信赖的。

★某中高端彩妆品牌面向中高端消费的时尚女士，年龄在 25 ~ 35 岁，那么服务形象就应该是时尚的、专业的。

◇客群特点

我们可以通过标签的形式进行客群画像，如时尚、高效、有爱心、追求品质生活、喜欢放松、喜欢调侃、追求个性、环保、喜欢原生态等等。

◇企业的服务文化

如专业、亲和、耐心，像客户身边的“专家”“闺蜜”“朋友”“伙伴儿”等等。

二、智能机器人形象设计

一般采用卡通拟人化形象，在生动、活泼的同时与企业的服务形象相匹配。

◇名称性别：如小米的米兔、苏宁易购的 sunny、京东的 jimi、交行的娇娇。

◇拟人化卡通形象：如苏宁的小狮子、京东的小鹦鹉、蜜芽的蜜芽兔等。

◇语言风格：可爱、淘气、调侃、人来疯儿等。

◇整体形象：萌、可爱。目前智能机器人正处在发展期，其知识内容不完善、智能化识别和答复能力均不强，萌萌的形象、求调侃的风格既可以吸引客户尝试以不断完善知识内容，也可以以卖萌等对话方式求得客户的怜爱和谅解。

三、人工服务形象设计

人工服务形象设计包括名称、头像、服务背景、个性化设置、个人服务宣言、沟通语言风格等几个环节。

◇名称：早在几年前，多数客服中心仍通过语音报工号或人工报工号的方式“自报家门自我介绍”，而近几年为了打造企业与客户之间的“强关系”、亲情式服务、朋友式服务、恋人般的服务，让各个企业的客服中心想尽办法打造具有自身特点的服务形象，从真实姓名到花名，再到与企业名称相匹配的拟人化昵称，都让服务体验更好。

命名方式	代表企业
企业昵称	苏宁、携程
花名	阿里
个人昵称	平安保险

◇头像：代表企业服务形象的关键因素可以说是企业服务形象的代言人，通常有几种做法：

★统一人物形象：体现企业的品牌形象及服务形象，可由内部选拔，也可请外部代言或者统一画像。

★内部选拔代言人：通过内部选拔一个或多个代言人的方式，统一着装、表情及形象需要与企业服务形象匹配，内部服务人员可依据自已的喜好选取相应的服务形象。比如“红孩子”育儿顾问打造亲和的服务形象，“小米”客服充满青春朝气的服务形象。

★个人头像：目前选择这个方式的较少，一方面考虑到员工隐私，另一方面考虑到每个人的外形特点不一定都与企业服务形象相吻合。

图片 3-2-1　代表亲和形象—“红孩子”育儿顾问

图片 3-2-2　年轻朝气有活力的形象—“小米”服务顾问

◇服务背景：

聊天背景的设置不仅可以让客户有着新鲜感，更能够让客服人员像换装一样每天带着不一样的心情工作，让工作更加充满情趣，让每天都令人期待。

◇个性化设置：

包括对话字体、个人常用语、个人自动应答设置等，可以由服务人员发挥个人的才能，既有助于激发主人翁意识，又能够发现民间高手，进而让更多的创意和方法服务于组织。

◇个人介绍与服务宣言：

当个人的服务形象、个人介绍和服务宣言在与客户面对面时，每个人都会更加努力地打造和捍卫企业及个人的服务形象，这种约束既是打造个人服务特点以吸引顾客的方法，也会使每个人更加努力地创造更好的服务体验。

图片 3-2-3　红孩子育儿顾问个人介绍与服务宣言—突显专业化服务形象

◇沟通语言风格：

新闻联播式、商务谈判式、公对公的对话方式一定不适合互联网服务，要拉近与客户的距离，就一定要在沟通的口吻上做出改变。我们要打造朋友式的服务，就要有朋友式的交流、问候、关怀，因此放松、真诚、发自内心的关怀和愉悦客户的口吻才是全媒体交互的语言风格。

第三节　语言风格设计——让你的团队和客户玩儿起来

近几年随着社交化媒体的全民应用，让每个人都成为了媒体人，每个人都有自己的发布会和发布平台，人人自媒体时代的到来让客户更加注重交互的平等性、公开性，客户希望得到的服务也不再是公对公一味追求标准化的客客气气但没有“人情味儿”的服务，而是追求真实、诚恳、为我所想的朋友似的沟通与服务。

全媒体客户中心，文字与表情的交流，让沟通变得更加风趣、幽默、轻松和愉快。

如果把传统客服中心的规范化语言比做能够解决基本问题的“家常菜”，那么全媒体客户中心的语言则可以是色香味儿俱全的美味佳肴。

◇语言风格：无论什么样的语言风格，最重要的是了解客户需求、解决实际问题，在此基础上可以使用淘宝体，通过亲切的问题、适当的语气助词来营造良好的沟通氛围，也可以通过拓展知识和适当的调侃语气拉近与客户的距离，还可以结合当前流行的语言风格如风靡至今的甄嬛体戏称客户为“小主”等等。无论是什么样的语言风格，重中之重是解决客户的问题，切忌舍本求末。

◇个人常用语设置：可以结合个人或团队语言风格，对于像问候、等待、转接、评价、结束等环节的常用语进行设置。

◇个人知识设置：结合知识库及个人总结的知识点，使用自己的语言风格进行改编，这一过程中实际上是群策群力追求更亲和、更高效问答知识的做法。

◇如何设定服务语言让沟通更加灵活：无论语言风格如何，解决问题的原则和纲领是一致的。在服务的高级阶段有着因人而异的沟通方式，但无论如何，都是为了打造出能够给客户带来喜悦、兴奋、享受和充满回味的服务体验。

我们把服务分为三个阶段，这三个阶段的服务特点、客户表现及服务结果如下：

发展阶段	服务特点	客户表现	服务结果
初级阶段	不规范、不统一、易出错	痛苦、焦虑、烦躁不安、语言急躁	不会再来告诉他人不要再来
中级阶段	规范、统一、标准化运营	愉悦、舒畅、语气平和	愿意再来广泛宣传
高级阶段	服务细致入微、差异化服务、精细化运营	喜悦、兴奋、享受、回味	口碑相传终身相伴

◇全媒体客户中心是借助丰富的沟通渠道和沟通形式来打造最高段位的服务体验，需要通过几个环节训练和培养员工。

◇从给答案到给指导方针：将以往制定话述的权利交给员工，让员工在一定的规范和指导方针下结合统一化的服务形象来包装和组织语言。当然，可以制定通用的参考话述，但不强制执行，要让员工主动思考去迎合客户的沟通习惯。

◇服务话述场景化：服务参考话述要结合服务场景，易于应用及举一反三。

◇沟通形式多样化：借助文字、语音、图片、文件、表情等方式减少服务等待时间，给予更多可参考信息，调节沟通氛围不再仅依靠语气和用词，而是通过各种或卖萌或调侃的表情来表达心情，营造轻松的沟通氛围。

附录工具《在线服务场景应答指导方式》

操作步骤	场景	场景分类	场景细分	指导方针	参考语音话述	参考文本话述
第一步	欢天喜地迎贵客	开始语	通用	促销宣传		
			日常	自我介绍 + 探寻需求		
			节日			
第二步	锁定地雷	确认触点	售前	“倾听”问题 + 了解潜在需求		
			售后			
			等待话述	等待安抚		
第三步	扫雷：答疑解惑	售前相关	商品参数	锁定商品 + 核实后回复		
			配送时效	确定商品、地址 + 核实后回复		
			质疑配送慢	安抚 + 核实配送时间		
			缺货转推	简单回复 + 转推 + 突出转推原因		
			促销异常	了解信息 + 核实 + 回复		
第四步		售后相关	买后降价	查看订购信息，核实情况 + 安抚 + 处理方案		
			订单咨询	核实订单号 + 确认送货时间 + 安抚		
				核实订单号 + 确认送货时间 + 安抚 + 转接		
		特殊场景	情绪激动	安抚情绪，根据客户情况判断是否需要工单记录		
			查询等待	让客户短时间等待		
				等待 3 分钟左右		
				等待 5 分钟及以上		
				结束等候		
第五步	求鲜花	邀评话述	邀评	解答完第一个问题就及时邀请评价，要注意回复的完整性		
第六步	送温暖	温馨提示	季度差异	结合季节提示生活关注点		
		主推	解决痛点的产品	卖点		
		关联销售	关联销售	结合购物车、季节、节日、年龄特点进行销售		
第七步	送客	结束语	暂无问题咨询	再次询问		
				长时间无回复		
				客户反馈无问题咨询		

第四章　全媒体客户中心的组织变革与团队管理

全媒体客户中心的组织变革要从业务的关联性与差异性来综合考虑，而不是一味地重建团队或重打鼓另开张，既要传承，又要创新。传承的是服务营销的本质与服务内容和技巧，创新的是服务的渠道与服务的手段，最终要达到服务体验提升、服务成本下降、服务营销效果提升的效果。

以下是关于组织变革的几点思考。

◇传承与借鉴：站在巨人的肩膀上，高起点，高收益。

在全媒体客户中心转型的过程中，需要先来总结服务的本质与组织的核心是什么，任何变革都是在原有基础上取其精华去其糟粕，如果简单地另起炉灶，既是资源的浪费，又可能会影响到创新的进程和结果。只有在“巨人的肩膀”上创新，才是最佳的捷径。

◇创新与突破：小规模创新，大面积复制，稳中取胜。

无论是智能服务创新还是多媒体服务渠道拓展，都可以通过小规模创新、大面积复制的方式，在实现原有业务稳定的同时扶植新业务提升，稳中求胜。比如在线服务渠道拓展可以先从某一个产品线或某一类业务类型开始尝试，由原组织中拉动一条小分队开始试点，这样的好处在于原有团队的管理团队及一线服务人员了解产品、流程、规则、客户痛点，可以在原来的服务体系中迅速整理和固化新的管理思路，寻找差异点和共同点，为推动全面转型奠定基础。

◇分享与并进：形成创新创意分享文化，齐头并进共同提升。

百花齐放、百家争鸣才能迅速共同提升。比如在自助服务能力提升方面可以分业务尝试，小分队在整体行动计划下可以融入创新思维，共同分享创新成果，竞争自助服务占比及服务满意度，形成创新经验分享、齐头并进的工作氛围。

◇跨界与融合：跨界人才引入，老坛装新酱，打赢新战场。

未来的服务更具营销属性与媒体属性，因此适当地引入跨界人才可以推动原有团队突破思维定势，又可以在原有的服务思维基础上融合经营思维与市场的敏锐度，这不仅会带来服务的提升、体验的提升，对于团队成员的提升也具有巨大的推动力。

第一节　全媒体客户中心组织结构与内部职能划分

一、岗位设置原则

◇对于规模较大的全媒体客户中心，尤其是在线服务业务量大，建议在中心内成立业务部门。管理团队及一线服务人员可从原有团队中选拔，也可通过专项组或专项小组单独进行业务和团队的管理。

◇涉及服务标准制定、培训、质控、数据分析等方面的岗位进行合并管理。渠道服务方式、沟通技巧等存在差异，但基本服务标准是统一的。中心内可以有不同侧重，但统一管理更有利于内部促进及信息同步。

◇智能化服务推进是一个战略层面和服务策略层面的长期工作，可以由中心负责人直接推进或设置服务规划专岗或专门部门，也可通过虚拟项目部形式进行推进。

◇对于规模较大的电商需要设立舆情监控或舆情服务部，也可通过系统整合的方式并入投诉处理部门。

◇对于平台类电商或分布式服务的电商，成立服务管理部门或商户管理部门，对各个服务单元进行统一服务标准的设定、培训，使平台服务得以保障。

◇对于综合类电商，可以按业务类型划分职能，也可依企业规模划分职能。

二、角色转换

◇从幕后到台前的转换。

★随着智能化服务的发展，知识库的建设与管理已经提升到服务策略层面。未来的客户服务将是二核四驱推动全媒体客户中心高速发展。

★两核是两个核心竞争力，即知识库 KB(Knowledge Base) 与数据库 DB(Data Base)。培训、质检、知识库、数据分析等岗位空前重要，他们从以往的支持角色逐步转变为直接决定和影响服务成本的重要角色。

★四驱指电话、在线、微信、微博四个服务渠道，多平台互动、多渠道整合的智能化服务平台的系统建设则尤为重要。

◇从服务到服务管理，从运动员到裁判员转换。

◇投诉的处理转向投诉处理、分析、改进循环的岗位，投诉处理部门不仅仅要处理好当前的客诉，更需要通过投诉案例分析来界定责任、推动改进，因此必须完成从运动员到裁判员的转换，学会分析问题、建立标准规则与制度，成为推动整体服务能力提升的重要角色。因此对于投诉的岗位要求以及定位均应更高。

◇运营思维到经营思维的转换

全媒体客户中心每一个与客户互动的环节都是带动销售、提升客户黏性的机会，从服务到服务营销的转变，首先要从运营思维转向经营思维，从经营的角度看发展和服务机会，在提升服务体验的同时拉动销售机会。只有思维转变了，才能够推动服务流程、服务标准、智能化系统的转变。

◇从单纯服务平台到服务媒介转换

对于微信运营、微博运营、网站评价处理、网站页面咨询等媒体属性较强的服务平台，服务过程、服务语言即为“新闻稿”“广告贴”，每一个问题都在被围观，也都有可能被传播，因此客户中心尤其是微信、微博的运营要从单独的服务角色到服务媒介或服务营销的角色进行转换。

三、人员配比

◇以往的客户中心中，组长与一线团队成员的配比、质控与负责团队的配比相对有规律可徇，比如一线班组长与 TSR 配比大体为 1∶12 到 1∶15 之间为宜，质控与一线团队配比 1∶30 到 1∶45 之间为宜。

◇在智能化客服以及智能质检逐步完善的过程中，其配比的规则也将会被打破，同时其配比也因自助服务能力的完善而需要动态调整。

◇未来智能服务能力提升，自助、互助服务占比高；远程服务、众包服务模式的大发展必将缩短一线岗位的需求量，而服务管理相关的岗位也因远程、众包等服务模式的发展而变得更为重要，岗位的配合也将出现较大变化。

第二节　全媒体客户中心人才能力匹配与塑造

人员的管理是系统化工程，无论是传统的客服中心还是全媒体客户中心，人才的管理都是核心及难点。对于转型升级或新建的客户中心来说，人的意识转变及其能力的转变是推动和决定升级成功的关键。

一、全媒体客户中心人才的发展趋势分析

◇由体力与经验型向知识型转化：随着智能服务的发展，基础服务自助化，人工服务的专业度更高，因此基层服务人员也将由体力和经验型转化为知识型的员工。

◇由单技能培养到多技能复合型人才发展：全媒体的发展、多渠道交叉的服务模式要求一线人员通过向多技能复合型人才发展，才能满足不同客户在不同时期的服务需要。

◇由“专”业服务型人才向灵“活”的营销型人才发展：服务营销的转型要求一线人员既要有服务的专业度，又要有营销的灵活度，既要有苦干的精神，又要有巧干的能力，懂得“下笨功夫，用巧劲儿”。

二、在线服务人员胜任能力

能力模块	能力要点	具体标准
性格及行为习惯	阳光心态	具有较强的抗压能力和自我调节能力
	亲和、风趣	乐于与人交流，喜欢愉悦他人
	同理心	能够与客户共性，及时捕捉客户情绪
	主动、上进	有不断学习的意愿和能力，性格主动，乐于表达，乐于分享，具有销售意愿
	追求潮流乐于创新	乐于创新、尝鲜，能够迅速学习
	逻辑性	能够言简意赅地表达，同步一对多处理
基本素质	抗压能力	对于一对多同步的沟通要有较强的抗压能力
	高情商	对于文字的理解及语境的把握能力较强，通过文字来分析语境和对方情绪更难于电话等语音的沟通
	自主学习能力	不断自主学习，迅速整合信息，能够适应互联网快速更新迭代、信息爆发的行业特点
	自律性	文字沟通在现场监控方面比电话更难，需要有较强的自律能力

基础技能	电脑操作	各种软件操作能力较强，效率较高
	打字速度	打字速度和准确率均要快，直接影响产能
	文字理解能力	快速阅读，充分理解语义
	文字表达能力	能够迅速整理文字，有条理、有技巧地表达
业务能力	知识整合能力	在线日处理量高、一对多的沟通方式对于多信息迅速整合的能力要求较高
	产品知识	同传统渠道
	服务流程	同传统渠道
	产品外延知识	与产品相关的使用、维护等外延知识的快速学习

在线服务与电话服务最大的差异就是文字等综合形式的沟通与语音沟通的差异，因此人才胜任能力的差异可以通过这两种沟通形式的差异来评估：

◇文字的沟通没有音调作为辅助，文字本身的传情能力要弱于声音，因此文字表达的难度在于如何通过用词、表情等方式传情并表达语义。

◇语音的沟通难点或要求在于普通话是否标准，对于音色、语言表达的习惯、情绪的控制能力要求更强。

结合沟通形式的差异与工作内容的差异，在人员的选拔、培训、培养训练等方面也要作出相应的调整。对于一线人员来说，语音和文字的服务内容和所需要的专业知识差异不大，可以通过内部培训培养的方式迅速投入使用新的沟通方式。

三、一线管理岗位能力要求

说到一线人员管理能力，想到冯仑的一句话，即：伟大的管理是管理自己，不是领导别人。

他在一篇博文中回忆了王石的小故事，感触颇深。

王石喜欢运动，我也经常跟王石出去玩，包括爬山。王石从四十七八岁开始爬山，用了大约 5 年时间就完成了“7+2”（七大高峰和南极点、北极点），能创造这样一个不俗的纪录，他靠的就是严格的自我管理。

同样是爬山，我发现，王石跟我们的行动很不一样，最大的区别就是他能管得住自己。每次爬山前他都非常认真地做准备工作，比如涂防晒油，要求两层，他一定会涂两层，而且涂得特别厚。爬山过程中，在作息上，我们很不规律，累的时候早早就睡了，聊得高兴的时候可能要八九点才睡。他不一样，说几点进帐篷，到点肯定进帐篷，无论聊得多高兴，因为他要保证足够的休息时间，不然第二天体力不够，可能爬不了。

爬山时吃的食物是个问题，我们觉得不好吃时宁愿挨饿，他不管多难吃都强迫自己往下咽，为的是摄取足够的能量，保持体力。珠峰爬到7000多米的时候，许多人都兴高采烈地看风景，他不管别人怎么夸，都克制自己不出帐篷，因为动一次能量就损耗一次。他对自己的这些严格要求在8000米以后体现出效果了。

当时跟他一起爬的还有另一个朋友大刘，大刘属于兴奋型的，8000米以下时在电视直播里看到的都是大刘的镜头，结果太放纵了，没有管理好自己，到8000米没劲儿了，体力不行了，恐惧了，开始打退堂鼓。作为一个业余运动员，王石能够顺利登顶，管理自己的能力是功不可没的。

所谓"管理自己"，其实就是自律，是人的一种重要品质，同时也是最容易被人忽略的。如果管理做得很好，但在自律上不太注重，放纵自己，放纵自己的欲望，必然会导致执行力下降，士气下降，纪律涣散，最终导致整体战略执行的失败。

作为客户中心的管理者，带兵打硬仗，承担着企业服务于客户的重托，影响着企业的经营的结果和服务口碑，所以无论是基础管理岗位还是部门、中心管理岗位，三方面的能力致关重要。

能力模块	能力要点	具体标准
性格及行为习惯	阳光心态	具有较强抗压能力和自我调节能力
	快速学习能力	互联网环境带来知识、业务、系统快速迭代，管理人员快速学习、固化、复制、调整成为常态，因此快速学习能力决定着管理人员能够带领团队走多远
	创新意识	新业态、新业务模式、新工具带动行业进入新的探索期，没有一套全面照搬的经验和方法，必须学会结合业务进行创新
	逻辑性	现阶段的管理"理"大于"管"，"理"是需要系统化的梳理业务与机制，而"梳理"最重要的能力是逻辑思维能力
	内驱力	高速发展的通路需要不断激发自我及团队的内驱力，用内驱力取代"管"，驱动团队"燃烧"和"释放"自我

团队管理能力	启发能力	善听善问，多问多听少说，激发思考，了解员工见解
	亲和力	激发员工创意，获得超乎想象的创新
	沟通协调能力	沟通合作成就工作结果，这既是能力也是心态更是情商
	指挥调度能力	结合业务合理调度人力和资源的能力
	授权能力	适当的授权既有助于团队成长，又能够拓宽视野不断提升
业务管理能力	判断及分析能力	无论是日常业务决策还是在投诉处理时的原因判断都需要基层管理者有较强的判断及分析能力
	总结规划能力	总结工作反思不足，结合现状及整体发展规划制订服务相关的发展规划
	知识固化能力	作为管理者应不断沉淀总结，从实践中提练知识与方法，不断传递和复制
自我管理能力	控制能力	自律性、原则性
	自我提升能力	反思、自我学习、自我提升的能力。只有不断反思自我、提升自我、主动学习的人才能够带领正向的、学习型的、积极的团队

四、全媒体客户中心人才选拔与塑造人才成长九部曲

十年树木，百年树人，客户中心人才从选拔到培养是一个系统工程，更是一个需要用心用情浇灌的工作。

无论是传统呼叫中心还是全媒体客户中心，人才的培养与塑造都是不变的主题。从人才的筛选至人才成熟期要经历九部曲，每个阶段都有一个管理体系支撑，来提升人才成长效率。

我们把人才的选拔和塑造分成两个阶段、九个步骤，形成了人才成长漏斗。

图 4-2-1 人才成长漏斗

1. 第一阶段：人才甄选阶段

（1）招聘贴的撰写：每一次招聘都是对企业的宣传、是对人才的吸引。

◇招聘贴发布渠道：内部自媒体、对外服务公众号都是新的招聘贴发布渠道，而每一次对于团队内部氛围的宣传都是招聘的广告贴，要应用于内部及客户的自媒体进行发布。

◇确定标准：从招聘的标准上，分成两类。

★先天条件：热情、同理心、上进心、逻辑性。

★后天培养：知识类、技能类。

★先天条件需要严格筛选，后天培养可以适当放宽，只有候选人有意愿才可以给时间训练，因此在人员筛选过程中应注重性格及行为习惯的测试及选拔。

（2）简历筛选：简历筛选要围绕上述标准进行粗选。

（3）远程测试：远程测试以往以语音服务为基础服务手段，多数是以电话面试的形式进行，而全媒体客户中心可采用语音、文本等综合的交互场景进行远程测试，此环节的通过率一般为 40%。

（4）结构化面试：通过场景化面试测试性格及行业习惯的岗位匹配度，此环节的通过率一般为 50% 左右。

（5）岗前培训：结合岗位胜任能力进行岗前培训课程的设计，培训过程是对性格、行为习惯、接受能力等方面再考察的过程，也是再次筛选的过程，一般此阶段的通过率为 50% 左右。

（6）岗前考核：上岗前通过知识考核、业务模拟等方式进行上岗前的技能考核是必不可少的环节，通常通过率应在 90% 以上。

2. 第二阶段：人才塑造阶段

（1）过渡期培养：一名合格的业务顾问应该具备几方面的素质，过渡期的人才培养应围绕以下几项素质和能力的提升进行。

◇基本素质（五心三力一诚信）：热心、耐心、细心、同理心、责任心、自控力、沟通能力、操作能力、诚信。

◇四种心态最养人：阳光心态、空杯心态、换位心态、接受心态。

◇三项知识握在手：商品基础知识、使用知识、外延知识。

◇三类习惯一生走：线上习惯、线下习惯、职场习惯的灌输和培训。

◇两类流程要亲历：内部配合流程、客户体验流程必须亲身体验并分享体验过程心得。

◇一个等式伴终身：成功 = 智慧 + 汗水 + 包容 + 忍耐

这几个素质需要在五个阶段不断培养和灌输，随着标准服务自助化、人工服务差异化的发展，客服的岗位要求越来越高，它不再是基础的岗位，而是要具备销售管理和服务管理的潜力的人群才能担当。

(2) 快速成长期：上岗后的 1 ~ 3 个月为快速成长期，通常这个过程成长的速度日新月异，需要按周设定成长目标，八周为持续提升期，这也是考验班组长辅导能力的最佳时期，此时期的能力体现在日常业绩表现上，一般在加入后第三个月的业绩水平可达到成熟员工业绩均值的 70% 左右，甚至更高。

(3) 成熟期：在员工上岗后的 4 ~ 6 个月逐步进入到成熟期，此段时间员工的意愿和能力都处于较高的水平，业绩逐步达到成熟期水平。

第三节 全媒体客户中心培训体系搭建与培训实施

随着智能服务的发展，基础服务自助化发展后将大大提升人工服务的专业度和难度，因此基层服务人员也将由体力和经验型转化为知识型的员工。推动基层员工向知识型员工的转型需要长期而持续的培训和辅导，分享经济带来社会环境、社交工具的变化也推动着客户中心培训形式和培训管理的变化。

一、培训趋势

全媒体客户中心让客户中心知识迭代更快，在线沟通方式使得客户关注问题更加深入，传统的授课式培训在当前因利用新媒体而得以更加丰富。

◇场景化：培训形式需要更加贴近业务，结合业务场景，通过场景化的培训或模式，迅速学习、消化、应用。

◇碎片化：快节奏、快速迭代让培训输出更快，培训形式更加多样化，互联网文化"唯快不破"，因此需要使用更加快速的方式进行素材的准备与培训的实施。对于大规模的客服中心来说，多批次培训方式时间长、组织成本高、场地存在局限。随着互联网催生的新形式，可以利用员工的碎片时间进行学习，同时通过微课堂、微视频、微电台的方式可以让千余人同步了解、观看，甚至还有远程互动的方式。

◇产品化：培训内容不仅作为内部信息，产品培训可以向客户开放，涉及内外部通用的产品知识、服务政策等培训内容可以"产品化"，同步向客户及内部服务人员开放。

◇互动化：从单向的传递到双向互动，再到群体交流，全媒体客户中心的培训更加强调互动性。

二、培训内容

更加强调实用性，即"接地气"，纯理论的内容和文字内容的市场越来越小；更加强调知识深度，要在知识的基础上结合业务场景进行运用，或运用经验分享。

◇产品知识：产品的知识更加深入，不单纯指产品的价格、售后政策、促销，更需要从材质、优势上深入了解。网络发展以及智能化服务的发展使得产品的基本信息公开化、自助化，客户的专业度更强，需要人工服务的场景和问题更加专业化，因此服务人员需要在专业上深挖。

◇产品外延知识：围绕产品相关的使用知识、维护知识、需求关联的配套产品等拓展知识更加重要，一方面便于理解应用问题，另一方面便于进行关联产品的销售带动。

◇场景训练更为重要：结合业务使用和客户需求的场景化模拟更为重要，因此需要培训人员更接地气。

◇技巧分享类更为重要：在线、电话沟通主要作为问题解决的渠道，因此在问题的诊断、解决问题的技巧、沟通的技巧方面更为重要。

◇打造专业度更强的专家团队是未来培训的重点。

三、多种多样的培训形式

互联网大发展让知识和信息无处不在，知识获取渠道差异渐小，知识分享的形式、平台多种多样、微课堂、微视频、各种分享的免费应用平台或 APP 大大降低了企业的培训成本和培训人力投入，可以通过多种形式的创新让培训分享更简单实用。

◇微课堂：借助微信公众号、微信群的形式，1 小时以下的课程学习更加便捷。微信群建立快、互动性强，可以通过微课堂方式在内外部开展群课堂，迅速互动，培训需求收集、意见反馈效率更高，更易互动和信息收集。微课堂有几种形式：

★分类建群：按群在线授课。这种方式更加灵活、更易吸收与互动。群课堂结束后，相应内容可以迅速固化。

★使用“喜马拉雅”“蜻蜓”“荔枝”等 APP，可以通过声音、视频等方式进行播报。

★微课堂形式优势：省去人员组织、场地准备等管理成本；更易于使用碎片化时间学习、互动性强易于及时确认效果补充内容、所有人均可以参与进来，甚至成为讲师。培训反馈迅速易收集、可反复收听、自主收听，免去讲师重复授课的工作投入。

★微课堂形式劣势及规避方式：

劣势一：保密性较弱，易于传播分享且不易进行监控。

解决方案：可通过迅速建群、授课后散群的方式。过程中对于加入人员进行监控和身份确认。对于固化的内容上传，仅对后台管理人员进行开放。

劣势二：课堂时间不宜过长：每课控制在 60 分钟内，可分模块进行。

解决方案：课堂的听课效果和掌握情况的真实反馈不易随堂获得，可以通过现场互动或课后考核的方式进行。

★分享与竞赛：互联网带来前所未有的开放心态，分享经济带来分享的心态，分享知识、分享经验、分享经历、分享收获等等，开放和分享的心态推动了整体的进步。

全媒体客户中心更是分享经济的受益者，在这个大的时代背景下，培训的门槛降低但效果更强，可以借助分享让知识更迅速地深入人心，迅速应用推广。

★人人都是培训师：每个人都可以分享自己擅长的主题和服务场景。

如“红孩子”在内部发起育儿知识分享和睡前故事的活动，并在“荔枝”“喜马拉雅”等 APP 上传经过审核的分享内容。仅用了 1 个多月的时间，内部 30% 的同事都开始自发利用业余时间录制课程，从配音选择、内容选择、声音把控等方面都专业得令人惊喜，甚至很多同事发动全家充当群众演员。

“人人都是培训师”的活动带来了多赢的、不同反响的效果：

◎于个人，是圆梦计划，每个人儿时都有一个“老师梦”“主播梦”，这是每个人展现自己的绝好平台。

◎于家庭，是新的话题，也是共同的话题。如育儿课堂，对于家有小宝的员工既是全家人的学习，也是全家人的游戏，更是全家人的记忆。

◎于团队，既发现人才，又节省成本，更重要的是这种形式是在内部发起了自我学习的革命！当每个人都主动学习、主动分享时，这会是一种巨大的推动力，推动着整体的前进和提升。

◎于企业，微课堂既是内部培训形式，又是新的传媒渠道，未来也将会是全新的服务产品。

★竞赛推动群体及个体自主学习：知识竞赛在各个传统的呼叫中心也一直存在，竞赛的形式多种多样、奖项也丰富多彩。有几点想法与大家分享。

◎场景互动式强于知识问答式：让知识融入在业务应用当中，更有趣味性。

◎团队联赛重于个人展示：尽管参赛的仍为个人，但要团队中每个成员都参与进来，每个小团队都自定人选，但需要多人参与，单人无法完成全赛的形式。这种形式推动小团队作战，小团队自发学习和分享。

◎分模块竞赛强于单点竞赛：内容仍需要分模块进行，但赛事可以贯穿时间更长，设立分类奖项，阶段性颁布结果。这种形式可以让内部的正向竞争更加激烈，学习氛围更浓。

◎多技能共同参与竞赛强于技能内对擂：无论是售前还是售后、无论是电话还是在线，都可以通过差异化的场景设定来完成，而好的服务结果考虑的信息维度是相同的。横向竞赛更易于内部的相互竞争与相互了解，同时还可以发现人才。

◎精神奖励重于物质奖励：很多人因为没有活动经费而不发起内部竞赛，但只要有人和场地就已经具备了条件。有经费可以让活动形式更丰富，但没有经费并不一定成为组织的障碍。我们所面对的“80后”“90后”是一群“性情中人”，物质不一定激发他们的热情，有趣、有意义、新鲜感、存在感才是激发他们的关键。

◇会议与研讨

★管理即培训，培训并非是培训师或培训部的事儿，每一个管理者既是培训师，又是辅导员，日常的会议和研讨都可以是思想的交流和文化的渗透过程。

★班务会经验分享：每日的晨会、午间会都是经验分享和知识分享的机会，而每一个TL也都是培训师、辅导员。

◇自学形式：自学形式可以与竞赛、微课堂的形式进行结合。对于单独的知识类、制度类、政策类可以通过此方式进行。

★对于促销形式多样、促销周期短、变化快的情况，内部的促销方案形成整体规则的统一培训后，日常促销通过自学的形式迅速完成。

★像刚性的、必须掌握的均可以通过考核、奖惩等形式作为配合手段。

★这也是全媒体客户中心尤其是在线类业务岗位必须要训练的能力之一，迅速的阅读、整理信息点，形成自己的内容并组织客户化语言。

★也可以通过训练课堂的形式进行，比如将全新的政策性文档由个人限时阅读，事后复述或整理关键点等形式促进学习和知识转化。

◇传统授课形式：传统培训形式与创新手段相融合，并发挥其他渠道所没有的作用。尤其是对于新员工入职培训来说，既是培训，又是团队认知、团队融合、团队文化渗透的过程。

对于全媒体客户中心来讲，培训也需要传承和创新并举。

◇外训与同业交流分享：高速发展阶段，行业交流分享更为重要，定期“引入外脑”，为内部发展的新思路提供素材与参考，这一点非常重要，起到“四两拨千斤”的作用。而外训或交流分享可以是供应链上下游的企业资源，也可以是同业分享。

四、培训实施流程

◇培训不单纯是施与授的过程，尤其是在环境多变的“互联网 +”的大时代，培训需要围绕变化快速迭代，对于培训的效率、内容的实用性、对绩效提升的作用等要求更加强烈，因此培训实践的六个

环节之间的环环相扣尤为重要。

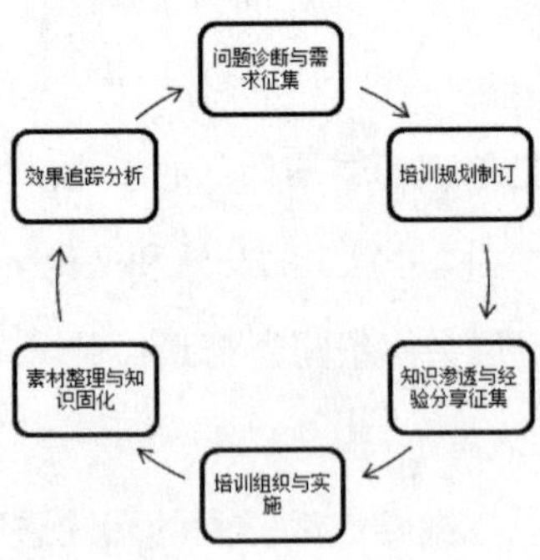

Step1：问题诊断与需求征集。通过内部的需求征集来了解各个业务层面在业务发展上、业务问题的规避和解决方面需要的培训支持。定期征集、定期回岗体验都是让培训更加落地的方法。可以形成内部的配合机制，定期完成。

Step2：培训规划制订。基于需求进行培训规划与排期。每个培训对于业务的帮助要有预期，比如是针对问题处理效率的、或是针对销售能力提升的，要通过需求来设定培训内容、规划培训预期、确定参训人群。

Step3：知识渗透与经验分享征集。培训既是投资，也是发现人才、形成知识互动的舞台。尤其是信息爆发，快速迭代的行业，通过内部"人人都是培训师"的方式既可以减少培训人力投入，又可以弥补培训师无法面面俱到的不足，同时为人才搭建展示和交流的舞台。

Step4：培训组织与实施。各类形式的培训均需要好的规划与组织以及培训平台的搭建。

Step5：素材整理与知识固化。知识分享类、微课类、会议类等多种形式的培训及现场互动都蕴含着丰富的知识内容，培训后的素材整理、知识固化、培训素材以及知识库更新迭代必须形成机制。很多的分享或会议开时轰轰烈烈，散后一切归零，这样的分享只能是凑热闹，难以长期形成有效循环。只有让知识迅速固化，才能长效发挥作用。

Step6：效果追踪分析。培训的目的是改善服务体验、提升效率、提升销售能力，而与此相关的成果都是可以量化的。培训是否落地、效果是否凸显、参加人是否掌握，都可以通过量化成果来衡量，因此培训结束后不是仅靠培训满意度来评估培训的成绩，而是通过培训的效果来评估。量化效果、分析得失，好的发扬，劣的调整，通过量化效果分析来实现培训闭环是重要的环节。

五、培训角色的转变与新挑战

◇问题诊断者：培训因需求而生，而需求的驱动来源于问题的诊断、业务的发展规划，因此培训的岗位不是一个一成不变的施与受的过程，而是一个动态的"随需而变"的过程。企业内部讲师一个课程吃三年的时代已经一去不复返了，必须不断追随业务趋势、引导能力变革，这意味着培训岗位要求更高，对于业务的实战和判断能力要求更高。

◇课程的设计者：培训管理人员不仅要具备单点培训的能力，更重要的是结合需求和业务方向设计课程体系，针对每个课程的内容、范围、效果进行全面的规划、设计、监测并形成改善循环。

◇游戏的组织者：新媒体的运用让培训更加生动有趣，培训就像是一场全民参与的游戏，而培训管理则是游戏的设计和组织者。

◇知识固化者：形成知识固化的机制，整合多种形式培训和分享的素材，并服务于知识库系统的建设和内容积累。

第四节 薪酬激励与绩效管理体系的创新

管理的本质是激发人的潜能，而激发潜能的方式除了培训培养基本技能之外，就是要靠激励手段激励团队成员主动学习、主动突破创新，最终实现自我超越。

对于人员相对密集、业务量大的岗位，如何实现量质同升，使得人员差距缩小、业务能力不断提升？其实可以通过薪酬激励及绩效管理的手段达到四两拨千斤的作用。

大家常说“好孩子是夸出来的”，而优秀的团队、优秀的个人也是要通过正向激励以及以结果为导向的绩效管理制度，不断启发人、塑造人，用机制提升内驱力，从而提高管理效率。

分享一个寓言小故事《两熊赛蜜》。

黑熊和棕熊比赛看谁的蜜蜂产的蜜多。

黑熊买了一套昂贵的测量蜜蜂访问量的绩效管理系统。每个季度，黑熊就公布每只蜜蜂的工作量；还设立了奖项，奖励访问量最高的蜜蜂。

棕熊花了不多的钱买了一套绩效管理系统，测量每只蜜蜂每天采回花蜜的数量和整个蜂箱每天酿出蜂蜜的数量，并把测量结果张榜公布。它也设立了一套奖励制度，重奖当月采花蜜最多的蜜蜂。如果一个月的蜜蜂总产量高于上个月，那么所有蜜蜂都受到不同程度的奖励。

一年过去了，两只熊查看比赛结果，黑熊的蜂蜜不及棕熊的一半。

黑熊的蜜蜂为提高访问量，都不采太多花蜜，访问了就离开。另外，黑熊的蜜蜂间竞争太大，一只蜜蜂即使获得了很有价值的信息，也不愿将此信息与其他蜜蜂分享。

而棕熊的蜜蜂为了采集到更多的花蜜，相互合作采集花蜜，并合作贮存采集回的花蜜，将其酿成蜂蜜。虽然采集花蜜多的能得到最多的奖励，但其他蜜蜂也能捞到部分好处，因此蜜蜂之间远没有到人人自危相互拆台的地步。

客户中心的薪酬体系搭建是要在公平的原则上激励内部竞争、鼓励多劳多得、兼顾外部竞争、兼顾个人与团队共同发展的管理人力资源管理制度，就像上面的小故事所讲的，一套好的制度是能够激发竞争与协作并促进整体的提升。

综合了几家企业的实践经验，从几个层面梳理薪酬激励体系构建的思路。

一、薪酬体系搭建基础思路

1. 薪酬体系搭建原则

◇公平性原则：公平并不意味着大锅饭，这种公平是建立在员工的岗位、级别、能力一致的基础之上的，是横向的公平。另一种是纵向的公平，这种公平是基于发展过程考虑，因为一个员工在企业的发展是具有过程性、延续性的，所以他的薪酬也是随着时间的积淀而持续增长。

◇竞争性原则：此原则要求本企业的薪酬制度要能够与他企业具有一定的竞争性，这样才能吸引人才、留住人才，进而使人才为企业的发展效力。

◇激励性原则：有效的激励需要高薪与科学性相结合，而不是单单依靠较高的薪水去激励员工工作的积极性。科学的薪酬激励要建立在激发员工能力并与其工作业绩紧密相连的基础之上。

◇投产合理性原则：此原则要求薪酬激励要在企业的承受能力、利润积累、成本控制的范围之内，而不是一味地提倡高薪，因此当竞争性原则和激励性原则运用于薪酬激励制度上时，要受到经济原则的限制。

2. 薪酬体系实施的效果

一套好的薪酬体系可以达到几个效果：

◇增强服务顾问的薪酬竞争力；

◇搭建各个岗位的成长阶梯，起到长效激励作用；

◇促进岗位配合，形成关联岗位的“激励场”；

◇形成员工及团队的自驱力，养成自主自愿自发互助的工作氛围与习惯；

◇达成量质齐升的工作成果并推进业务持续改善的循环。

3. 薪酬体系设计的重点与难点

薪酬激励制度是事半功倍的管理手段，需要融入业务管理策略，与业务规划及整体业务或服务目标要高度一致，因此在设定整套激励制度时对于薪酬的设计者有几大要求，这也是设计和实施的难点：

◇充分了解各个岗位的业务流程、难点以及业务目标；

◇充分了解系统现状并具备推动系统优化的能力；

◇充分了解当前效率现状，对业务提升目标和行业标准有相对准确的预判；

◇具有较强的数据分析能力与经营成本意识；

◇一套好的薪酬激励制度应该是以业务发起、人力资源参与意见、共同制定并推荐实施的管理制度。

二、薪酬体系搭建方案

对于新建或升级的全媒体客户中心，要实施一套完整的薪酬激励政策，需要从以下六个方面入手。

1. 岗位类别划分

全媒体客户中心的岗位分为几大类，包括一线岗位、二线岗位、管理岗位。

◇一线岗位：包含一线客服代表或业务顾问（CSR 或 TSR）、一线班组长 TL（即 Team Leader）。无论是销售型还是服务型岗位，他们的最终服务质量、销售成果决定着中心的整体效率和服务效果，因此多以结果导向计薪，工作的质和量都要实现可测量并计入考核。

◇二线岗位：包含招聘培训、质检、知识库建设、系统建设、数据分析等岗位。这些岗位是一线各岗位的辅助和管理岗位，是推动效率提升及服务体验提升的关键岗位，必须与一线相关岗位实现荣誉及利益绑定，同样需要量化工作成果。很多中心将抽听录音数量、培训场次作为量化结果，但这些是过程指标，而工作成果与业务结果的相关性具有不确定性，往往出现二线岗位绩效达成很好但实际业务结果达成不佳的现象。

◇业务管理及支撑管理岗位：包含业务部门负责人、后台支撑部门负责人等岗位。

2. 薪酬结构设计

◇所谓薪酬结构就是薪酬的组成部分，对于全媒体客户中心来讲，因岗位分类不同、岗位目标及职能不同，往往按类型设定不同的薪酬结构。

◇常规薪酬：包含固定工资（也称岗位工资或基本工资）、浮动工资（也称提成工资、计件工资、绩效工资、业绩工资）、日常奖惩、工龄工资、补贴补助（餐补、交通补助、夜班补助等）、其他奖励（额外奖金、评优奖励等），各个岗位结合工作性质设定不同的权重与规则。

◇一线岗位 TSR 或 CSR：应加大浮动工资即计件工资或销售提成的占比，充分通过个人能力提升与个人付出体现多劳多得，带动整体效率提升。一般可占 40% 以上，并拉开收入差距。

★参考结构：

工资总额=固定工资（40%）＋计件提成（50%）＋日常奖惩＋工龄工资＋补贴补助

★特别提示：试用期员工因工作技能技巧仍在提升中，需要采用保护性的过渡方案，以免因试用期间提成额较少而导致流失过高。如试用期间基础工资全额发放，或设定最低业绩值或最低工资值，但不可过度保护，应设定阶段性目标，为试用期员工搭建成长阶梯。

◇一线管理岗 Team Leader 或 Supervisor

★参考结构：

方案一：工资总额=固定工资（40%–60%）＋团队业绩提成（60% ~ 40%）±日常奖惩＋工龄工资＋补贴补助

方案二：工资总额=固定工资(40%–60%)＋绩效工资×团队绩效得分/100(60%–40%)±日常奖惩＋工龄工资＋补贴补助

★特别提示：一线管理岗位如按方案一执行工资标准，应考虑团队规模及新老员工占比因素。如团队规则差距大且新老员工占比悬殊，建议考虑采用第二方案或关联方案。也可以考虑适当平衡团队规模及新老员工差距，以达成各业务组或各小组业绩齐头并进。

◇二线岗位：支持类岗位应与一线岗位业绩紧密相关，尤其是培训、质检等岗位。

★参考结构：

参考方案一：工资总额=固定工资＋绩效工资×绩效得分/100±日常奖惩＋工龄工资＋补贴补助

参考方案二：固定工资＋团队业绩±日常奖惩＋工龄工资＋补贴补助

★特别提示：一线岗位与培训、质检等岗位必须有统一目标、共同荣誉，并进行目标绑定、利益绑定，而在目标分解和绩效方案设定时要充分考虑。

◇业务管理岗位：部门负责人承担着部门的业绩达成的责任和使命，因此个人工资建议与部门业绩达成结果挂钩。

★参考结构：

工资总额=固定工资＋绩效工资×绩效得分/100±日常奖惩＋工龄工资＋补贴补助

岗位	固定工资		＋浮动工资		
	方案	权重	建议方案	权重	考核周期
一线岗位	分级制	40～50%	计件制	50%～60%	月
二线岗位	分级制	60%～80%	计件或绩效考核	20～40%	月
管理岗位	分级制	70%～80%	绩效考核	20～30%	月/季度

3. 基本工资方案设计

◇基本工资一般指无责任底薪，根据员工所在职位、能力、价值核定的薪资，这是员工工作稳定性的基础，是员工安全感的保证。同一职位可以根据其能力而将工资分为不同等级。

◇技能级别设定

★建议三级或五级，通常定为五级，每个级别有业绩要求、行为要求、能力要求，并量化、公开。

★员工的级别作为荣誉应该有徽章和军衔等精神层面奖励，形成正向的激励场。

★如一线人员按星级命名分为一星、二星、三星、四星、五星，一线管理岗位按钻石命名分为一钻、二钻、三钻、四钻、五钻，业务管理岗按皇冠命名分为一冠、二冠、三冠、四冠、五冠。

◇合理薪酬阶梯

★不同岗位可以设定不同的跨度，由低到高逐步拉开差距。不同行业、不同企业薪酬水平差异较大，但遵循循序渐进、公开公正公平的原则。

★如下表薪酬阶梯作为参考（以下为每个级别的梯度）

岗位类别	基础级别（1 ~ 3）	中高级别（3 ~ 5）
一线岗位	200 ~ 300	300 ~ 500
二线岗位	300 ~ 500	500 ~ 1000
管理岗位	500 ~ 1000	1000 ~ 2000

◇晋级或降级评估机制

以业绩及绩效达成为基础，一线人员按业绩排名进行定级，二线及管理岗位按绩效得分进行定级。晋级评估必须在制度内公平、公开进行，才能形成人人关注并引以为荣、为荣誉而“战”的竞争机制。

★评估周期：分为月、季度、半年度、年度。常规建议按半年度为宜，一方面符合能力成长周期的规律，另一方面降低了评估投入的时间及人力成本。

★晋级要设定最大跨度，如果从一级直线跨入五级，易出现吃老本现象，因此最大跨度可以设定为 2 级。

★降级与晋级同步，对于无法达到原级别要求的，同样会出现降级的现象，以此形成持续激励效果，避免出现“吃老本”的现象。降级同样要设定最大跨度，可以是 1 级或 2 级。

★保级：对于因公短期调岗、法定婚育假等特殊情况应有相应的保级政策。

◇区域工资差异

★对于分布式客户中心，需要参考国家区域工资差异设定符合当地薪酬竞争水平的薪酬方案。

★从方案的结构及考核机制上应保持全国性统一，可以通过区域系数平衡区域薪酬差异。

晋级评估：《晋级评估工具表》

<table>
<tr><th>岗位</th><th>级别</th><th>人数占比</th><th>业绩要求</th><th>KPI 指标达成</th><th>行为要求</th><th>晋级考试</th></tr>
<tr><td rowspan="6">一线岗位</td><td colspan="2">转正线</td><td rowspan="6">结合岗位情况而定</td><td>50%</td><td rowspan="6">涉及职业操守、严重失职、服务态度等相关要求</td><td>转正考核成绩</td></tr>
<tr><td>一星</td><td>10%</td><td rowspan="5">结合岗位而定，可以设定不同梯度，也可按均值系数而定</td><td rowspan="5">结合不同级别的技能要求而定</td></tr>
<tr><td>二星</td><td>40%</td></tr>
<tr><td>三星</td><td>35%</td></tr>
<tr><td>四星</td><td>10%</td></tr>
<tr><td>五星</td><td>5%</td></tr>
</table>

三、岗位目标及绩效管理设定

岗位目标是业务导向的明晰表现，因此岗位目标应与岗位职责及价值导向关联，同时结合企业或客户中心的发展阶段进行阶段性优化和调整。岗位目标设定原则如下。

◇目标管理及目标分解原则：要遵循 SMART 原则，即具体的、可测量的、可达成的、相关性原则、有时限的。

◇具体的 (Specific)，指绩效考核要切中特定的工作指标，不能笼统。

◇可衡量的 (Measurable)，指绩效指标是数量化或者行为化的，验证这些绩效指标的数据或者信息是可以获得的。

◇可以达到的 (Attainable)，指绩效指标在付出努力的情况下可以实现，避免设立过高或过低的目标。

◇相关性原则 (Relevant)，指绩效指标是实实在在的，可以证明和观察；绩效指标是与本职工作相关联的。

◇具有明确的截止期限 (Time-bound)，注重完成绩效指标的特定期限。

四、提成方案或绩效工资

◇设定岗位的提成方案或绩效方案，首先要对岗位的职责及价值衡量标准有精准的判断，同时要有必要的系统支撑及数据基础，方可量化。

1. 售前类岗位

◇无论是电话、在线的售前客服，都是要通过服务带动销售，一线人员的工作成果直接决定着客户的购买行为，因此提成方案可以依据量化的直接或间接价值制定。

◇销售产品提成：可以结合产品的推荐级别、毛利标准按销售额、销售件数、毛利情况制定提成比，以激励一线人员抓住每一个与客户互动的机会，推广适合客户、同时拉动企业营收的产品。

◇会员相关提成：如借助互动将客户转化为会员、进而转化为购物会员。如果借助一对一的互动都无法拉动会员的转化（即将来访客户转化为购买的客户），那么通过人机互动或自助服务将更难转化。

◇特别提示：提成是基础工资以外的激励部分，对于必须执行的规范且无法量化的应计为日常奖惩，要区分基础职责与业绩提成，避免造成“唯利是图”的氛围。

2. 售后类岗位

◇售后类岗位在电商企业中承担着客户售后问题的解答、退换货的处理、投诉或差评的处理等，此类岗位处理难度高，在处理时效上、处理结果上、沟通技巧方面稍有不甚可能就会导致问题升级、处理难度加大、处理成本高、投诉风险高的问题，因此既要考虑到处理量，又要考虑到处理时效和效果，质和量要齐头并进。

◇售后岗位划分：很多企业往往将售后类岗位按难度级别分为一线售后和二线售后，如电商企业一线售后往往负责承接售后的咨询与正常退换货的处理，二线售后处理升级投诉、差评等业务；如商旅行业中机票的退改签业务和投诉处理业务也分属于售后的一线及售后的二线。

◇售后一线：将售后一线的工作成果与工作质量相结合，激励售后人员高效、热忱解决问题，可以做一些绩效方案尝试，结合话务满意度评估、工单满意度评估、在线业务满意度评估进行业绩提成。如对于处理结果被评估为满意的提成最高、未评价的提成次之；给予差评或不满意评估的，倒扣或不计提成。这样的考核机制可以激励售后一线人员在服务态度、引导客户评价方面执行更加到位甚至超出预期，同时在处理效率及工作付出方面更加努力。

◇提成方案参考

★提成＝满意处理量 ×X+ 未评价及一般评价处理量 ×Y －不满意或差评量 ×Z

★如果考虑到一次性解决率的因素，可以将此指标做为系数进行影响或决定提成结果。

★将不同质量的业务设定不同的提成额度，对于结果为不满意的业务倒扣其提成。

★对于不同的接入形式，可以结合产能差异进行微调。

接入形式	满意处理量	未评价及评价为一般	不满意处理量
话务	提成标准 X	Y	Z
在线	提成标准 X1	Y1	Z1
工单	提成标准 X2	Y2	Z2

◇售后二线：对于售后二线的岗位存在处理量难评估、每一单业务差异较大、风险较大的情况，可以通过绩效考核的方式作为浮动工资的参考。

★比如：绩效工资 × 绩效得分

★绩效得分按目标分解情况进行评估，比如上述四项指标进行目标分解和权限设定。

★《绩效工具之售后岗位工作成果及工作质量评估》

岗位	工作成果（定量）	工作质量评估（定性）
售后一线	话务、在线处理量、基础工单处理量	满意度评估、一次性解决率、其他
售后二线	升级工单处理量、差评处理量	24 小时处理率、投诉处理满意度升级投诉率、投诉客户复购率、其他

《绩效考核参考工具》

序号	指标名称　　中心或部门	*** 岗位		
	指标口径	指标权重	* 年 * 月目标值	* 年 * 月实际达成
1	24 小时处理率	20%		
2	投诉处理满意度	25%		
3	升级投诉率	20%		
4	投诉客户复购率	35%		

3. 一线管理类岗位

按上述薪酬结构设定，一线管理岗应与团队业绩产出及绩效达成匹配，做到荣誉和利益绑定，所谓上下同欲者胜。无论是销售类、服务类、一线ＴＬ或是后端支持岗位，均可量化。

全媒体客户中心作为结果导向的业务部门，具备量化的最好基础。

◇薪酬结构提案一：

★提成系数：通常可以通过团队业绩潜能测算提成系数，同时结合不同岗位管理幅度差异进行系数设定。

★管理幅度差异：对于同一岗位类别，因为排班或业务规模的因素，也存在管理幅度差异，可以通过结合评级情况综合考虑人力安排，但大原则应遵循能者多劳、多劳多得的原则。

★新员工配比差异：新员工配比情况很难均衡，一方面由于招聘周期，另一方面由于各团队流失差异。对于 TL 而言，既要承担培训带教，还要能够凝聚人才、留住人才。一般而言新员工前 4 个月均为成长期，而成长期的时间长短与员工本身及带教能力相关，因此，在新员工配比差距不大的情况下，TL 的带教能力也会影响到团队整体业绩及个人收入。

◇《一线管理岗提成方案参考》

业务类别	CSR 或 TSR	一线管理岗位 TL 或 Supervisor	二线岗位培训质检
售前类	个人业绩提成	团队业绩提成	团队业绩提成
售后类	个人业务提成	团队业绩提成 × 绩效得分	团队业绩提成 × 绩效得分

4. 业务管理类岗位的目标设定

◇业务管理岗要承担整个部门的绩效达成，结合业务职能进行目标分解。一套好的目标管理方案必须遵循 SMART 原则。

◇用四句话来描述体系内的目标分解：

★人人身上有指标，

★人人行动有目标。

★目标分解环环扣，

★荣誉利益共分享。

◇售前业务管理岗目标分解参考：

序号	指标名称　　　　中心或部门	*** 岗位		
	销售达成	指标权重	* 年 * 月目标值	* 年 * 月实际达成
1	询单转化率	20%		
2	投诉处理满意度	25%		
3	接通率或服务水平	20%		
4	服务满意度	35%		

特别提示：

良好的绩效考核胜在沟通，要让绩效考核机制发挥应有的作用，必须做到几点：

★目标明确可量化并可达成；

★事前充分沟通需达成共识；

★过程中辅导共寻提升方案；

★事后分析得失力求新突破。

五、短期激励机制

短期激励机制在业务提升快、促销导向强的公司尤为重要。

◇目的：为短时业务增量提升产能，减少短时人力投入，保障业务高峰期服务质量。

◇形式：形式可以多种多样，结合企业的实际情况，可以采用物质、精神、特殊机会等多种多样的激励形式。

◇特别提示

★短期激励应提前进行公示、预热，配合提升能力的培训辅导，既可以起到激励的作用，也能够激发学习和能力提升的主动性。

★短期激励必须言而有信、按期兑现，才可以达到长期效果。

★每一次短期激励都是产能提升到新高度的机会，短期激励后必须分析原因、分享成果、固化经验，让短期的高能持续推动整体效率迈向新高点。

六、日常奖惩制度

◇日常奖惩的作用在于对规范执行约束，同时树立榜样，做到有奖有惩、导向鲜明。大体可以分为几个方面：

★行为规范：结合中心及企业要求制定，有明确要求，属于责任范畴。

★服务质量：对于业务各个环节的服务要求，可以从质检结果、投诉差评等方面监督执行结果。

★现场管理类：涉及出勤、请假、签入、签出等各方面的约束。

★业绩排名类：多为奖励，鼓励先进，树立标杆。

★职业操守：此部分多为一票否决，出现问题则重罚或辞退。没有规矩不成方圆，每个中心每个岗位都应明确底线、标明黄线。

★管理需要刚柔并济，无论是传统呼叫中心还是全媒体呼叫中心，在原则上要求不变，变的是服务方式、管理手段。

七、岗位补贴

◇在各岗位力求量化、通过绩效或提成方案量化成果时，对于阶段性高投入低产出的工作则需要通过补贴的形式给予付出努力的岗位认可，当然，即便如此，这一类工作也是可量化和可评估的。

◇对于新员工的带教有两个月的投入期，而这两个月的时间付出大于收获。无论带教岗位是培训岗还是一线管理岗均可设定补贴方案，方案应结合新员工成长周期的效率产出、成长预期的达成情况进行补贴额的兑现。

◇对于分享类、培训类有助于整体提升但占用个人时间较长的阶段性工作或偶发工作，为不影响整体提成或绩效方案，可以通过培训或分享补贴的形式鼓励倡导。

八、薪酬管理体系的实施步骤与操作流程

◇薪酬管理体系实施七部曲

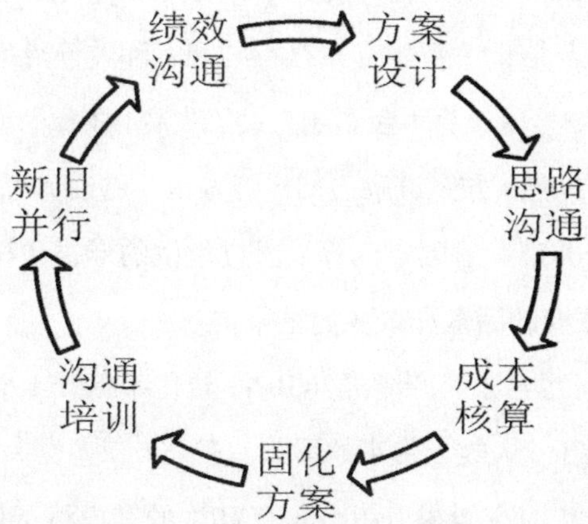

★方案设计：结合岗位职责、工作导向、业务预期进行方案设计，同时要考虑到相关数据可量化。

★思路沟通：初步形成方案，关联岗位进行沟通，完善方案思路，避免业务理解上的差异。

★成本原则确认与精准测算：成本核算是验证方案以及相关系数合理性的重要环节，对于两类公司可以采用不同的做法。

◇初建类：这类公司因为没有相关的数据参考，可能通过同业调研或设定业务预期来形成短期试行制度。

◇升级类：此类公司可以通过历史数据测算进行新旧方案对比，对于一套新的薪酬激励政策在人效提升上应有预期，因此新旧政策可以进行方案测算，对比成本与收益的变化。

◇薪酬的测算需要多次反复测算、不断调整，达成预期方可推行。预期此政策达到以下效果：

★如我们借助新的薪酬方案力求达到 30% 的人效提升。

★整体人力成本控制在上下浮动 10% 以内。

★新政策实施带来人员流失比例在 5% 以内。

★新政策带来 20% ~ 30% 人员收入提升，60% ~ 70% 的人员收入不变，10% ~ 20% 的人员收入下降。

★上述的目标设定测算达成，确保薪酬方案合理、成本可控、流失风险可控。

★固化方案形成决议：方案固化，制定试行期、正式执行期。

★方案的内部沟通与培训：薪酬方案执行的难点和关键点均在沟通与培训，这个环节影响到方案是否可以被接受、会不会影响人员流失超预期。

◇知其然也知其所以然：方案讲解透彻，讲方案、讲设计思路、讲多赢带动的期望。

◇测算结果展示与关键影响因素测算：通过举例的形式让相关岗位了解薪酬计算方法，同时了解自身可以改变的因素和改变的结果。

★如售前咨询类岗位：当小时产能提升 10%，转化率提升 1 个百分点，通过链接推荐，客单价提升 10 元时，对于个人收入带来的影响有多大。

★售后类岗位：当小时产能提升 10%，有 10% 的客户给予自己好评时，对自身的收入带动影响有多大。

◇此时每个人思考的是如何改善、如何抓住机会、如何让自己的收入提升，当所有人开始思考如何努力时，成功的脚步就更快了。

◇提升方法分享：当大家开始思考时，把每一个指标提升的技巧分享出来，此时的培训效果不仅事半功培，更是 1+1 ＞ 2 的效果。激励场形成了！

◇个人目标设定：方法掌握了，这个时间需要每个人设定的目标不是指标，而是个人收入预期与个人愿望。

◇一套好的激励政策到此时应该能够激发出每个人热血沸腾的期待与脚踏实地突破自我的勃勃生机。

★升级方案新旧并行期与人力补充期：任何一套新的制度和体系都要经历时间的考验，也会有预测失误的风险，因此对于升级中的客户中心需要有新旧并行的阶段，即同时测算两套方案，经过实践验证后再正式实施，试行期一般为 2 ~ 3 个月更为稳妥。

★绩效沟通与分享：绩效考核的目标是为了共同提升、不断突破，因此绩效的分析、沟通以及经验分享尤为重要，而沟通的形式可以是大会及一对一。

◇大会表彰树标杆，经验分享，共同提升。

◇后进人员单独谈，分析原因，确定目标。

九、绩效案例分享《服务满意度案例分享》—From 王丽红

做为服务性的客服中心，最为关注的就是客户满意度，如何提升客户满意度？有什么行之有效的办法？需要从那些方面入手？相信是很多客服运营管理者曾经思考的问题。

接下来与大家分享一下近一年在服务满意度提升管理的运营经验与心得。

（一）服务质量指标纳入绩效考核，激发员工服务能动性

2014 年年底来到某负责客户服务部整体管理和运营工作。当时客服非常满意度不足 87%。通过对现状的分析，除了服务流程、服务话述不统一、不专业外，最影响用户满意度的是客服员工服务意识薄弱。如何转变员工的服务意识？通过培训、说教影响员工的服务意识肯定是必要的，但这是个漫长的过程。如何快速改变员工的服务意识，激发员工主动提升服务意识呢？从多年客服运营管理经验得出的结论，必须将服务质量指标与员工的切身利益挂钩才能激发员工服务能动性。首先建立了绩效

考核制度，将重要质量管控指标纳入绩效考核项目，如满意度指标、质控指标、业务考核。员工明确了服务标准和目标及指标对于薪资的影响，调动了员工主动改善服务意识和服务态度的能动性。

2015 年 1 月份开始执行绩效考核制度，1 个月的时间里非常满意度提升了 1.1 个百分点。在员工对于绩效服务质量指标加强关注与认知的同时从运营管理方面简化员工操作流程，完善知识库内容结构，加强质量监控，在随后的半年里即使有新员工不断加入，用户满意度仍然稳步持继上升。

当然，在执行绩效考核制度过程中也有过插曲。在从游击队到正规军的转变过程中，有些员工由于无法适应绩效考核制度而选择了离职。这种阵痛是必经的过程，在新绩效制度执行前，风险预估和人员储备是必须的，这样才能做到有备无患。

在我们客服中心总有一群聪明的小伙伴儿，她们总能找到制度的漏洞。上有政策，下有对策，他们总能通过自己小方法来控制自己满意度指标的达成或更高。我们通过数据分析发现主要通过两个行为控制满意度指标，一是从数据上看非常满意度很高，但满意度投放率却很低。他们对于自己感觉满意的电话为会主动转到满意度 IVR 请用户评价；对自己感觉不满意度的电话，服务结束后直接挂机而不为用户转满意度 IVR。二是从数据上看非常满意度很高，满意度投放率也很高，但满意度评价率却很低。通过与这群聪明的小伙伴儿深入沟通了解，原来他们在与用户结束电话前不说邀请用户进行满意度评价的话述，而是在用户即将主动挂电话前投放满意度 IVR，就是利用这个行为时间差进行了满意度掌控。而且通过实践经验还测出了这个时间差的具体秒数。可见，在运营管理中，制定规则的管理者与执行规则的聪明的员工一直都在进行着一场猫捉老鼠的游戏，所以在考核员工用户满意度的同时还要监控满意度投放率和满意度评价率。

（二）质与量的平衡

在实行绩效考核后前两个月，满意度指标提升显著，随后稳定提升，但在下半年进入了瓶颈期，后来我们与员工座谈了解，有些员工对于考核指标进行了剖析，哪个指标权重高，哪个指标更容易达成，然后就有了对策。

客服部除了以满意度指标为重以外，其次就是接起率，所以在员工绩效考核指标中除了考核质量指标以外对于员工产能指标进行了同样权重的考核。此后，我们那群聪明的小伙伴儿经过对于指标的剖析得出结论，产能指标更容易达成，于是弱化了对于满意度的关注与重视。为了追求高产能，在相同的服务时间内比别人接更多电话，就要减少通话时长，服务用户时语速更快，服务缺乏耐心，敷衍用户的情况随之产生。

既然我们找到了病因，就得对症下药。我们首先想到的就是取消产能指标考核，但问题又来了，如果不考产能，我们的接起率指标如何保障，如何能让员工不偷懒，如何能够达到我们的产能要求。经过我们几个“臭皮匠”商量，最后决定用员工“通话利用率”指标来替代产能指标，同时提高满意度权重，这样既弱化了员工对于量的追求，又确保了员工的工时利用。于是我们在 2015 年 11 月更新了绩效考核指标，两个月后非常满意度指标提升了 2 个百分点。

（三）质控策略调整，有助满意度提升

在 2016 年 2 月，我们又做了一次大胆的尝试，在绩效考核指标中取消质控指标考核。原因有两个，一是改善员工对于质控的抵触情绪。我相信从事客服运营管理的都遇到过大多数员工认为质控就是鸡蛋里挑骨头的，是来帮助管理者扣员工绩效分的，员工对于质控产生敌对和抵触情绪，服务用户时按照质控的要求机械地服务。二是发现我们忽略了对于不满意服务的关注。如果我们能够找到不满意服务的原因进行改善，降低不满意比率，相对我们的满意度也肯定会提升。取消质控指标不等于不进行质量监控，而是将质控的重点转移到对于不满意服务的分析和不满意度服务员工的辅导，质控由监督的角色转变为帮助的角色。于是在 2 月，当月非常满意度指标又再度提升 1 个百分点。

以上就是与大家分享的关于满意度提升运营中的点滴，任何目标管理都会有他的弊端，这就是需要我们运营管理者在运营中不断发现、探索、优化、平衡我们的制度与策略。

附：《持续提升的满意度》指标的持续提升是对绩效方案最好的答卷

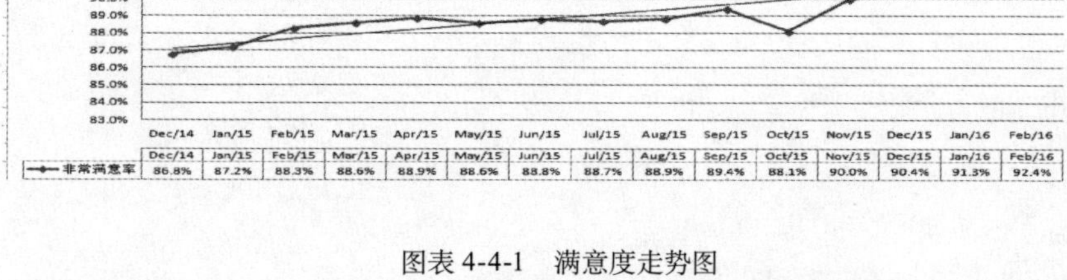

	Dec/14	Jan/15	Feb/15	Mar/15	Apr/15	May/15	Jun/15	Jul/15	Aug/15	Sep/15	Oct/15	Nov/15	Dec/15	Jan/16	Feb/16
非常满意率	86.8%	87.2%	88.3%	88.6%	88.9%	88.6%	88.8%	88.7%	88.9%	89.4%	88.1%	90.0%	90.4%	91.3%	92.4%

图表 4-4-1　满意度走势图

第五章　全媒体客户中心的数字化管理

从 IT 时代到 DT 时代，数据驱动了发展。通过数据驱动迎合需求，实现了由客户驱动的反向定制，实现了差异化竞争。同时，通过数据驱动了智能化服务，提升了企业运营效率，降低了企业运营成本。

互联网时代，客户的需求千差万别，要迎合客户的需求，首先就要充分了解需求，而客户的需求如何获取、如何分析，则需要充分利用大数据的分析手段对客户的需求进行挖掘与应用。

客户中心是客户与企业互动的重要环节，也是各类价值数据的集中宝库。以往的客户中心对于内部的运营数据做深度分析，但对于客户的交互数据、反馈数据则应用不够。全媒体客户中心与客户的交互形式变化，为交互大数据的应用提供了更好的前提和技术标准。

第一节 信息数字化管理-会员标签管理

一、会员标签的作用与价值

会员精准营销：结合会员标签设定来进行会员精准营销及个性化信息推送。

市场前瞻分析：结合会员购买行为分析及购买意向分析来发现销售机会。

产品反向定制：结合客户需求，浏览产品，对购买意向进行分析，为后续实现 C2B 反向定制提供实时信息参考。

运营效率及效果提升：结合客户浏览或其他行为，进行后续针对性的推荐或主动营销，提升转化率及客户服务体验。

二、会员标签的构成与分类

1. 基础标签

◇个人信息：个人姓名、性别、生日、城市、身高、体重、兴趣、爱好、健康状况等。

家庭信息：婚姻状况、有无宝宝、宝宝年龄、老人个数、老人健康情况、是否有车、是否有宠物等。

◇社会信息：职业、收入、学历等。

◇账户信息：活跃度、会员等级、注册渠道。

◇偏好信息：品牌偏好、颜色、消费水平等。

2. 行为标签

◇购买行为：渠道偏好、购买品类、购买频次、购买预测、品类价格段、品牌偏好、品牌类型偏好等。

◇购买意向及购买预测：加入购物车 24 小时以上未购买、搜索 + 浏览商详页未购买、提交订单后 12 小时未支付、客户购买意向推荐、最可能购买的商品等。

3. 服务标签

◇服务足迹：订购渠道、咨询渠道、关怀、回访反馈、评价及投诉行为、社区意见等。

◇信誉等级：退货率、取消率、投诉次数、拒收率、贡献价值等。

◇沟通特性：沟通习惯、投诉习惯、沟通性格、沟通渠道。

◇服务关系：专属服务人员、专属配送人员。

4. 营销标签

◇会员获取渠道：站外推广、线下活动、口碑相传、PUSH、短信、电话、微信等。

◇促销型 / 服务型营销信息。

◇营销关系信息：推荐会员、被推荐人等。

◇注册及购物渠道：首次订购渠道、订购渠道构成等。

三、会员标签采集方式

1. 会员标签采集接触点

会员接触点是会员信息采集的最佳途径。包含几触点。

◇营销接触点：接触渠道、推广媒体、转化效果等。

◇商品接触点：品类、品牌、商品、关联推荐等。

◇服务与交易接触点：从接触渠道上，电话、在线、电子邮件、短信、微信、微博等。

◇从服务类型上设计：比如退货、取消、拒收等等。

◇物流接触点：配送环节等。

2. 会员标签采集方式

◇系统采集：对于购买行为、信誉等级、购买意向、账户信息等均可通过系统程序设置自动获取标签。

◇人工采集：一般对于客户的偏好、沟通特性等感性标签以及无法进行系统数据追踪的信息，通过人工采集的方式完成。

四、会员标签采集的业务阶段

◇注册前：即在客户注册前涉及站外推广阶段或相关浏览痕迹的标签等。

◇注册后：会员注册后在PC端、APP、自助服务、人工服务等各个触点上的浏览、咨询互动、社区交流等相关的行为体现。

◇购买后：客户的购买品类、频次、渠道、地址等相关的购买行为。

五、会员标签易出现的问题

◇分散的、不统一的客户接触点。

◇分散的、不统一的客户数据库。

◇客户信息少未清洗采集，不新鲜、不全面。

◇客户信息安全疏于管理，出现外泄、篡改。

全媒体客户中心作为会员标签采集与应用的关键营销和服务触点，影响着标签的获取量和准确度。

第二节 运营数字化管理——全媒体客户中心指标设定与行业参考值

一、全媒体客户中心数字化管理的意义与价值

1. 什么是数据分析?

数据分析是把隐没在一大批看来杂乱无章的数据中的信息集中、萃取和提炼出来，以找出所研究对象的内在规律。在实际工作当中，数据分析能够帮助管理者进行判断和决策，以便采取适当的策略与行动。

任何事，如果你无法测量与追踪，就无法控制和提升。无论是日常的管理还是经营决策，没有数据如同盲人摸象、如同夜海行舟。全媒体客户中心是一个数据宝藏集合的地方，蕴藏着各类与客户接触的信息，做好相关信息的量化和规律性数据挖掘，可以创造奇迹般的效果，并对以下几个方面为企业的经营决策和日常管理插上开源节流的翅膀。

◇销售机会挖掘：用户交互数据为精准营销提供依据，通过客户浏览及购买行为，可以进行客户购买需求的预测，也可以抓住关键销售机会实现精准营销。

◇绩效评估依据：对于内部的日常管理，一方面要有明确目标，另一方面要通过目标的达成评估绩效成果。凭感觉、靠眼力的时代早已过去，数据就是管理者的耳目。

◇经营决策依据：无论是营销效果评估还是产品销售达成，或者客户意见反馈，这些量化的数据都是企业决策的重要依据。

◇日常管理效率提升的工具：对于全媒体客户中心来讲，人员集中、技能细分，通过数据不仅可以看到人员的差异带来效率提升的思路和机会，也可以通过各类日常运营数据看到人员安排的合理性与效率提升的机会点，成为内部团队管理和人效提升的重要依据。

2. 数据分析误区与现状

◇数据分析的迭代未与业务同步：数据分析的作用是追踪业务走势、评估绩效成果，

必须与业务与时俱进。数据分析的人员应该对业务有深入的理解，同时兼顾管理思路，才能做到与时俱进。

◇单点数据未与业务关联：全媒体客户中心的分析应与全业务做关联分析，与客户互动的数据是体现业务走势与客户需求的关键信号，单点的数据最多只能算是数字，没有关联分析的数据是缺少生命力和价值的。

◇指标关联分析：单项指标的升降如果不与其他指标进行关联，就很难绝对准确地判断对业务带来的影响是正面还是负面。

◇仅做数据展示未做数据挖掘：很多中心的数据分析的智能化程度还不够时，很多数据分析的岗位仅仅做了数据采集和数据呈现的工作，而对于数据走势是否合理以及数据背后的价值和风险并没有进行深挖，数据宝藏的作用大打折扣。

◇迷信数据忽略现场：数据的作用是提供决策判断的依据、衡量业绩的标尺、捕捉机会的信号，但仅看数据，不从商务上、现场上、人文伦理上进行分析和验证，也会为决策带来风险。数据是工具，但不是全部，无法取代必要的沟通与业务体验。

二、数据分析六部曲

完整的数据分析应该包含六个步骤，即数据定义、数据采集、数据建模、数据分析、验证推理、持续追踪。

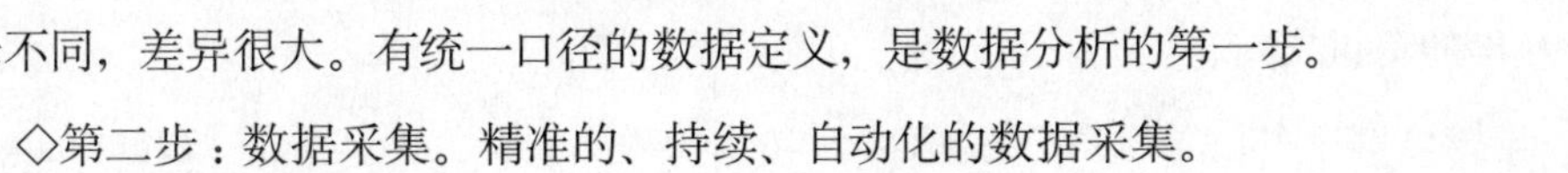

◇第一步：数据定义。首先要界定清楚数据的口径。同样名称、统计方法不同，则差异很大，甚至没有可比性。如转化率这一项指标就可以有多个算法和取数可径，分子分母不同，差异很大。有统一口径的数据定义，是数据分析的第一步。

◇第二步：数据采集。精准的、持续、自动化的数据采集。

◇第三步：数据建模。

★自定义报表：动态报表的设计，管理者可在一张表中定义字段、周期等信息后形成固定报表。因不同时段、不同管理者需要追踪和查看的数据维度存在差异，因此类似阿里向商家推出的千牛工作台，商家可结合需求进行自定义报表设定，并预设薪酬计算公式，形成个性化报表。

★专项分析报表：对于阶段性项目、问题数据的深入分析需要专项分析报表的支持，专项分析报表经过磨合及价值挖掘，需要长期存在、逐步固化。

◇第四步：数据分析

数据也称观测值，是实验、测量、观察、调查的结果，常以数量的形式给出。数据分析的目的是把隐没在一大批看来杂乱无章的数据中的信息集中、萃取和提炼出来，以找出所研究对象的内在规律。在实用中，数据分析可帮助人们作出判断，以便采取适当行动。数据分析是组织有目的地收集数据、分析数据，使之成为信息的过程。

◇第五步：验证与推理

通过数据分析进行原因推理与验证，判断问题根源。

◇第六步：持续追踪或数据应用

结合问题判定确认改善方案并做效果追踪。

三、全媒体客户中心数据分析体系

数据生产价值。在信息化的时代，没有数据，就没有信息；没有对数据的分析和挖掘，就没有获得数据真正的价值；没有对数据的预测，就没有对商业的洞察力和判断力。

1. 互联网环境下的信息化特点

◇实时性强：数据随时抓取，每个时段数据都体现着用户的行为，可以马上应用并创造价值。

◇分析维度广：涉及用户相关的信息分析维度广、关联性强、生活化信息丰富，从站内信息结合站外关联信息、定位信息、购买产品关联分析等帮助网站运营或网站营销人员进行决策分析。如阿里推出的《生意参谋》在市场行情分析中对买家画像、搜索画像中对客户的属地、消费偏好、商品属性等进行了详细的分析，为网站运营决策提供了动态的、精准的资讯支持。

2. 全媒体客户中心需要关注哪些数据

(1) 体现运营效率的数据

◇服务需求比=服务需求数（电话+在线）/购买客户数

◇转化率=购买客户数/来话业务量

◇支付率=实际支付商口数/购买客户数

◇接通率=总接起量/客户总来话量（电话）

◇响应率 = 在线总接起量 / 在线客户总来话量 (在线)

◇ N 秒响应率：在 N 秒内总接起量 / 在线客户总来话量 (在线)

◇一次性解决率 = 不需要再次处理的业务量 / 整体服务需求

(2) 体现服务质量的数据

◇投诉率=投诉客户数 / 购买客户总数

◇服务满意度=评价满意服务数 / 评价总量

◇好评率 = 好评数 / 评价数

◇差评率=差评数 / 评价数

◇ NPS 值：净推荐值 (Net Promoter Score), NPS=P−D, 其中 P(Promoter) 为 9 ~ 10 分 ,D(Detractor) 为 0 ~ 6 分

(3) 体现客服中心效率的数据

◇平均处理时长 (Average Handle Time) = 平均通话时长 (Average Talk Time)+ 平均呼叫后工作时长 (After Call Walk)

◇平均同线数：即单人客服人员同步处理的对话数量。

◇人均处理量 (日、周、月) = 整体业务处理量 / 该技能人数

◇人均销售额 (日、周、月) = 整体销售额 / 销售技能人数

(4) 体现经营情况的数据

◇咨询转化率 & 订单转化率 Conversion Rate (CR)= 购买客户数 / 承接业务量

◇支付率 & 结账率 Materialization Rate(MR) =结账金额 / 预订金额

◇客单价=有效订单金额 / 提交有效订单会员数

◇体现客户行为的分析：购物频次 (月、季、年) = 一段时间内生成订单数 / 购买客户数

◇ ARPU 值单客贡献值：客户在一段时间内的总体销售贡献

◇复购率 (月、季、年) =产生 2 次购买客户数 / 购物会员总量

(5) 体现运营成本与收益的数据：

◇投资回报率 Return on Investment(ROI)= 年利润或年均利润 / 投资总额 ×100%

◇获客成本 (注册 / 购物)= 所有的营销投入 ÷ 这个营销活动带来的新客户注册

四、全媒体客户中心 KPI 指标设定

KPI 指标的设定是对业务预期的导向，也存在不同发展阶段的差异，因此 KPI 的设定不仅仅要遵循 SMART 原则，还要结合几个因素进行动态但相对稳定的指标及目标值设定。

1. 结合业务现状及企业发展战略

在企业的不同发展阶段或是业务的不同发展阶段，重点不同，目标不同。当然，企业在不同发展阶段其组织结构及组织职能也会存在较大差异，因此 KPI 指标设定首先要结合业务现状和企业的发展状况而定。

2. 结合业务流程及业务规则设定

KPI 指标应结合业务流程，抓住影响业务达成的关键节点设定考核指标。如以下是某电商基于销售各个关键节点进行目标分解。

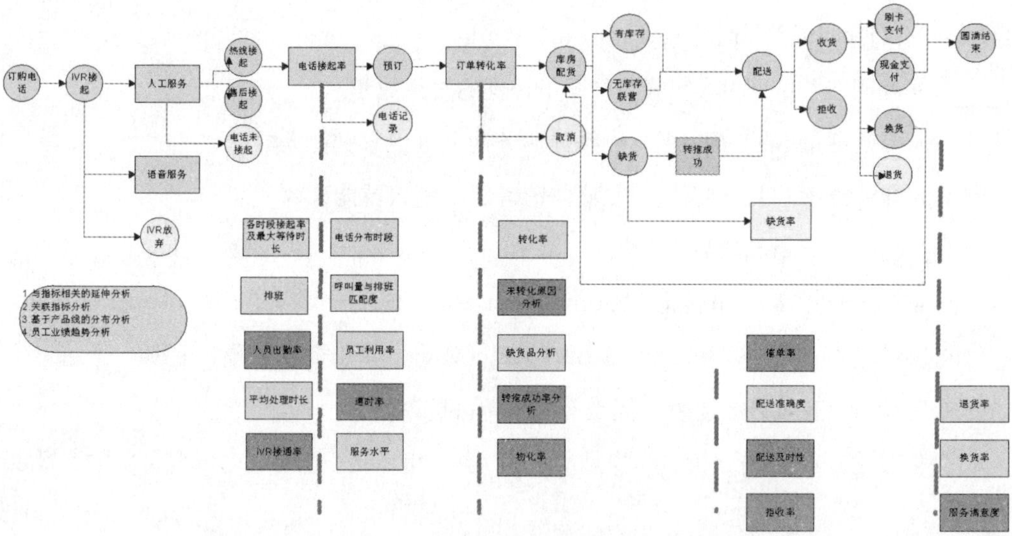

图表 4-1-1 业务流程关键节点

3. 结合业务流程，对于重点的提升节点量化指标。

五、 结合岗位职责有阶段性重点设定

1. 售前类技能：通过解答问题形成销售转化，并在沟通过程中进行主动地向上销售

及交叉销售。

指标名称	定义	指标性质	同行业参考范围
满意率	满意 / 有效评价数	服务质量	98%
询单转化率	提交有效订单会员数 / 咨询会员量	销售能力	≥ 40%
在线接通率	有效会话量 / 有效诉求量	效率	≥ 95%
小时处理量	评估客服当天总接线量 / 当天工作时长	效率	≥ 25
并发处理量	评估客服同一时间同时服务的客户数量	效率	4 ～ 12
询单客单价	有效订单金额 / 提交有效订单会员数	销售能力	产品差异较大
平均回复时间	评估客服对客户咨询的响应时间	效率	45S

2. 售后类技能

指标名称	定义	指标性质	同行业参考范围
在线接通率	有效会话量 / 有效诉求量	效率	≥ 95%
满意率	满意 / 有效评价数	服务质量	98%
一次性解决率	待解决问题工单 / 接入任务量	效率	≥ 95%
小时处理量	评估客服当天总接线量 / 当天工作时长	效率	≥ 20
平均回复时间	评估客服对客户咨询的响应时间	效率	45S

3. 升级问题处理

指标名称	定义	指标性质	同行业参考范围
24 小时完结率	评估客服对投诉处理的效率和质量	效率	90%
48 小时完结率	评估客服对投诉处理的效率和质量	效率	95%
满意度	评估客户对客服服务评价情况	服务质量	≥ 95%
客户复购率	投诉或升级问题客户月度或季度再次购买比例	服务质量	60%
人均处理效率	月度任务量 / 参与处理人数	效率	2500 左右

第三节　KPI 指标影响因素分析与提升方法

一、常用分析方法

日常收集的数据如果仅通过表格进行展示，很难发现其规律与异常，必须通过整理、加工并适当使用分析工具将数字转化为有价值的信息，才能了解数据背后有价值的信息和业务发展规律。常用的分析工具有排列图、直方图、曲线图、分布图、关联图、雷达图、气泡图等。

◇直方图：可统计各指标的正态分布情况，评估管理健康度，如 AHT 等指标。

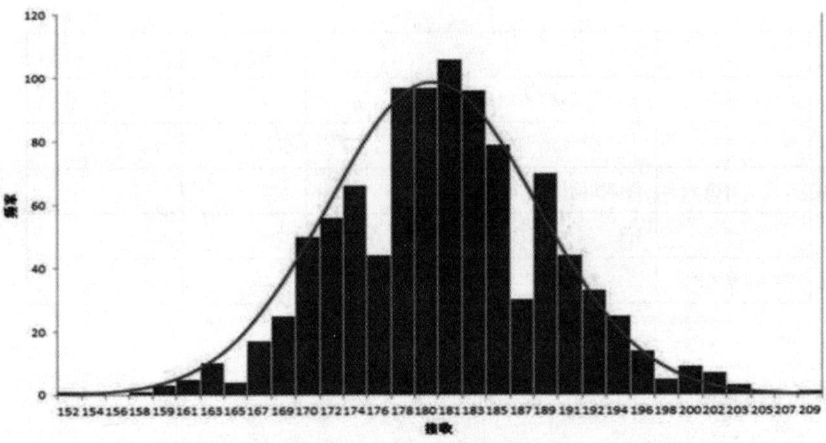

图表 5-3-1　AHT 直方图

◇折线图：追踪业务趋势。

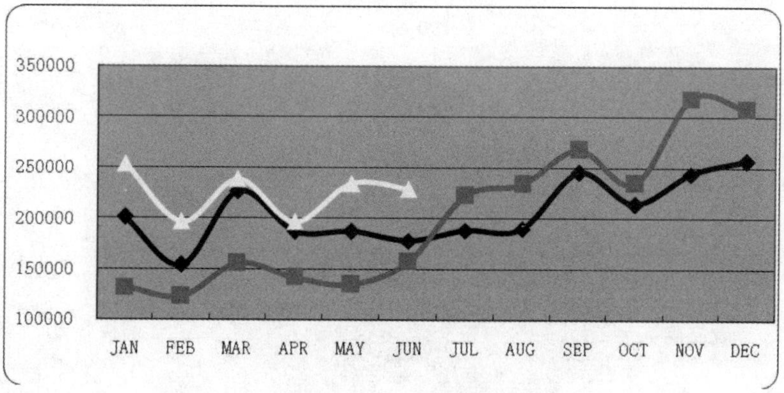

图表 5-3-2　业务趋势图

◇面积图：评估各业务占比等。

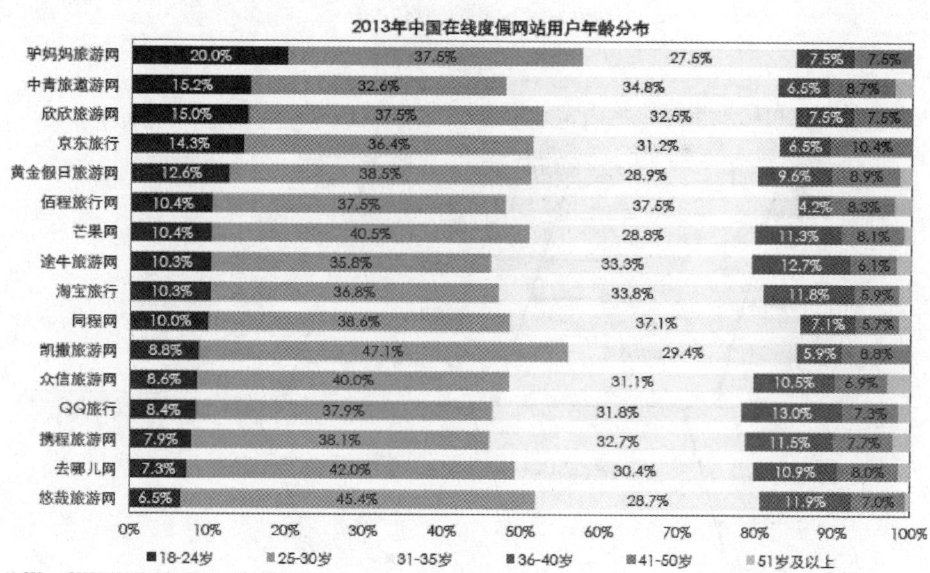

图 5-3-1　2013 年中国在线度假网站用户年龄分布

◇雷达图：可用于评估员工能力成长健康度分析、不同人群的偏好倾向分析等。

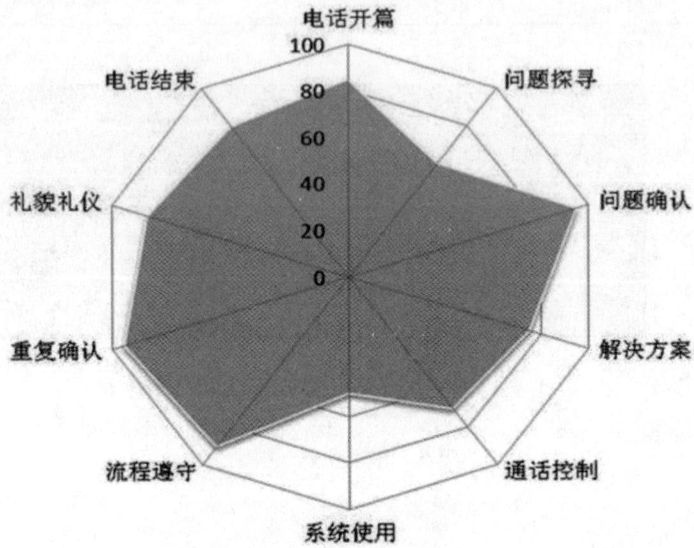

图 5-3-2　服务质量雷达图

◇鱼骨图：可用于指标影响因素分析。

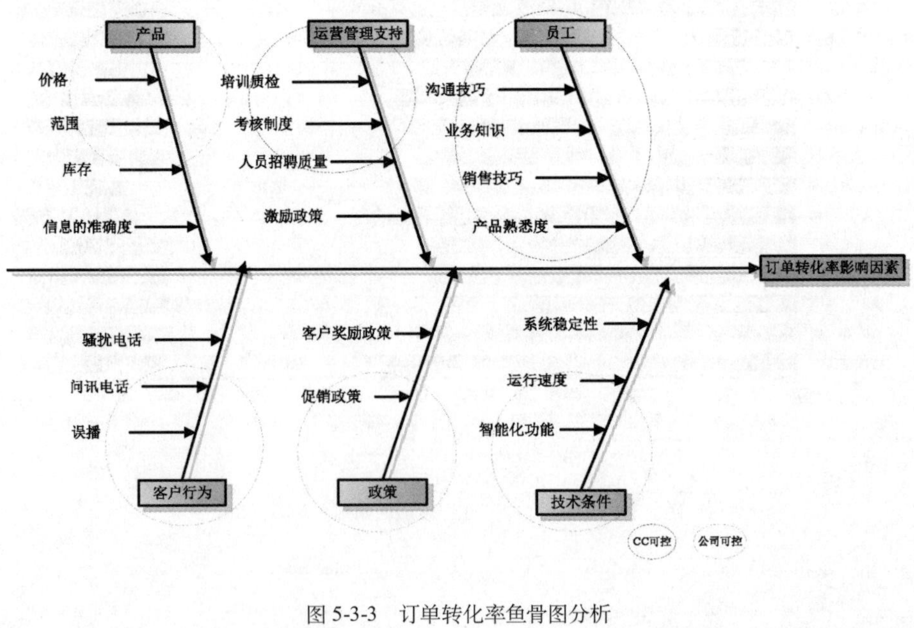

图 5-3-3　订单转化率鱼骨图分析

◇气泡图：适用于三维数据分析，比如涉及会员的 RFM 分析。

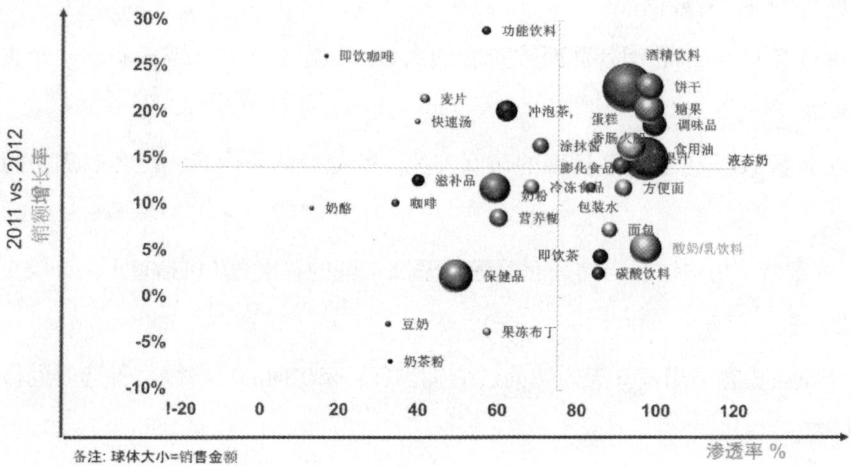

图 5-3-4　食品消费趋势分析

二、各级管理人员关注的指标

全媒体客户中心需要关注的过程指标、结果指标很多，需要层层把控并全力提升。不同层级关注不同的指标，从工作的关联度、指标的可控度方面划分如下。

指　标	高层管理者	中层管理者	基层管理者	基层代表
成本	☆	☆		
平均利润 & 率	☆	☆		
收入	☆	☆		
业务流量	☆	☆	☆	
人均生产力	☆	☆	☆	
客户满意度	☆	☆	☆	
投诉率	☆	☆	☆	
座席利用率		☆	☆	
服务水平 & 接起率		☆	☆	☆
每小时人均接听量		☆	☆	☆
平均处理时长		☆	☆	☆
出勤率		☆	☆	☆
转化率		☆	☆	☆
每通电话呼出量		☆	☆	☆

附录：平台电商数据分析一览—量子恒道数据分析体系

◇页面访问相关数据

★浏览量（PV）：店铺各页面被查看的次数。用户多次打开或刷新同一个页面，该指标值累加。

★访客数（UV）：全店各页面的访问人数。所选时间段内同一访客多次访问会进行去重计算。

★ 收藏量：用户访问店铺页面过程中添加收藏的总次数（包括首页、分类页和宝贝页的收藏次数）。

★浏览回头客：指前 6 天内访问过店铺当日又来访问的用户数，所选时间段内会进行去重计算。

★浏览回头率：浏览回头客占店铺总访客数的百分比。

★平均访问深度：访问深度，是指用户一次连续访问的店铺页面数（即每次会话浏览的页面数），平均访问深度即用户平均每次连续访问浏览的店铺页面数。【月报－店铺经营概况】中，该指标是所选月份日数据的平均值。

★跳失率：表示客户通过相应入口进入只访问了一个页面就离开的访问次数占该入口总访问次数的比例。

★人均店内停留时间（秒）：所有访客的访问过程中平均每次连续访问店铺的停留时间

★宝贝页浏览量：店铺宝贝页面被查看的次数，用户每打开或刷新一个宝贝页面，该指标就会增加。

★宝贝页访客数：店铺宝贝页面的访问人数。所选时间段内同一访客多次访问会进行去重计算。

★宝贝页收藏量：用户访问宝贝页面添加收藏的总次数。

★入店页面：单个用户每次浏览您的店铺时查看的第一个页面为入店页面。

★出店页面：单个用户每次浏览您店铺时所查看的最后一个页面为出店页面。

★入店人次：指从该页面进入店铺的人次。

★出店人次：指从该页面离开店铺的人次。

★进店时间：用户打开该页面的时间点，如果用户刷新页面也会记录下来。

★停留时间：用户打开本店最后一个页面的时间点减去打开本店第一个页面的时间点（只访问一页的客户停留时间暂无法获取，这种情况不统计在内，显示为“—”）。

★到达页浏览量：到达店铺入口页面的浏览量。

★平均访问时间：打开该宝贝页面到打开下一个宝贝页面的平均时间间隔（用户访问该宝贝页后未点击该页其他链接的情况不统计在内，显示为“—”）。

★全店宝贝查看总人次：指全部宝贝的查看人次之和。

★搜索次数：在店内搜索关键词或价格区间的次数。

◇销售分析类

★拍下件数：宝贝被拍下的总件数。

★拍下笔数：宝贝被拍下的总次数（一次拍下多件宝贝，算拍下一笔）。

★拍下总金额：宝贝被拍下的总金额。

★成交用户数：成功拍下并完成支付宝付款的人数。所选时间段内同一用户发生多笔成交会进行去重计算。

★成交回头客：曾在店铺发生过交易，再次发生交易的用户称为成交回头客。所选时间段内会进行去重计算。

★支付宝成交件数：通过支付宝付款的宝贝总件数。

★支付宝成交笔数:通过支付宝付款的交易总次数(一次交易多件宝贝,算成交一笔)。

★支付宝成交金额：通过支付宝付款的金额。

★人均成交件数：平均每用户购买的宝贝件数，即人均成交件数＝支付宝成交件数／成交用户数。

★人均成交笔数：平均每用户购买的交易次数，即人均成交笔数＝支付宝成交笔数／成交用户数。

★当日拍下－付款件数：当日拍下且当日通过支付宝付款的宝贝件数。

★当日拍下－付款笔数：当日拍下且当日通过支付宝付款的交易次数。

★当日拍下－付款金额：当日拍下且当日通过支付宝付款的金额。

★客单价：客单价＝支付宝成交金额／成交用户数。单日“客单价” 指单日每成交用户产生的成交金额。

★客单价均值：指所选择的某个时间段内客单价日数据的平均值。如【月报】中，客单价均值＝该月多天客单价之和／该月天数。

★支付率：支付宝成交笔数占拍下笔数的百分比，即支付率＝支付宝成交笔数／拍下笔数。

★成交回头率：成交回头客占成交用户数的百分比。即成交回头率＝成交回头客／成交用户数。

★全店成交转化率：全店成交转化率＝成交用户数／访客数。单日“全店成交转化率”指单日成交用户数占访客数的百分比。

★全店转化率均值，指所选择的某个时间段内全店成交转化率日数据的平均值。如【月报】中，全店转化率均值＝该月多天转化率之和／该月天数。

★促销成交用户数：参与宝贝促销活动的成交用户数。

★宝贝页（促销）成交转化率：参与宝贝促销活动的成交用户数占宝贝页访客数的百分比。“按月”“按周”查看报表时，该指标是所选时间段内日数据的平均值。

★支付宝（促销）成交件数：买家参与宝贝促销活动产生的支付宝成交件数。

★支付宝（促销）成交笔数：买家参与宝贝促销活动产生的支付宝成交笔数。

★支付宝（促销）成交金额：买家参与宝贝促销活动产生的支付宝成交金额。

★非促销成交用户数：未参与宝贝促销活动的成交用户数。

★支付宝（非促销）成交件数：买家未参与宝贝促销活动产生的支付宝成交件数。

★支付宝（非促销）成交笔数：买家未参与宝贝促销活动产生的支付宝成交笔数。

★支付宝（非促销）成交金额：买家未参与宝贝促销活动产生的支付宝成交金额。

◇直通车数据类

★展现量：推广宝贝在淘宝直通车展示位上被买家看到的次数，不包括自然搜索。

★点击量：推广宝贝在淘宝直通车展示位上被点击的次数。

★点击率：推广宝贝展现后的被点击比率（点击率＝点击量／展现量）。

★花费：推广宝贝被点击所花费用。

★平均点击花费：推广宝贝每次被点击所花的平均费用（平均点击花费＝花费／点击量）。

★平均展现排名：推广宝贝每次被展现的平均排名（平均展现排名＝ 每次展现排名的加总／ 展现量）。

◇来源分析类

★访客数（UV）：店铺各页面的访问人数。所选时间段内同一访客多次访问会进行去重计算。

★到达页浏览量：通过该来源给店铺入口页面带来的查看次数。

★到达页浏览量占比：该来源的到达页浏览量占所有来源到达页浏览量总和的比例。

★浏览量（PV）：店铺各页面被查看的次数。用户多次打开或刷新同一个页面，该指标值累加。

★浏览量占比：该来源的浏览量占所有来源的浏览量总和的比例。

★入店访问深度：该来源带来的访客每次入店后在店铺内的平均访问页面数。

★入店跳失率：该来源带来的访客入店后只访问了该店铺 1 个页面就离开的次数占该来源访客总入店次数的比例。

★新访客数：该来源在选定时间段内带来的访问人数中在前 6 天从未访问过店铺的用户数。

★新访客占比：该来源带来的新访客占该来源总访客数的比例。

第六章　全媒体客户中心的业务量预测与现场管理

业务量预测一直是客服中心的难点，而全媒体客户中心涉及多渠道接入及自助服务的方式，在业务量预测时要考虑的因素会更多。

除了业务增量、服务需求、渠道占比、自助服务占比等因素以外，还要结合业务的发展规律、促销形式等各个关联因素，来逐步建立业务量预测模型并不断进行测算校准，在动态中调整并找到规律性变化。

第一节　全媒体客户中心业务量预测

全媒体客户中心的业务预测方式与以往的业务预测方式存在较大差别，在三网融合的大趋势下，企业的业务驱动能力较强，业务模式发生剧变，历史数据的参考意义逐步被弱化，尤其是零售行业的电商，因为外在环境、消费习惯、业务模式等变化，需要重新建立业务预测模型。

一、业务模式变化及对预测模型的影响

以电商行业为例，如零售行业及商旅行业，在近五年来，互联网及移动互联的应用改变了用户的习惯、企业与用户的交互形式、企业的业务模式等，使得业务规律产生了巨变。

1. 用户的购买渠道变化

◇以商旅行业为例，2011 年以前，电话为酒店、机票、度假产品的主要购买渠道，随着在线旅游产品日趋成熟，产品信息及产品描述更加客户化、搜索技术更加成熟便捷，加之“去哪儿”等平台化在线旅游企业的出现，逐步培养客户自助选择订购，电话订购渠道逐步被网络、移动端订购取代。

◇以零售行业电商企业为例，2011 年是网络化发展的分水岭，如以“红孩子”为代表的 B2C 电商企业在 2011 年前呼叫中心仍为主要的销售贡献渠道，2011 年后随着网络化进程加剧，网络订购流程日趋成熟，网络订购逐步成为主要销售贡献渠道；2014 年开始随着移动互联的发展，企业 APP 逐步建立并开始推广，移动端成为主要流量入口，更因其随时随地、灵活便捷而逐步成为商品搜索、订购、服务沟通的主要渠道。

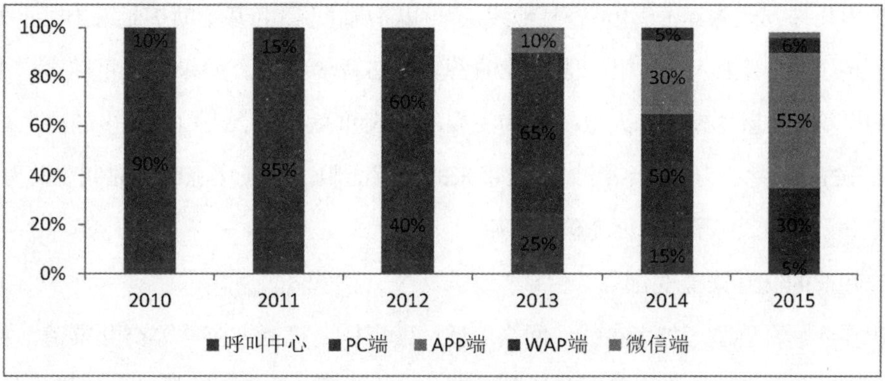

图表 6-1-1　某电商企业各渠道销售占比

2. 自助服务能力的提升

以往提及自助服务能力，大家常常想到机器人、语音自助等，从电商运营的角度上来看，可以把自助服务分成两个层面，而这两个层面都影响着业务需求及人力匹配。

◇ 第一个层面：服务前置带来的业务流程自助化。

如电商企业中的订购自助、物流动态查询、退换货自助申请等标准化作业流程，通过系统功能开发、人性化界面操作指引、规则明确且数字化、逻辑化，实现标准流程自助化，人工仅受理差异业务、异常业务及个性化业务。

◇第二个层面：服务需求自助化应答。

自助化应答包含两个应用。

★一是通过帮助中心、关键环节主动提示等方式对客户进行引导和教育，即产生问题可以自行找到答案。

★二是借助机器人、自助应答设置等方式，使得简单的问题可以由机器人取代人力或作为人力的补充。随着机器人智能化程序提升，将会逐步转变为以机器人为主、人力为辅的模式。

自助化服务能力的变化将是影响业务预测的主要变量，因此自助化服务占比也将成为业务预测因素之一。

一次与电商企业老总探讨业务增量带来的人力需求、场地需求变化时，他问到我：当日订单量由 3.5 万提升到 5 万时，我们的人力大概要提升多少？场地是否需要外迁？

我用几种方式测算了一下，答复他说："可以不加人。"与其不断扩张人力，不如从自助服务能力的提升上入手。相信他对我的答复有些将信将疑。如果说五年前客户中心的管理者以客户满意度提升和人效提升为主要的管理重点，那么当前则更多的要考虑服务前置带来的自助化能力提升和潜能激发带来的创意无限。业务增涨的同时减少人力需求，这将是一场系统、流程、知识完善的赛跑。

3. 用户的交互渠道变化

2011 年后，逐步增加了在线、网络电话、微媒体、机器人应答等交互渠道，各渠道交互的占比随着订购渠道的变化也随之而变，因此需要关注各订购渠道人工需求的比值，结合销售渠道配比的变化来预测各渠道业务需求。

4. 促销及造节因素

对于旅游行业而言，季节因素、促销因素、天气因素等都影响着业务走势；而对于零售行业尤其是快消品、刚需产品的提供商，促销因素大于季节及历史业务趋势。如"双11"，从传统的光棍节演变成为全中国乃至世界级的购物狂欢。

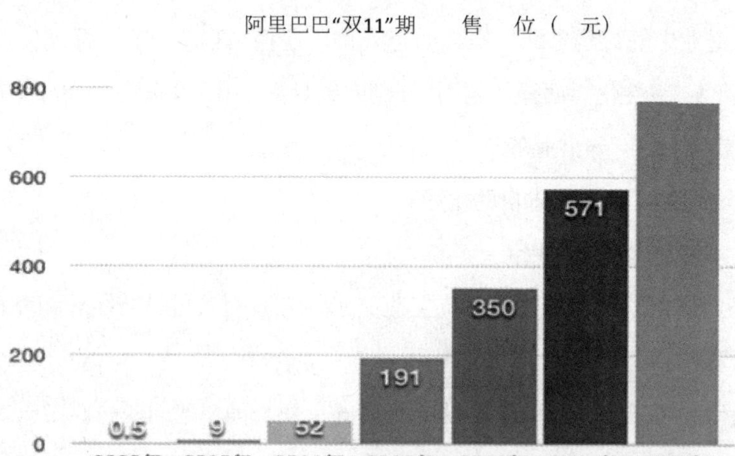

图表 6-1-2 阿里巴巴"双 11"销售对比

5. 新媒体交互带来沟通效率的变化

在线与电话交互沟通效率差异较大，技能队列因业务复杂度差异，效率均有不同。

6. 平台化与众包服务模式的影响

对于平台化电商，由商家自行完成服务。随着平台模式的推广，此部分影响较多。

二、业务量预测

电商企业及全媒体的互动方式都在同步高速发展，无论是平台服务水平、技术水平、运营管理能力，均处于快速发展迭代阶段。在这种情况下，需要不断磨合各种预测模型，结合传统业务预测方式找到适合全媒体业务的预测模型。

1. 业务量预测方法

◇增涨率预测法

根据历史的增涨率来推算未来增涨率及业务量：对于电商企业来说，此方法适用于非大促阶段，可以按全年度、月度增涨率进行预测。

根据发展计划或发展规律预测未来预测量：对于电商企业来说，此方法适用于企业驱动的大促阶段，可以进行阶段性短期业务预测。

◇不同业务类别预测思路

(1) 售前业务预测

售前业务受促销因素、季节因素、推广因素等方面影响，往往要结合企业的销售计划及以往的运营效率进行预测。以电商公司为例。

◇以促销为导向的业务量预测

预测因子：企业销售预估、不同销售渠道销售占比、客服销售占比、询单转化率、客单价、销售及推广节奏、时段业务占比。

因素名称	因素描述	数值及取值范围
年	年增长率，年计划目标	年度整体计划
月	月销售计划、同比环比增长率	按每月配比 %
周	每周销售计划及周度占比	按每周配比及每平日、周末业务占比 %
日	阶段性促销计划及促销节奏	按每日业务分布 %
时段	不同购买渠道的业务需求时段分布	按服务时段分布 %
沟通渠道	电话、在线、微信等	结合业务配比
客户询单销售占比	即通过客服咨询后产生的销售额	30%
询单转化	服务客群的转化率 = 购买客群总量 / 接通服务总量	结合历史数据
客单价	服务客群的客单价 = 销售额 / 订单量	结合历史数据及销售产品类别

◇预测思路

★某日售前业务量预估=（促销期销售预估 × 当日销售占比 × 客服销售占比／询单转化率）／客单价

★时段业务量参估=当日预测量 × 时段占比

◇历史数据参考

无论预测模式出现什么变化、销售预期如何，都需要对历史数据有充分的解读和突破的目标，参考如下：

★月、周、日、时段业务分布规律：月、周、日业务量主要受促销力度及客户习惯拉动，其中促销力度带动因素较大。时段分布主要受客户习惯影响较大，除了大量的短信、站内信、微信推送以外，变化不大。

★客服销售占比：即客服销售占比。如为在线客服（Web chat）的业务量预测，此处体现的是经过人工咨询后产生的销售；与之对应的指标为“静默销售”，即客户没有进行任何咨询直接产生的销售。

★转化率：受销售能力、库存因素等方面的影响而略有变化，也可通过目标设定进行提升，可以参考。

★客单价：受销售能力影响有较大变化，主要与搭售及主推带来的销售机会拉动影响。

（2）售后业务预测

对于电商企业来讲，售后类业务主要受配送时效、退换货比例、各类促销后续事宜影响，如优惠券的使用是否顺畅等，因此售后的业务量预测难上加难，他是整个企业运营效率的体现，而配送时效作为关键的影响因素，又是一个动态的、不确定的影响因素，除了与物流的运营能力相关，还会受天气、配送区域等因素影响。

那么，对于售后的业务量预测是否就无规律可循了呢？

作为一个配套服务、内部管理机制相对成熟的企业而言，还是可以通过磨合逐步提升预测的准确度，售后与企业的销售规模、销售的产品紧密相关。

◇预测因子：销售计划、销售节奏即当日销售占比、客单价、销售订单数、产生售后服务需求比例。

因素名称	因素描述	数值及取值范围
年	年增长率，年计划目标	年度整体计划
月	月销售计划、同比环比增长率	按每月配比 %
周	每周销售计划及周度占比	按每周配比及每平日、周末业务占比 %
日	阶段性促销计划及促销节奏	按每日业务分布 %
时段	不同购买渠道的业务需求时段分布	按服务时段分布 %
沟通渠道	电话、在线、微信等	结合业务配比
服务需求比	服务需求与业务量的比值	8% ~ 20%
客单价	服务客群的客单价 = 销售额 / 订单量	结合历史数据及销售产品类别

◇预测思路

★来电售后业务量 = （销售计划 / 客单价）× 当日销售占比 × 产生售后服务需求比例

◇关键预测参数

★售后服务需求比：即需要售后服务的人群比例 = 售后需求量 / 总订单量；此需求与产品、物流或其他体系的服务水平直接相关。

◇业务量预测的影响因素

★业务量变化驱动因素

★事前的控制：事先了解业务规划，了解业绩预期，提早 1 个月进行大促人员准备。

★流程风险规避：对于预估存在流程漏洞或流程风险的地方提前进行梳理、优化，如技术条件不成熟，通过人工解决。

★突发事件情况：对于历史数据中突发事件进行记录及剔除，以不影响以后的参考，包括大规模主动促销带动，系统故障带来突发高峰、舆情或行业事件带来影响。

★重复来电影响：对于因问题处理时效差、配送时效性、接通率低来重复呼入等因素引发的重复性来电，如历史数据存在阶段性影响应进行剔除。

★业务分流因素：结合自助服务占比、POP（Pctowap Open Platform 即“开放平台”）等带来的业务分流因素影响。

三、业务量预测图谱

月度业务量预测：结合业务规划或业务增长率进行月度预测。

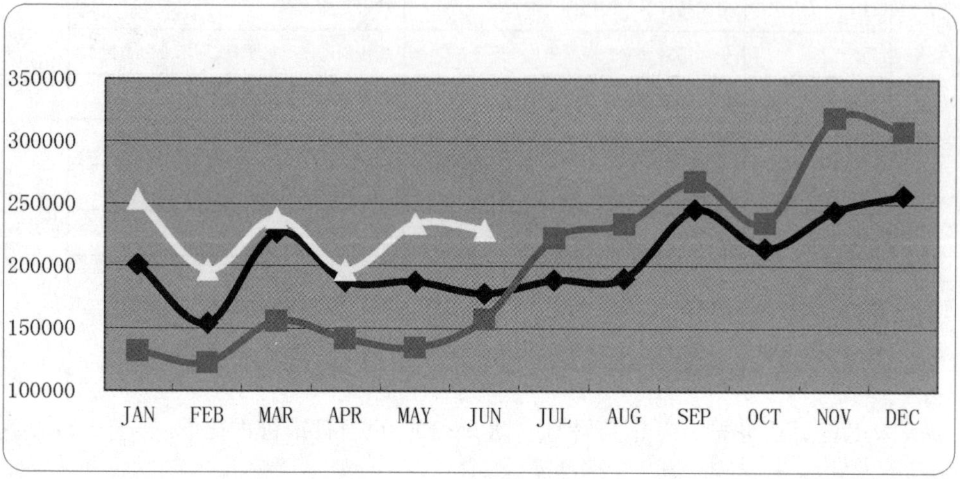

图表 6-1-3 月度业务趋势对比

周度业务分布：结合周度占比进行每周业务量预测。

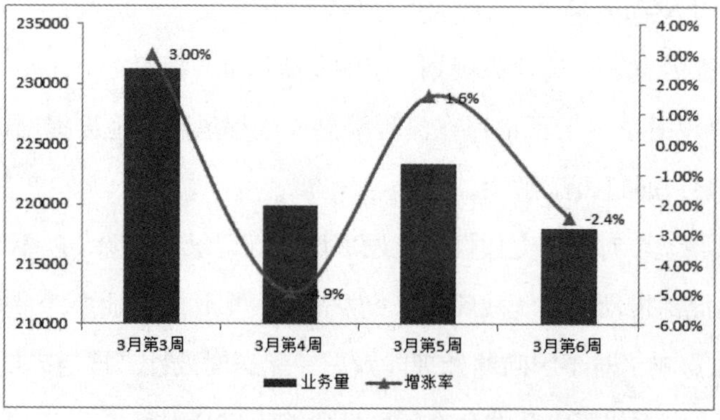

图表 6-1-4 周度业务趋势对比

结合周一至周日业务分布情况进行每日业务量预测，要考虑大促因素：如为非大促阶段，应参考平日周度业务占比进行预测；如在大促期间，应按每日业务分布进行预测。

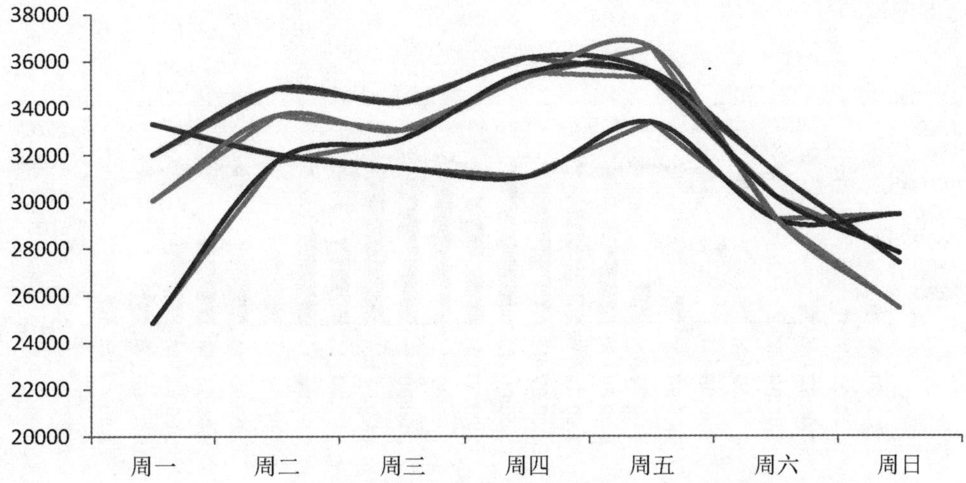

图表 6-1-5　每日业务趋势

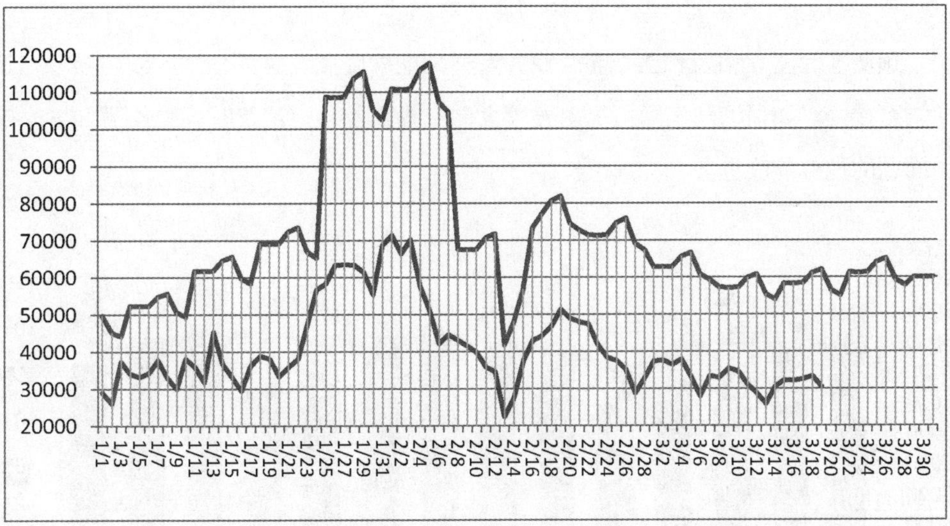

图表 6-1-6　业务量预测图

时段业务预测分布：结合服务时间了解各时段业务占比，为人员安排奠定基础。

特别提示：PC 端、APP 端、PAD 端、WAP 端等各端口的客群及时段分布存在较大差异，因此当各端口业务规模变化时要预先考虑时段分布的变化，时段分布预测模型应考虑渠道差异。

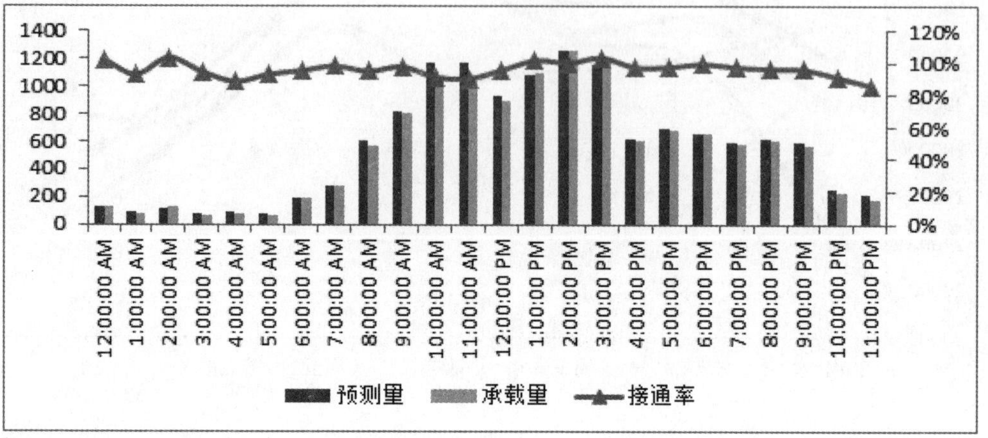

图表 6-1-7　时段业务量及承载能力跟踪表

预测准确度评估及预测调整：业务量预测准确度要及时评估，一般差异率在正负15% 均可接受，如预测与实际情况差异较大，应找到差异因素及时调整预测方案或进行相关问题的挖掘与改进。

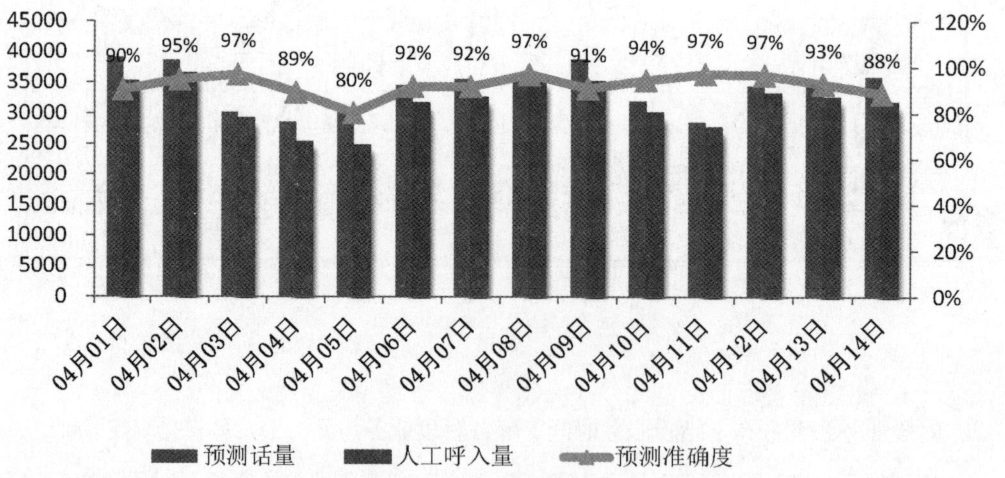

图表 6-1-8　预测准确度评估表

全媒体客户中心预测模型需要在原有电话服务的基础上增加与网站、新媒体相关的预测参数，并制定新的预测模型，逐步进行调整，使其不断完善并成熟。先有后精，是一切事物完善的发展规律。

第二节　全媒体客户中心排班

一、全媒体客户中心与传统客服中心排班差异

全媒体客户中心是基于互联网、电商企业以及客户交互习惯应运而生的，而客户中心的人员排班与业务量走势紧密相关。互联网本身的特点是技术快速迭代、业务飞速发展、突破时间和空间的限制、行业边界模糊等，这些特点影响着或决定着客户中心的业务变化与人员安排。

◇多渠道带来业务峰谷的差异：PC 端、APP 端、PAD 端、WAP 端、电话端、视频端客户的互动时段因渠道特点存在较大差异，因此多渠道接入的平台峰值峰谷差异变化较大，与以往电话单端接入差异较大。

◇自助模式提高人员效率弹性：因自助服务、常用语设置、自动应答设置以及文字交流等方式客户对响应速度的宽容度提升，因此在业务波峰波谷期间人均产能差异较大，业务增量期间人员效率攀升空间较大。

◇一对多服务模式拉大波峰波谷产能差异：一对多的服务模式也是拉升产能翻倍增涨的因素之一，常规情况可以实现一对八的对话，极端情况可以突破一对十二甚至二十之多，小时差异最高可达五至六倍之多。

◇ POP、远程服务、众包模式促销业务分流：全媒体为远程服务、兼职服务奠定基础，业务高峰期可以通过多种方式业务分流减少业务短时高峰带来的高成本投入。

二、合理的服务时间设定

在客服中心发展的初期谈到服务，经常会想到 7×24 小时，这种不间断的服务固然会对客户体验的提升有所帮助，但也带来了高成本运营、高管理成本、夜间服务处理能力不足带来的重复投入。那么是否要设定 7×24 小时的服务时间呢？要从几个方

面进行考虑。

1. 业务需求：结合业务时段分布来看不同时段的需求量及需求的方向。对于需求量少且需求不急迫，可以通过其他方式来满足需求。

◇一方面，业务数据可以对决策提供帮助；另一方面，从产品本身的特性上看，也可以对决策提供参考。比如对于商旅类业务，凌晨2点前都会涉及酒店入住、航班起落，所以商旅类客服中心在服务方面的支撑要考虑这部分客群的紧急售后需求，帮助客户解决突发事件。而对于银行、保险、电商类来说，夜间需求少且不急迫，尤其是电商，夜间购物一般通过自助形式完成，非特殊要求情况下夜间服务需求较少。

2. 服务价值：我们所说的价值要从两个层面考虑，一是客户层面，某一个时段内提供的服务是否能够为客户解决问题或创造价值，或创造良好的服务体验；第二是企业层面，是否能够为企业创造好的服务口碑或创造收益。如果不能在相应时间点创造任何价值，则可以考虑通过需求转移的方式来应对少量客户的需求。

3. 需求转移难度：需求转移的方式包括夜间服务转为自助、人工预约服务模式、指向帮助中心、模拟视频方式为客户提供自助服务培训及习惯培养。

全媒体客户中心的服务时间设定不可盲目跟风或加大投入，而是结合业务特点、产品特性、需求转移成本以及可能性、服务价值产出等多方面评估，在不损伤客户体验的基础上减少人力投入。

三、七步高效排班法

1. 排班形式与工具

目前，呼叫中心主要采用手工或智能软件排班两种方式，依据Erlang公式法与计算机模拟法两种不同方法进行排班方案的设计。

Erlang公式法与计算机模拟法的区别在于：

◇ Erlang公式法需要输入来话量和希望达到的服务水平，然后公式会计算出需要多少人和多少条中继线。

◇计算机模拟则需要输入想要投入的人员数量和中继线数量以及所预计的来话量，而程序会给出实际的服务水平情况。

◇单就传统的客服中心而言，两种测算方式各有利弊，而对于全媒体客户中心来说，无论是效率还是客户，对响应速度的期望方面均有所不同，因此在业务量预测、人员需求预估以及排班方面都处在重新磨合并优化模型的阶段。

2. 七步排班法

无论是手工排班还是通过智能软件进行排班均需要通过以下几个步骤，我们称之为“七步排班法”。

◇业务量预测：基于业务计划或历史数据的业务量预测。

◇关键指标确定：直接决定人均产能及人员需求量，包括以下几个指标。

★服务水平（Service Level）或响应速度，对于全媒体客户中心可以考虑响应速度的指标，比如 25 秒响应率。

★平均处理时长 AHT（平均通话时长 ATT+ 平均事后处理时长 ACW），对于全媒体客户中心可以考虑使用人均小时或人均半小时产能的指标进行测算。

★出勤率：出勤人数 / 应出勤人数。

◇人员需求预估：结合业务量预测及小时产能情况测算不同时段人力需求。

◇班次设计：通过系统或手工的形式进行排班方案设计。

◇模拟排班：模拟各类排班方案，评估排班产能与业务预测的匹配度，选择最佳排班方案。

◇人性化微调：对于班次方案考虑人员体验、感受、交通等多方面因素进行微调。

◇方案评估与改善：不断验证排班参数的准确度及排班模型的合理性，不断调整优化。

四、人员需求预估与产能测算

◇人均产能是影响排班的最关键因素：以每小时或每半小时为单位，对于全媒体客户中心来说因波峰波谷差异较大，应分别对不同业务阶段人均产能进行追踪，同时要对不同技能级别人员及其产能差异进行追踪。

◇员工技能水平差异：当新员工占比高，远程服务、外包业务等多种服务形式并存时，对于大规模客户中心来说，必须对不同类别人员产能进行单独追踪，以平衡服务水平和人员成本损耗的矛盾。下表为某企业年度内追踪的老员工及新员工在平均处理时长及小时处理量方面的差异。

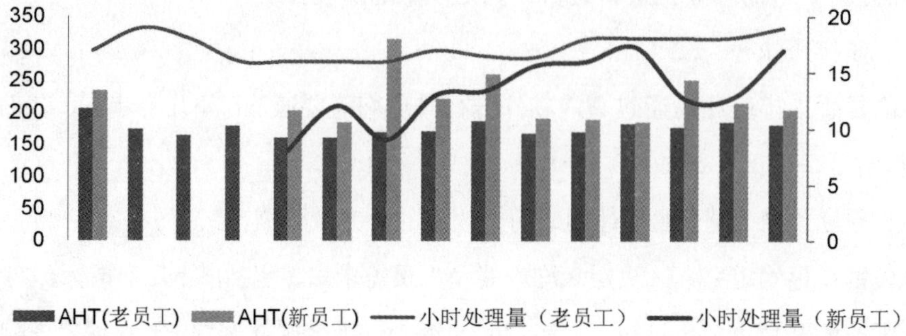

图表 6-2-1 员工能力差异

◇时段差异：要考虑到不同时段因业务分布差异带来的产能差异，如晚间、夜间。当服务水平与人员利用率无法平衡时，必定会损失效率以保证服务水平，因此要注意特别时段人均产能不可过于理想化。对于全媒体客户中心来说，可以通过一对多进线数的设定以及技能差异来平衡产能差异。

◇用餐及培训因素：要考虑到排餐、培训等因素带来的时段产能影响。

五、人员需求匹配模型与方案设计

1. 人员需求匹配模型

以 15 分钟至 30 分钟为跨度，结合时段产能计算各时段人力需求。如下图所示。要兼顾时段、用餐、培训会议、员工技能差异、出勤率、接通率带来的产能差异。

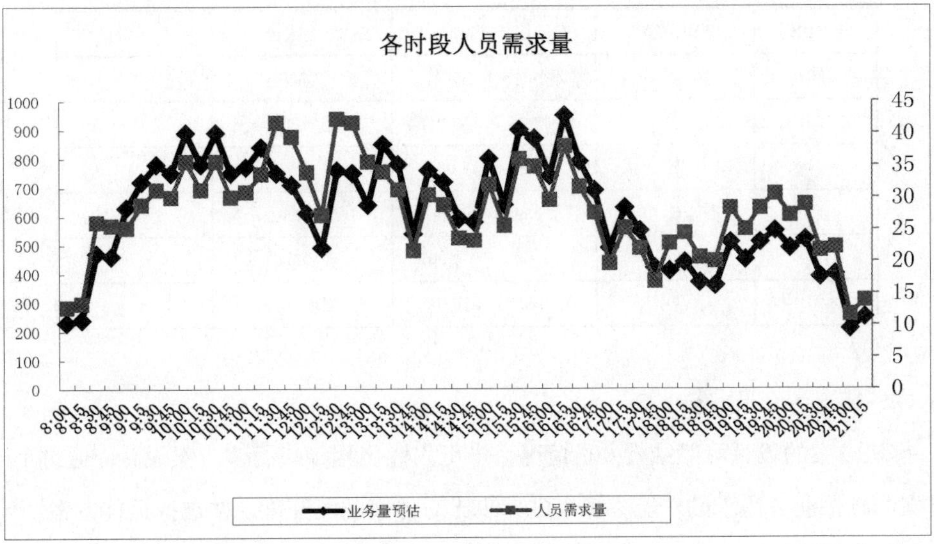

图表 6-2-2　各时段人力需求预测

2. 排班方案设计

◇交通宿舍安全因素：如没有园区宿舍或通勤班车等条件，应尽量避免凌晨上下班次，业务原因必须安排的应考虑配套政策，如提供住宿等。

◇员工感受及个人工作计划性：轮换周期、最长班时、班次衔接等因素。

◇员工体能：尽可能避免挑战员工体能的班次，如持续超时班次、晚班连早班、夜连早、两头班连早等不得以休息的班次。

◇常见班次：全媒体客户中心远程服务的模式可以打破原有班次设计的局限，实现小时排班，极大满足时段人力需求。

◇适用于远程办公的班次：两头班、天地班、小时值班。

◇适用于现场办公的班次：常规班次。

3. 结合远程服务合理进行班次安排：这是全媒体服务基于成本及应急能力的优势体现。

班次代码	班次类型	服务时间	适合人群	需求数量
1001	多选班次	2 小时、1 小时等	远程服务	X
2001	A	08:00 ~ 16:30	现场办公	Y
	B	08:30 ~ 17:00	现场办公	
	C	10:30 ~ 19:30	现场办公	
	D	9：00 ~ 18：00	现场办公	
	E	16:00 ~ 21:30	现场办公	

六、排班契合度评估

排班方案的设计可以结合人员情况、排班人性化程度进行多方案设计，通过不同排班方案与预估业务需求的产能测算来进一步比对方案的匹配度，并选择最优方案。

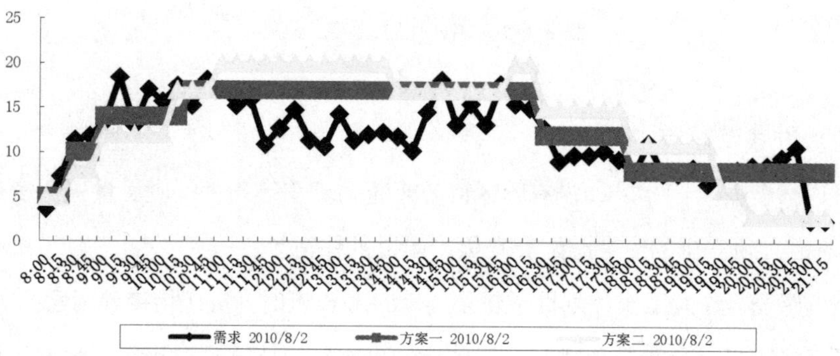

图表 6-2-3 预测需求人数与排班方案匹配图

全媒体服务的特性及远程服务及管理的便利性使得排班更为灵活、产能弹性更高，且因文字在线交流的模式，客户更能够接受和享受短时的等待，因此排班的灵活度及排班方案的契合度更优于传统客服中心。

第三节　现场管理与远程服务管理

“现场管理”不是一个新的概念，无论是传统的生产制造业还是店面销售、或者传统的客服中心，现场管理都是长期以来的重中之重。我们先来看一下“现场管理”的定义：所谓现场管理，就是指用科学的管理制度、标准和方法对生产现场各生产要素包括人员、机器设备、物料、方法、环境、信息等进行合理有效的计划、组织、协调、控制和检测，使其处于良好的结合状态，达到优质、高效、低耗、均衡、安全、文明生产的目的。

对于全媒体客户中心的现场管理来讲，是一个动态的管理过程，通过科学化的管理手段和管理工具，合理调配人力，合理解决业务问题，及时处理突发事件，对于风险性问题及时预测，并采取应急预案规避业务风险，且通过团队激励、业务指导确保绩效达成。

一、现场管理工具及管理方略

传统的呼叫中心通过走动式管理及数字化管理实现眼观六路、耳听八方，而对于全媒体客户中心来讲同样需要眼观六路、耳听八方。

对于全媒体客户中心而言，在线的服务形式往往只能“听”出氛围，“看”出质量和状态，现场管理更依托于业绩看板、规范、工具、文化。

现场管理核心：激励自驱力形成互帮互助互相监督的工作氛围，通过文化建设及自我管理能力的提升，最终实现“无为而治”的自发自觉的管理。这里面最重要的是通过激励来激发员工自驱力及自制力。

现场管理工具之一：制度与规范管理。即通过建立健全管理制度，预先设定服务规范与操作规范，在统一的标准下进行管理，实现制度管人。

◇现场管理制度：一套完整的现场管理制度包含环境管理、着装管理、班前准备要求、工作结案标准、小休就餐培训管理规范、现场纪律、违规处罚措施等。制度是执行的最低标准，也是最基本的职业素养要求，需要人人掌握。

◇操作与应答规范：包括各类业务规范、操作规范等。规矩是推动执行不断纠正并养成习惯前的过程，有规矩不代表不灵活，而是确保业务高效、配合顺畅的基础。

现场管理工具之二：看板管理。管理看板是管理可视化的一种表现形式，即对数据、情报等的状况一目了然地表现，主要是对于管理项目特别是情报进行的透明化管理活动。

◇员工状态管理：通过“现场监控看板”可以看到现场业务及人员状态情况，通过现场监控看板合理进行人员调配、安排人员小休、培训、会议、用餐。对于状态异常人员合理进行管理及调动。

◇电话语音服务：基于一对一服务，客户对响应效率、等待时间要求高，现场管理对于员工状态的细分及管理精细化程度高，现场管理对于系统的依赖度更高。我们来看下图，对于传统的电话服务从签入到签出，各种状态及不同状态下均有数据追踪。

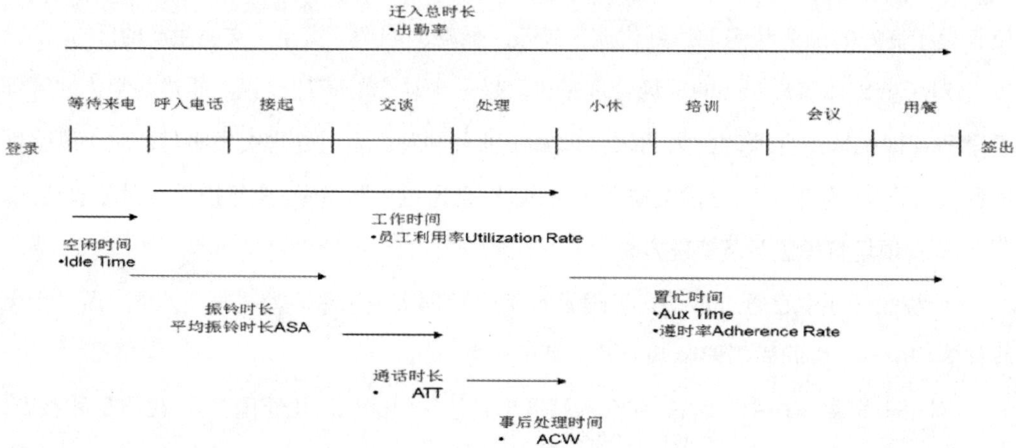

图表 6-3-1　话务状态指标细分表

◇在线服务：基于一对多互动，一般情况员工状态分为在线、忙碌、离开、退出四种情况。现场队列状态与员工状态结合，一目了然。

◇队列：通过队列看板可以了解各个业务队列的客户排队情况，服务人员空闲或置忙的情况下及时进行技能调整。对于在线服务而言，及时调整员工最大接线数也可以缓解业务压力。

◇业务指标管理：对于现场管理人员除了要关注现场与人及业务量有关的指标如接通率、响应速度等指标以外还要关注与质量、效率有关的指标，如转化率、满意度。通过实时指标发现波动，通过现场走动、访谈、录音或文字交谈记录、电话小结单等配合分析报表了解业务问题，并进行异常情况反馈。

◇现场管理四句诀：通过看板找问题、借助现场挖原因、反馈关联找方案、提效全靠眼耳观。

现场管理工具之三：视觉化管理。即将业务展板、业绩表现、业务预警等信息利用形象直观而又色彩适宜的各种视觉感知信息来促进现场氛围，达到提高劳动生产率的一种管理手段，也是一种利用视觉来进行管理的科学方法。

二、现场管理范围及管理方法

全媒体客户中心的现场管理包含人员管理、业务管理、环境管理、突发事件等四个层面。

（一）人员层面

1. 现场人员管理

包括团队成员士气、人员调配、人员现场工作状态等方面的管理。

2. 团队管理

团队是一群为了共同目的而一起从事工作的人，他们必须相互依靠，以实现共同认定的目标。一个好的团队必然是有方向、有约束，有共同的目标、有共同的口号、有交流的媒介、有共同的回忆。

3. 团队管理要点

（1）要在团队中确立一个共同的目标或愿景，加强团队成员间的感情。

（2）引导团队分工与合作，给予员工团队的归属感。

（3）避免不良工作气氛，营造好的团队工作氛围。

（4）随时沟通，保证小组交流顺畅，人人参与，并可阶段性地进行团队活动。

（5）新员工进组时，张开双手欢迎新人的加入。避免新进员工产生陌生感，帮助他们更快融入团队。

（6）团队中的每个人都有自己的特点和个性，日常工作中保持团队共性，也不破坏个性。

（7）有良好的分析能力，当团队中的某一人出现波动时要以主体为标准，分析对此人产生波动的原因由何而生，给予沟通和辅导。

（8）适度进行表扬、奖惩。

（9）给团队信心。

（10）团队会议管理：每日团队“两会”要鼓励士气、提高能力。现场团队会议主要分为班前会、班后会两类。

（11）班前会鼓励士气

◎调节气氛：减压、轻松地进入一天的工作。

◎激励员工：口头表扬前一天或这周业绩有所进步的员工。分享最佳实践案例，可以是客户表扬，也可以是业绩分享。

◎业务传达：及时、有效传达业务关键点，在传达时要注意讲明传达目的。

◎解惑答疑：就投诉案例、员工奖惩等给出合理的解决方案或作出合理评估，提示关键点，并可辅有个案分析。

◎业务抽测及培训：抽测员工的执行掌握情况。

◎制订可行性目标：针对个人不同情况制定当天或当周的可行性目标（需注意方式，避免给员工造成压力）。

（12）班后会提高能力

◎业务汇总：针对全天关于业务问题的汇总。

◎员工信息的反馈和收集：对于当天出现问题进行讨论，讨论模式为：提出问题→进行讨论→判断该问题的重要性→考虑改进方案。

◎阶段性目标达成情况小结：汇总员工的业绩，判断是否达到设定的目标，未达到目标应如何继续提升，同时帮助未达标员工减轻心理压力。

◎收集员工建议、意见：鼓励员工踊跃发言，提出自己对某事的建议或意见。

（13）会议技巧

语言表达：尝试发言诙谐幽默放松，让员工放松下来，乐于表达自己的想法。

（14）尝试岗位互换：尝试交换岗位，尝试把每周的其中 2 天的领班会交给组内的员工开，让员工能够真正了解领班每天开会时的状态，也能提升员工看待问题的能力。

（15）不要吝惜鼓励：学会赞美员工，让员工时刻感觉到工作和生活在一个很棒的团队中，时刻充满自信。

2. 人员管理：员工辅导、出勤、各类业务状态管理。

（1）员工辅导：员工辅导是现场管理最重要的工作，好的辅导让人终身受益，日积月累让团队形成习惯、并形成自发的内驱力，最终实现“无为而治”的管理。

（2）如何把人员辅导做到人的“内心深处”去，而不是心不在焉、貌合神离？

(3) 如何让团队成员认为你的话字字珠玑、句句在理，而不是和尚念经、老生常谈？

总结了四句话，在日常的管理中可以应用。

员工辅导四句诀：授之与渔教方法、传递三力促进取、经验分享挖潜力、激发调动内驱力。

◇授之与渔教方法：在每一次辅导都力求做透，是教会员工方法而不是代劳，教会的标准是可以让他自己做并且讲给他人听。同类的问题由他做下一次辅导并形成制度，这样是让每个人都在学的过程中力求学会并且马上应用分享。

◇传递三力促进取：自上而下会传递三种力。一种是能力，要教会方法：二是压力，指标要合理分解，每个人都力求做到让自己满意了，事情就会越来越圆满；三是学习知识的能力，每当做辅导的时候不仅要传递知识，更要让他了解出处，并对学习知识产生兴趣，未来才能形成良好的学习氛围和习惯。

◇经验分享挖潜力：要形成内部分享的机制，让每个人都能够成为辅导员，或每个人都有自己的“保留曲目”向团队成员分享。对于“90后”而言，舞台和价值认同很重要。当每个人都力求让自己更加优秀并且认为自己的长板是不可替代的，这将是最好的激发个人潜能的途径。

◇激发调动内驱力：如果做和不做是监督和被监督时的两种状态，那么这样的管理是失败的、事倍功半的、耗时费神的管理。但我们通过有效的精神、物质、特权等各种方式的认可来激励团队大多数人自发、自愿、自律并形成习惯，这将成为一种巨大的内驱力，从而让每个人在不受监控或没有任何约束的情况下自我约束，做到“慎微”和“慎独”。

好的辅导能触动人的内心，心态和理念的改变驱动了行为和习惯的改变。只有“走心”的辅导才能让人“动心”，当团队成员一起“走心”“动心”，那么打造氛围轻松、节奏紧凑、互相愉悦、自发创新的现场就顺理成章了。

对于全媒体客户中心来讲，文字、图片、文件的交流方式让我们无法随时“听”到内容，但可以“听”到互动时指尖的响动，可以“看”到交流的记录，也可以“看”到每个人的表情状态，因此全媒体客户中心对于人的走心的辅导重于状态和数据的管理。

（二）各业务状态管理

对于电话服务的现场管理软件，可以通过各类业务情况合理匹配和调动人力。

全媒体客户中心的现场管理方式除了借鉴和传承传统客服中心的管理方式以外还有

几个优势：

◇准确评估人员产能及现有业务量，判断人员的负载能力。

◇可能通过及时调整参数如一对多的配比情况来及时缓解现场压力。

◇可以通过远程服务人员调度缓解短时压力。

◇可以通过自动应答、预约回呼等方面或工具来减少人力不足的业务损失。

正因为全媒体的现场管理调动作用较大，更凸显现场管理的重要性。

当前全媒体客户中心的现场监控软件较多，现介绍有两个展现形式。

◇多队列图表展示方式一：

服务通道	排队数	排队离开数	当前会话数	会话总数	当前未回复离线量	登录数	可接待客户数	忙碌数	离开率	满意度	接通率
A	2	1	120	5000	20	15	180	2	1%	99%	99%

图表 6-3-2　多队列图表展示

◇单队列可视化展示方式二：

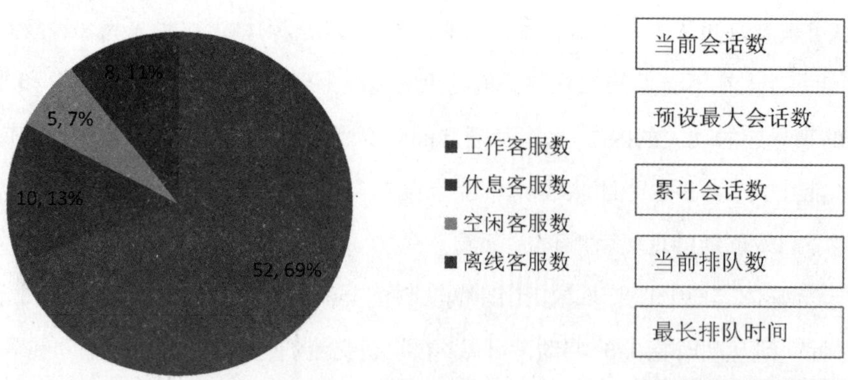

图表 6-3-2 单队列图表展示

（三）业务层面

1. 业务支撑：及时掌握业务动态、发布业务变化及通知、结合业务情况调配人力。对于全媒体客户中心而言，在人员信息传递方面更为便捷，但从信息发布后的掌握和执行情况上需要重点关注。

2. 质量控制：全媒体客户中心在服务质量方面可以借助智能化质检实现对于质量和风险的全面把控，并挖掘机会点。

（四）环境管理

1. 环境管理包括保持工作环境卫生、维护现场纪律、工作设备的关注(员工电脑、电话、座席等硬件设备出现问题时及时申报)、合理安排员工座次、协调个人的休息及用餐时间、现场环境布置、现场氛围塑造等。现场环境从现场视觉的角度上激发人的集体向上的意识，包括颜色、展板、条幅等等。现场氛围可以在不同时段播放不同的背景音乐，营造放松、舒缓的环境。

2. 对于远程服务团队而言，“空中环境”同样重要，除了现场环境的塑造以外，空中环境尤为重要，但这个环境无色无味、不易察觉，就像是“空气质量”，尤其是内部的各类交流群、内部的沟通工具，需要通过文字、业绩报表、群语音、群公告等方式不断进行正面调动和引导。

（五）应急事件处理

全媒体客户中心的紧急事件应含以下几个层面，作为现场负责人，应掌握应急事件的处理方法和权限，出现紧急事件可及时启动处理方案，化解危机。

1. 系统：包括业务系统、互动平台、网络平台等方面系统突发事件的反馈与应对。

2. 业务：业务突发事件的捕捉、反馈与应对。

3. 环境：涉及办公环境相关的突发事件。

4. 舆论：紧急舆情类的突发事件预警与处理等。

（六）远程团队

全媒体客户中心从服务签入平台、客户互动形式、远程监控工具方面都为远程服务甚至是定位路由提供了非常好的帮助。

1. 远程服务应用：

短时高峰的外包、兼职等人力组织模式，减少人员管理成本和场地成本。

O2O 电商基于线上查询线下服务的线下实体店服务人群。

2. 远程服务团队管理：

应用看板对于服务状态进行监控和调配；

应用智能化质检进行实时和历史对话的监控；

通过预设高危词规避恶意服务风险；

通过内部远程沟通工具、微课堂进行技能培训和业务通知的发布；

借助规范、激励制度形成习惯，激发潜能。

第四节　防患于未然的预警机制与危机化解应急预案管理

全媒体接触意味着多点接触、多点互动、多平台对接，这是一个动态的管理过程，也是一个风险与机会并存的现场。下面我们来谈一下有哪些管理手段、管理工具和方法能够有效规避风险、抓住机会。

一、预知风险与危机，防患于未然

在日常的管理中可以通过各项指标的运转情况来了解业务细节的变化和走势，同时也可以预设风险临界值，及时“闻”出风险的味道，做好预警和防范。

要认识危机与风险的类型，在常规情况下，与客户中心息息相关的有几类风险与危机。

◇系统危机：包括系统的承载能力、运转稳定性等，涉及 PBX、ACD、知识库、业务系统、座席、网络等。

◇业务危机：包括人力承载能力的风险、业务流程正常运营的风险等。

◇经营危机：包括正常业务经营、产品销售层面的危机与风险。

◇客户体验危机：客户体验层面带来的客户流失风险。

◇舆论危机：因产品或体验导致的投诉或负面评价等相关的舆论风险。

◇法律风险：升级投诉、违规服务、过度营销带来的法律风险。

二、风险与危机预警

对于系统层面、业务层面、经营层面、客户体验层面都可以通过数据仪表盘的形式来监测危机与风险，这里介绍两种常用的危机或风险评估方法。

1. 危机系数评估：用于评估业务量与承载能力差异带来的风险。

危机系数 CQ(Crisis Quotient) = 业务量 / 产能

当危机系数处于不同的级别，可以采用不同的处理级别。如：

危机级别	危机系数范围	调动资源
黄色危机	1.2<CQ<1.5	部门内资源
橙色危机	1.5<CQ<2	中心或企业内资源
红色危机	2<CQ	外部资源

2. 预设阀值设立预警机制

常规情况下可以在系统运营仪表盘、业务运营仪表盘进行危机预警，对于系统层面、运营层面、经营层面、客户体验层面等设定预警阀值，并基于不同阀值启动不同级别应急预案。

附录 1 :《全媒体客户中心预警工具表》

<table>
<tr><th colspan="2">运营指标</th><th rowspan="2">指标定义</th><th colspan="3">指标预警线</th></tr>
<tr><th>指标大类</th><th>指标细分</th><th>黄色</th><th>橙色</th><th>红色</th></tr>
<tr><td rowspan="4">系统支撑层面</td><td>系统可用率</td><td>系统可用率 = 总共运行时间 / 运行 + 关机时间</td><td colspan="3">大于 %</td></tr>
<tr><td>业务短信到达率</td><td>业务短信到达率 = 收到的号码数 / 发送的号码数</td><td colspan="3" rowspan="5">小于 * 秒</td></tr>
<tr><td>业务系统停机时长</td><td>系统无法运转的时长</td></tr>
<tr><td>电话系统停机时长</td><td>系统无法接入会话时长</td></tr>
<tr><td rowspan="4">运营指标－电话</td><td>接通率</td><td>热线接通电话数 / 转热线人工总数</td></tr>
<tr><td>转化率</td><td>客服生成有效订单 / 热线接通电话数</td></tr>
<tr><td>员工利用率</td><td>（通话总时长 + 事后处理总时长）/ 签入总时长</td><td colspan="3" rowspan="2">大于 * 秒，小于 * 秒</td></tr>
<tr><td>平均处理时长</td><td>平均通话时长 + 平均事后处理时长</td></tr>
<tr><td rowspan="4">经营层</td><td>转化率</td><td>下单客户数 / 咨询客户数</td><td colspan="3">小于 %</td></tr>
<tr><td>每单价</td><td>平均每张订单的销售额</td><td colspan="3">大于 *，小于 *</td></tr>
<tr><td>拒收率</td><td>客户拒收单量 / 总订单量</td><td colspan="3">大于 %</td></tr>
<tr><td>退货率</td><td>客户退货单量 / 总订单量</td><td colspan="3">大于 %</td></tr>
<tr><td rowspan="2">客户服务体验层面</td><td>满意度</td><td>评价满意客户数 / 参与评价客户数</td><td colspan="3">小于 %</td></tr>
<tr><td>投诉率</td><td>有效客户投诉数 / 总预订客户数</td><td colspan="3">大于 %</td></tr>
<tr><td rowspan="2">舆情</td><td>差评率</td><td>差评客户数 / 评价客户数</td><td colspan="3">大于 %</td></tr>
<tr><td>舆情危机</td><td>出现行业热点或行业负面信息，比如“假奶粉”“食品添加剂超标”</td><td colspan="3">次</td></tr>
</table>

需要结合业务现状制定预警线，并结合相应严重程度启动不同级别应急方案。

第七章　全媒体客户中心知识管理与自助服务能力推动

知识管理不仅是呼叫中心的专利，更是企业培训的重要组成部分，它是企业传递知识、政策、企业文化的重要手段和途径。

全媒体客户中心是企业产品、政策、服务流程面向客户展示和互动的重要途径，涉及产品品种繁多、知识更新变化加快，业务知识多、内容深、范围广，服务政策多、调整快，用户的个性化问题越来越多，在每个人都追求个性化、人人都是自媒体的今天，面对同样的问题，其表达的方法也越来越多，因此一套智能化的知识管理体系、一个完备的知识库系统已经成为全媒体客户中心的标配，它决定着内部人才的培养周期、服务标准化程度、服务效率、自助化服务能力等等决定呼叫中心人力成本和服务质量、服务体验的关键问题。

知识管理已经成为决定全媒体客户中心战略发展，甚至决定企业服务体验、服务口碑、经营成本的关键。

第一节 全媒体客户中心知识管理

一、认识知识管理

1. 什么是知识管理

知识管理（Knowledge Management），就是为企业实现显性知识和隐性知识共享提供新的途径，知识管理是利用集体的智慧来提高企业的应变和创新能力。知识管理包括几方面工作：建立知识库、促进员工的知识交流、建立尊重知识的内部环境、把知识作为资产来管理。

2. 什么是知识库

◇知识库（Knowledge Base）是知识工程中结构化、易操作、易利用、全面有组织的知识集群，是针对某一（或某些）领域问题求解的需要而采用某种（或若干）知识表现方式在计算机存储器中存储、组织、管理和使用的互相联系的知识片集合，这些知识片包括与领域相关的理论知识、事实数据以及由专家经验得到的启发式知识，如某领域内有关的定义、定理和运算法则以及常识性知识等。

呼叫中心知识管理系统是指"知识"和"规则"的管理系统，它以呼叫知识库为核心、以检索查询为主要手段，通过对呼叫中心员工个人知识、产品知识、专家知识、客户知识的管理，并通过沉淀、总结、提炼、优化等措施，最终将其演变成呼叫中心可重复利用的组织知识，从而提高座席的呼叫一次性完成率，减少后继处理流程，提高客户满意度。

全媒体客户中心知识库的使用不仅服务于内部客服，同时服务于外部客户，除了传递呼叫中心的知识内容外，在问法、答法、查法、知识补充方法上均大有变革。从其作用和价值上，也由内部的系统工具演变成为对外服务的生产力。

二、知识管理的常见问题与思考

1. 常见问题一：知识库管理人员选拔与任用误区

很多中心将知识管理的角色仅作为文档整理或是文书，把做不了一线的、做不了培训的、不太好"用"的人员放在知识管理的角色中，这样的人员安排必然导致知识库管理的失败。知识管理是集合中心最精华思想的领域，要了解业务、了解并引领需求、有很强的逻辑能力、善于构建知识结构、能够分辨知识的良莠，即使是全员构建的自助化完善知识库也需要有能力较强的人员进行抽查与监管，因此知识管理的角色应该是一个知识全面的中高阶人才。随着知识库在全媒体自助服务上发挥的作用,人员的要求则更高。

2. 常见问题二：知识库内容界定误区

知识库内容要与常规的产品基础信息和价格作区分。知识库多为常见知识、政策等相对静态的知识，而像某产品的价格、介绍则应放在日常生产系统中的产品信息当中；再比如某企业要做一个为期三天的促销，促销内容可以是实时信息，但常态的知识应该将企业的促销形式及规则进行梳理以用于内部人员学习和应用。

3. 常见问题三：查询不便

知识分类与关键字索引技术弱、问法不灵活等导致知识查询不便，再好的知识内容没有一个好的出口，都不能产生价值。

4. 常见问题四：更新慢

互联网企业知识更新迭代快，持续更新和维护至关重要。很多知识库不被使用，因为没有建立起知识更新的机制，导致知识陈旧，知识库不但没有使用，反而成为了负担，而过期的知识内容不仅不能产生作用，而且一旦使用，无论是内部使用还是推向客户，还会有很大的投诉风险。有人说建立一个知识库和一个垃圾库往往只有一步之遥，处于瞬息万变的当代社会，没有不断的创新、回顾与更新，曾经的“知识”很快就会变成历史，接踵而来的必然是整个系统的遗弃，也就是知识管理的失败。

5. 常见问题五：结构乱

梳理知识结构和梳理业务流程并重。业务流程是业务顺利开展的保证，也是业务形成的最初环节，而知识库结构的梳理同样是知识库运转的前提，好的知识结构起到的是思维导图的作用，一目了然地了解知识构成，不仅在知识查询上起到作用，它还是员工成长的蓝图，因此如果知识结构乱，就需要反思对业务了解的深度和广度。当然，知识结构也是一个逐步完善和调整优化的过程。

6. 常见问题六：内容少

内容少一般源于两个层面，一是搜索功能差导致内容有但查不出，这要从问法和关键词方面入手改进；另一个层面就是缺少填充和优化的机制、人力投入以及自主学习能力的功能，需要对症下药。没有内容的知识库，就是形同虚设。

7. 常见问题七：应用少

这是一个先有鸡还是先有蛋的问题，往往是使用者因为内容少而不用，而维护者因为没人用而不愿意再投入精力，这和一套系统上线新功能或新政策上线是一样的道理。

◎首先是习惯的培养和训练，行政手段可以短期发挥作用。

◎其次是对意见、使用反馈的重视与行动，让用的人即使没有得到帮助，但他的意见受到了重视也可以起到激励作用。

◎第三是迅速补充完善的过程。通过查询无果的信息积累、通过知识评分的反馈，迅速完善和补充，这样才能形成良性循环。

8. 常见问题八：依赖系统

如果把知识库系统比作“椟”，那么知识则是“珠”，没有椟，尽管珠子的价值会有变化，但还是可以发挥作用；但如果没有珠，椟的价值基本就没有了。很多公司上线了知识库系统，但内容缺乏梳理和填充，反馈抱怨系统不好用。任何的系统都是在不断应用中完善起来的，也都可以在不断应用中逐步完善，但如果没有应用，就没有磨合的过程。更有甚者，认为有了系统就有了一切，忽视了后期的内容管理和应用，形成了资源的浪费。

三、全媒体客户中心知识管理的发展趋势与价值挖掘

1. 知识管理的发展趋势

◇由幕后到台前：以往知识库服务的对象是内部员工，产生的效果可以从培训周期、使用反馈方面来体现，但全媒体客户中心知识系统可以直接走到客户面前，成为服务大军的一员，站到了“人工”的前面。大量的、相对标准化的应答可以通过自助服务的方式来完成，而自助服务依托的则是知识的自由查询和驱动机器人的“燃料”。

◇知识场景化：传统知识管理只是起到知识分类、汇总、检索等作用，而在服务智能化与自助化发展的过程中，知识管理系统需要通过情景化来实现智能化，即结合客户或客服当前的场景给予知识的推送，通过场景化的知识将传统的被动待查的知识库内容转化成为动态的活动知识。

◇知识客户化：知识库内容不仅服务于内部客户，更多的是服务于外部客户。对于内部客户而言，需要即得即用，不需要进行转换语言；对于外部客户而言，可以在需要的时候通过提问找到答案，因此在知识的问法、答法方面都需要使用客户化语言。同一个问题，在提问方式和回答方式上均需要从客户的习惯入手，早期的呼叫中心一个问题一个答案，而客户化知识库应该是同一个业务问题，通过细化场景的方式提供更多多样化

的问答来表述同样的中心思想。

◇知识完善全民化：知识的完善尤其是优质话述的积累，是一个循序渐进的过程，也是一个集思广益的过程。全媒体客户中心尤其是在线的服务可以迅速通过客户的对话进行知识积累，同时通过全员个人知识库的设置，可以逐步将高价值知识进行共享，实现全民智慧结合的智能大脑。

2. 知识管理在全媒体客户中心的重要作用与价值

◇知识服务

★知识获取：获取入口更加广泛，包括互联网采集、数据导入、数据接口、文档录入等。

★知识加工：包括知识拆分、知识关联、分类聚类、知识场景化表现。

★知识管理：内容管理、用户管理、权限管理、日志管理、体系管理。

★知识应用：智能机器人、智能搜索、智能营销、培训考核。

◇自助服务

★帮助用户解答问题、解决问题，可以定位到用户需要的业务流程中，更加注重于解决问题的效率、准确度，能够结合客户所在页面及输入关键词给出更加精准的答案。

◇智能搜索

★站内搜索：为用户服务。

★座席支持：为座席服务。

功能注重于在理解用户需求的前提下给出的相关解答越全面越好。

◇智能营销

★结合客户场景及问题实现互动营销、关联营销、交叉营销，在与客户互动的过程中实现智能化推荐。

第二节 智能化知识系统的构建与改造

一、智能化知识库的常见功能

完整的知识库系统包括几个部分。

1. 知识结构设计

支持有权限的应用者自行设定部门或板块的知识结构，以形成知识树或知识框架。知识岗位地图管理支持不同岗位和角色的知识维护，建立知识和岗位之间的关联，知道什么岗位需要什么样的知识、需要了解什么知识。

2. 知识发布系统

★非结构化知识处理：呼叫中心存在大量文档和历史知识，这部分非结构化的文档需要能够快速导入并管理起来，且能够进行全文、附件内容的检索。

★结构化知识处理：呼叫中心在工作运行中产生的结构化数据能够进行自定义字段的表单生成，依据此表单进行知识的发布、管理。

3. 知识分类

★从使用方分类：个人知识库、内部通用知识库、客户知识库。

★从知识内容分类：服务政策类、产品知识类、行业知识类、规章制度类、即时消息类、业务流程类、管理知识类、考核题库类。

★企业也可以结合自身的业务进行分类：如综合电商涉及产品差异类，可以在产品知识层面进行再细分。

4. 从知识发布状态细分

待审核、已上传、已过期、删除等。可以结合知识审核的流程进行状态细分。需要提醒的是，对于实效性较强的知识可以通过“有效期”进行设定，一方面后续可复用或再加工，另一方面也可以进行历史信息的查询。

5. 自定义学习知识库

对于不同技能或不同水平人员可以分类设定学习任务及考核内容。

6. 知识互动

★内部互动：支持座席通过打分、评价、收藏、推荐等形式进行互动，激发知识的创新与沉淀，发挥群体力量与智慧。

★外部互动：客户可以贡献知识内容，通过收集、加工、审核的方式将有客户贡献的有价值的知识进行推广应用，同时可制定知识共享奖励政策以提升客户的参与度，实现多赢的、群体互助的知识管理体系。

7. 知识版本管理

★全媒体客户中心知识更新迭代速度很快，必须支持版本的更新和历史版本的查询。

8. 知识搜索引擎

★对知识正文、提醒能够通过关键字搜索进行查询，对附件文档内容具备搜索能力，协助内外部客户快速找到信息。在查询过程中还能够对搜索关键词提供联想词、搜索纠错、多关键字组合搜索等方面的支持，快速定位问题并提供精准的搜索结果。

9. 知识共享及知识激励体系

鼓励内部人员与外部客户进行知识共享，内部服务顾问从个人知识库分享到实现积分量化管理，座席用户在知识库阅读、评论、反馈问题、回答问题都会获得相应积分，可以用积分兑换小礼品、休假、培训等机会，也可以利用积分晋升不同的知识等级，培养储备专业人才。

外部客户也可以通过前面提及的方式吸纳知识并鼓励群体知识互动分享。

10. 知识培训与考试

支持从知识库中选取知识对座席人员进行培训考核，实现培训考试系统与知识库的完美整合。

11. 知识问答支持系统

通过类似“百度知道”的提问、回答形式进行隐性知识的挖掘与提炼，由有经验的专家、组长进行最佳答案选择并转化到知识库。

12. 未知知识的收集与处理功能

对于查无的问题及次数进行收集，从而实现完善的优先级排序，并实现不断完善和补充良性循环。

13. 知识统计功能

对于知识内容的数量、使用频次、内外部对于知识的评价做统计，实现知识的质量和有效性的评估，不断进行更新及完善。

14. 个人知识门户

一套完整的知识除了通用知识以外还要允许员工建立个人知识内容、知识文集、知识收藏等，其中还包括个人提供的共享知识，从而体现员工个人价值、鼓励内部集思广益的氛围和培养及发现人才等多赢效果。

15. 内部角色分配

对内部不同角色进行设定，可分为管理人员、专家、知识管理员等，不同的角色具备不同的权限和工作内容。权限管理系统能够定义用户的角色并对角色进行权限设定，不同用户拥有不同的权限，保证系统的文件安全性。

16. 实现与工作流、座席系统的集成与整合

用户统一认证，数据进行交互，工单可转化为知识，在其他系统可以调用知识库内容，将知识和话述推送到具体业务流程环节，对外提供自助知识查阅、对内提升效率减轻压力。

二、智能化知识库的系统结构

智能知识库系统一般包括四层结构。

第一层：知识获取层

除了常规的维护系统以外还包括网络知识获取、数据库知识获取、其他知识获取等。智能获取，才能够实现有信息可查。

第二层：知识存储层

知识存储即将各类知识进行分类存储。

第三层：知识管理层

知识管理是客户中心的核心，也是提升智能化的核心，一般包括知识内容、知识标签、分类聚类、用户权限管理、检索、审核校验、日志管理、未知知识管理等。

第四层：应用服务层

智能知识库一般应用在智能机器人、智能搜索、智能营销、内部培训考核等方面，是实现自助服务、全媒体服务营销转型的关键环节。

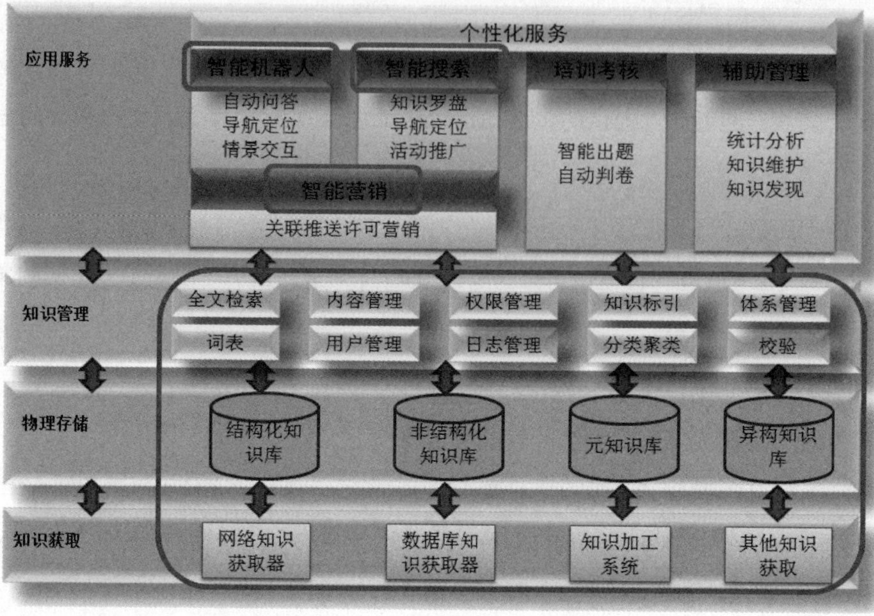

图表 7-2-1 智能化知识库系统结构图

三、知识库建设与完善流程

全媒体客户中心知识管理流程：知识管理的五个环节形成知识优化的闭环。

Step1：知识结构梳理环节。可能通过思维导图或知识树的形式进行梳理。

Step2：知识收集。通过内部上传或内部反馈方式进行收集。

Step3：知识整理。对于收集知识进行整理并进行标签或分类设定。

Step4：知识使用报表分析。结合查询的情况进行优化和改进。

Step5：知识更新。结合知识查询结果、政策及产品动态更新、知识评价等进行不断优化。

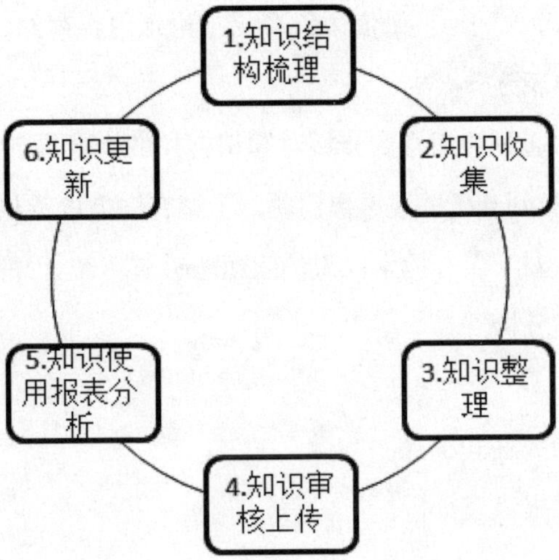

四、个人知识管理流程

个人知识管理包括几个环节。

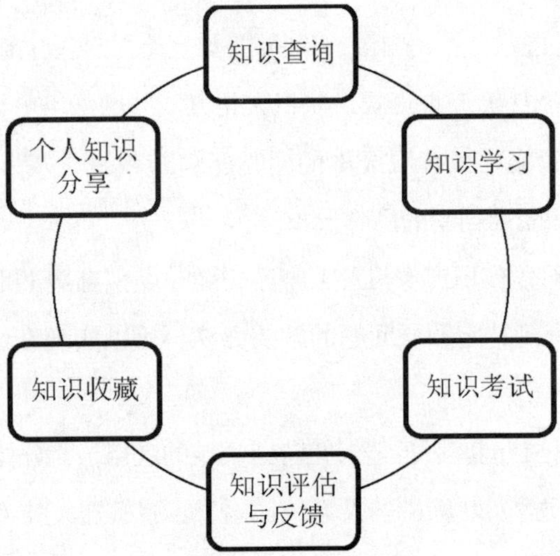

个人知识库一般包括一下几个模块。

◇个人学习管理：包括知识平台、知识转化、知识开发。

◇个人学习目标：专业知识、政策知识、产品知识等。

◇个人知识存储：包括邮件、话述以及其他各类待学习知识等。

◇个人知识分享：个人随笔、微信微博存储、论坛内容存储。

五、知识应用的报表分析

1. 热点问题分析：通过知识查询分析对知识查找的次数进行排序，可分技能组别进行分类，同时可按客户类别分析关注重点问题，了解客户需求及热点知识问题。

2. 查无内容分析：对于没有搜索结果的问题能够进行统计并随时查看。

3. 知识评价与报错分析。

4. 知识来源分析。

5. 按技能类别分析关注知识点。

6. 学习及考核结果报表及分析。

第三节 智能机器人的应用

智能机器人系统是以自然语言处理和人机交互等多种人工智能技术为基础，使用IM、WEB、SMS、WAP等表现形式，以拟人化方式与网络用户交互的智能客户服务和营销软件系统，其在大幅缩减客服成本的同时能够有效减少人为成本、增强用户体验，从而提升服务的质量和企业创新的品牌形象。

智能客服机器人可以使用户像与人工座席一样与虚拟客服（机器人）进行文字聊天，在自然的交互过程中得到特定领域问题的解决方法，可以实现在线客服咨询、业务查询办理、产品整合营销等衍生业务。

智能营销机器人是智能客服机器人在营销领域的应用，充分体现了“智能营销”“互动营销”的网络营销理念。营销机器人系统结合了客服机器人技术和数据挖掘技术，为基于互联网的企业营销发展带来了全新模式和深刻影响。

智能机器人的出现具有以下几种业务应用价值。

◇知识整合：整合FAQ、业务流程信息、会员购物行为信息、商品信息、站内资讯等，通过信息整合给出全面精准的问答。

◇在线自助服务

自动问答：以信息整合为基础，支持全天候、实时性、不限量的问题，提升体验减少人力成本。

◇智能营销

★借助信息流中涉及的几类信息进行关联销售、向上销售，实现智能营销。

★客户的站内行为信息：包括客户浏览记录、购买记录、客户购物偏好、商品间的关联关系等，以之为基础实现智能推荐。

★购物历史信息：结合客户购买记录以及当前的商品促销进行主动推荐。

★关联推送：根据商品相似度或购买人相似度进行推荐，尤其是对搜索查无或缺货类商品以及高度相关性商品进行关联推送。

★活动推广：结合客户的购买历史、浏览历史对于相关商品的限时抢购、促销活动进行推送。

◇内容整合

建立常见问题解答、用户数据库、商品数据库、业务流程引导、外延知识辅导（比如母婴行业的育儿辅导知识等）、多方位的内容关联，全面揭示资源内容及内在联系。

全面、高效客户响应：机器代替人工，信息量覆盖广，响应时间短。

◇无缝服务模式

理解用户的困扰或需求，不仅能回答用户的问题，还能解决问题，直接帮用户定位到解决问题的业务流程中，轻松完成业务办理。

◇友好的用户体验

提供个性化服务，使用 FLASH、视频、超链接等技术实现友好的人机交互，增加用户体验，把用户从了解业务的过程中解放出来，直达目的，节约用户时间成本。

◇直接销售达成

基于咨询业务的产品推送，基于配套相关产品的推送，基于圈子或者相似用户的推送，以及基于订阅的产品推送。

◇销售机会挖掘

★挖掘单个用户的需求：任一个初始需求都会自然引导用户接触到多个栏目和版块，从而带来更多的需求，形成良性循环。

★提高客户活跃度：内容的丰富、使用的便捷吸引更多用户、更多时间登录网站、下载APP更多使用智能机器人，人气的提升使得广告发布和活动推广有更多的受众。

★吸引新客户：如服务品质的提高给企业带来良好口碑，提高竞争力。

第四节 自助服务能力管理与提升

一、为什么要提升自助服务能力？

电商企业通过多种营销手段及不断借势造节带来了业务的野蛮增长，人力补充与效率提升远远无法应对突发或持续的业务高峰，人工服务以及大量涌入的新员工使得服务质量难以保证，造成人效下降、成本增加。

提升自助服务能力，一方面可以解决人力成本投入大、人力不足带来的发展瓶颈；同时，通过智能服务可以实现24小时快速响应、千人千面的个性化服务、营销机会挖掘等超越人力的服务价值。

二、服务的五个阶段

未来的服务是标准服务自助化，人工服务差异化。

我们把客户体验企业的服务或购买产品分成五个阶段，前四个阶段是自助服务能力的体现，而人工提供的将是私人定制的、专业度更高的服务。

1. 第一阶段：前置服务

前置服务是在企业的平台、网站操作界面、业务流程以及提供产品中融入服务的DNA，在人机交互过程中用人性化的功能打造良好的服务体验，傻瓜式的操作程序让客户不需要动脑即可应用操作界面等，就像苹果手机，无论什么年龄段的人都可以无师自通。

2. 第二阶段：自助服务

自助服务是客户通过人机交互的方式完成服务的过程。

对于全媒体客户中心来说，自助服务可以通过以下四个方面逐步提升。

(1) 语音自助：IVR语音导航功能的应用。

(2) 短信或站内信：流程节点短信或站内信的应用。

(3) 帮助中心：问题分类、关键字搜索、关联问题及热门问题展示、答案展示。

（4）智能服务系统：智能机器人应答、智能质检等。

2. 第三阶段：互助服务

互助服务是由企业搭建客户之间交流的平台，借助社区、社群、圈子，由客户间进行互助性的问题解答。这类服务形式不仅仅可以降低企业内部人力成本，更重要的是提升客户对平台的依赖，用户与用户间的交流更易于依赖，也更具备说服力。

适用业务类型：售前类业务，如产品的性能、产品的功能、使用反馈，与产品相关的知识交流、困惑解答等。

3. 第四阶段：帮助或辅助

当前三类服务形式仍无法满足客户的需求或无法解决客服的问题时，人工服务应随处可见。

初级的服务是所有服务都由人来完成，但服务人员解决问题和解答专业问题的能力相对较弱，多数人解决的是“系统问题”，即简单的可以通过系统来完成的操作问题。随着自助服务能力提升，需要加以体现的则是专业度和解决问题的能力。

个人认为“座席”的称呼更像是机器化的工作定位，而全媒体客户中心更需要“顾问”，即解答专业问题、解决客户困难的专业顾问，难度更高，业务深度和专业度更强。

4. 第五阶段：私人定制

私人定制是基于客户的个性化需求，提供个性化的服务体验。私人定制的服务有几个实现前提。

◇基于会员的精准定位与分析：借助互联网、CRM 系统、大数据技术实现会员的画像及多维分析。

◇自助服务带来的人力解放。

服务人员专业水平提升到更高级别，实现由标准化向专业化、差异化转变。

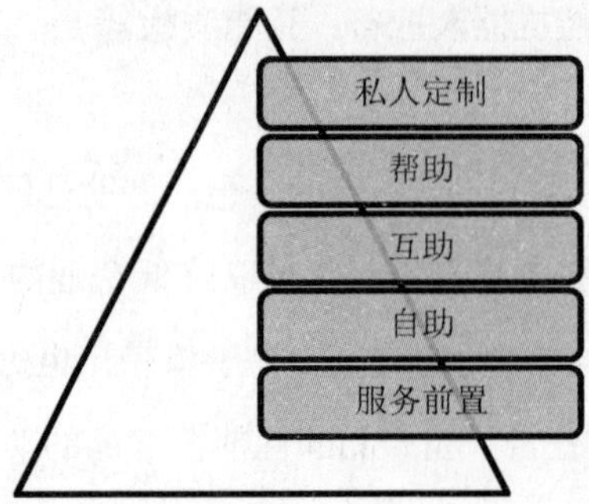

图 7-4-1 服务的五个阶段

三、自助服务能力的认知与提升

自助服务在最近几年逐渐被广泛关注，但实际在 2000 年前后，随着电子化、网络化、信息化的发展，自助服务的形式就已经在各行各业的呼叫中心中应用起来。

1. 自助服务能力必备三要素

自助服务能力的提升是一个循序渐进的过程，有三个必备的支撑条件同样重要。

◇清晰简洁的服务流程：流程清晰简单不仅是自助服务的前提，从客户体验角度来看还应应环环相扣、合情合理、顺理成章。一个好的服务流程，客户只要跟随提示即可顺利完成。

◇知识积累与清晰分类：无论是传统的帮助中心还是智能搜索，或是智能机器人，涉及企业内部政策及服务相关的知识积累都是基础，同时词库的积累需要形成循环，不断通过未知知识整理词库内容。

◇技术支撑：客户中心的升级是意识驱动技术和管理的共同提升。从传统呼叫中心的技术基础到全媒体交互系统、智能机器人、多渠道应用的知识库系统升级，再到 CRM 系统与多系统的接口开发，都涉及技术支撑。

人工智能将是服务型企业的主战场，而决定这场战役胜负的是由人才构建的知识、技术、流程之战。

2. 全媒体客户自助服务的几个常见应用

◇语音自助：IVR 语音导航自助服务功能开发与应用更为广泛。很多客服中心仅仅使用 IVR 作为业务的导航，起到的是“分诊台”的作用，但在语音自助功能的应用上还有非常大的空间和潜力，比如下面的几个应用就可以通过“人机互动”的方式来减少人工服务的前期投入。

★自助订单状态查询：很多电商企业因为业务流程长尤其是配送环节的可控性相对较弱而导致大量配送查询，其实此类业务可以通过系统对接进行信息调取，再通过人机互动将订单状态播报给客户。当然，随着企业 APP、微信公众号功能逐渐完善，这部分也可以在 APP、公众号中查询。

★身份认证及服务需求定位：有些信息查询必须进行帐户调取或身份认证的环节，可以通过 IVR 人机互动的方式完成调取和认证，一方面给客户感觉更加安全规范、保护隐私，另一方面可以大大节省人力。

★渠道导流：随着全媒体带来的多渠道互动，电话渠道成为补充，也因在线渠道的自助能力更高，人效产能更高，很多公司是电话渠道的两倍以上，因此可以在信息调取、客户等待、非服务时间、导航播报时对其他渠道进行公示，比如微信公众号、手机 APP 等易于操作、易于记忆的渠道，日积月累、潜移默化地引导客户转向自助服务能力更强的渠道。

★信息播报：比如服务政策、服务通知类等交互层级少的服务需求应对。

★支付功能开发：IVR 进行身份验证、交易账户信息录入等方式早已在银行、商旅等行业应用多年，近两年逐步被微信支付等多种支付手段和应用取代，但对于初建类的客户中心仍有用武之地。

★特别提示与应用禁忌。

IVR 层级设定：不宜过多，以免客户“走迷宫”，两级为宜，三级为上限。

IVR 流程：要清晰、闭环，不可出现死循环。比如有些公司 IVR 中很难找到人工通道或有些流程节点下选择人工按键后直接挂机或进入其他队列。IVR 必须进行定期内测，尤其是在更新后其他队列也应进入内测，越简单的事情越容易被忽略。

遵循常规按键使用规律：就像手机的充电器越来越标准化、通用化，对于转人工、自助等常规服务，建议按键相对固定，符合行业规律。

短信或站内信（PC 或 APP）：流程节点短信或站内信的应用。

基于交易流程节点的信息提示：比如订单状态更新、配送状态更新。

基于各类服务通知可以通过站内信或短信发出，通过短信逐步推广 APP 下载，最终实现 APP 站内信发布，减少人工服务需求。

微信公众号：微信公众号因微信平台本身的自带功能，在智能化系统功能开发前即可实现自助服务以分担人工压力。

关键词设置实现自动应答：此功能可以在不依赖系统开发的前提下先行应用。比如“红孩子”客户互动中心通过此功能维护了涉及宝宝成长过程中的千余个常见问题，客户只要在公众号中输入关键字如“长牙”“打嗝”“感冒”“红屁股”等育儿常见问题即可有相应的知识呈现。

◇预约服务：可以在非服务时间或有较为复杂的业务需求时通过预约服务的形式解决问题。

预约服务的重要预留信息包括客户身份、联系方式、希望回复时间、回复形式、需求与问题描述（可以设置分类，后续进行服务需求分组）。

★优势：进一步让客户梳理需求，使需求更加清晰，减少重复提交的服务需求，可以避开高峰，让服务人员有准备地回呼，从而提升服务效率与效果。

★定制服务需求收集与提供：可以通过此渠道收集客户的定制需求并在服务人员、服务信息上提供定制化的服务。

★续订服务：类似于周期性订购的高频消费产品可以通过微信一键续订的方式完成，减少交互及人工服务需求。

◇帮助中心：公众号帮助中心直链的方式便于随时随地查询使用。

帮助中心：帮助中心是内部知识系统的延伸，通过汇总和分类将客户关注的问题、企业对外服务政策与服务优势以问答的形式进行主动和被动的呈现，帮助客户“唾手可得”服务中遇到问题的解决方案。

★帮助中心建设环节：从建设完善与服务体验提升的角度上来看，有四个环节必不可少。

一、客户关注问题分类：从客户体验和流程关键节点的角度出现，按业务逻辑对产品、服务政策等常见问题进行梳理。

二、问题及解答方案的呈现：问题描述的文字表述可以多样化，能够与客户表达习惯相吻合，避免客户无法“对号入座”；解答方案可以图文并茂，也可以通过录屏或动画、视频的方式呈现，力求精练易懂、表述亲和、赏心悦目。

三、帮助中心的自我完善与提升设计：通过搜索无答案的问题收集、答案评价的意见收集来不断完善和优化答案、不断查缺补漏，形成 PDCA 的改善循环。

四、人工交互的链接：既要培养客户自助服务的意识和习惯，又要让客户随时随地寻求帮助、艺术地呈现、不早不晚地出现、人工链接这几点尤其重要。它可以出现在查找无结果后的尴尬时，也可以出现在帮助中心被“差评”的那一刻。总之，场景化的展现是关键。

被动呈现方式：被动的呈现方式即当客户需要时可以找到相应的帮助，常规方案包括帮助中心的展示、关键字搜索等，可以是网站各页面的“头”“尾”“侧”。

主动呈现方式：主动的呈现方式是在客户没有发问前就已经把可能关联的问题或者是其他客户关注度高的问题呈现出来，包括关联问题及热门问题展示、答案展示。

四、智能服务系统

智能服务系统，包括智能机器人应答、智能质检等。

特别提示：

◇自助服务功能可以进行多渠道同步设置，覆盖更多人群，或支持同一人群在任意渠道享受自助服务。

◇所有的自助服务实现都是在想客户所想的基础之上先行一步，当客户需要时触手可得，才可以实现“自助”，因此自助服务能力的强弱体现的是企业整体服务意识的强弱和协作机制的强弱。

1. 智能服务体系构建

智能服务是指能够通过自然语言识别和大数据解析等方式产生人机对话、以语言模型为终端产生用户服务的模式，在这种模式下，服务人员能够对通过用户特征数据的分析来智能辨识用户当前需求，主动地为其提供高价值资讯，引导用户获取个性化服务。

智能服务是一场知识管理与搜索技术的升级。

(1) 智能服务的打造

智能服务是一个长期建设和完善的过程，需要具有深度神经网络，具备搜索引擎技术、知识图谱构建、自然语言处理能力、多渠道信息抽取能力，同时具备自主学习能力。在复杂的信息中整理交互内容并转化为自然语言。同时，要具备多套系统连接并实现信息调取，以电商企业为例，信息类别包括账户信息、订单信息、聊天日志、访问记录、知识库、聊天意图、商品知识、物流数据、活动数据、网络数据等。以上这些，都决定着自助服务能力以及自助服务占比的提升。

服务本身具备高度的即时性和离散性的特点，很难整齐化一，同样的问题结合客户不同的表达方式和背景情况，解决方案及沟通方式各不相同，因此智能服务的建设也非一日之功，需要日积月累并从以下几个方面逐步完善。

◇流程设计：要结合触点整理、内部配合流程、外部体验流程进行设计。

◇知识积累：清晰的知识树、不断完善的问题库、结合业务场景化呈现。

◇用户思维：从客户需求出发和使用体验出发不断完善。

◇系统开发：软件的功能应用是智能服务能力提升的关键，前后台联动、内外部系统的关联、自我成长功能的开发、报表的完善都决定着智能服务的进程，应逐步完善，才能最终实现多平台、多品类、多入口、多界面的智能化服务体系和整合平台。

2. 智能服务关键服务机会

从服务层面来看有几个关键点，需要通过系统功能的完善进行销售机会挖掘与风险预控。

◇情绪预警

★对离线在线对话文本的情感分析、高危词及禁语识别功能为在线情绪预警提供了数据层面上的支撑。

★通过语音转换文字，从而实现语音的情感分析、高危词及禁语识别。

◇投诉预警

★针对离线在线对话文本的情感分析、高危词及禁语识别功能，并且实现客户投诉升级预测算法，超出阈值给出预警，并对客服上级管理人员进行提示，判断是否对事件进行升级处理。

◇禁语预警：对禁语的检查以及客户情绪的识别。

◇销售机会挖掘

★基于 CEM 系统提供关键环节受阻客户，提供客服进行追单。

★基于 CEM 系统展示客户受阻场景，提升服务质量。

★提供客服沟通各场景下的商品推荐接口。

★基于语义分析的实时推荐。

3. 智能服务优势

自助答疑，分担客服工作量，降低人力成本。

根据访客的问题以及问题的关键字，实时从问题库检索相关信息，提高沟通服务效率和准确度。

◇时间匹配灵活，24 小时在线服务：机器人客服不分昼夜 24 小时在线，实时解答客户的问题，不错过任何一个潜在客户。

◇自主学习能力：不断完善问题库，让回复更精确，客服人员可以把平时积累的经验更新到问题库，提升服务质量，既减少了人工服务带来的直接和间接成本，又规避了人员成长期服务体验不一致及服务不到位带来的投诉和客户流失风险。

◇销售机会挖掘与会员标签的获取自动化、流程化：既实现了主动营销的使命，又避免人工外呼或主动对话带来的人力成本及客户抵触心理。

4. 智能服务延伸与价值挖掘

智能服务除了能够从服务角度上进行人机互动，完成基本业务问题的受理及解答以外，还可以从服务体验提升与销售机会挖掘角度打造更多的服务产品。

服务类别	智能服务（汽车、家居等）	个人需求服务产品	健康类产品
时间规划类服务	定时预约 定期购买 服务提醒：保养、维护等	定期购买 个性化服务需求	指标监测 健康预警
基本位置的服务	上门服务 故障救援	互助联盟	导航 定位及推送
物联网服务	智能下单 定时推送 过期提醒	随近推荐 定时烹饪 远程遥控	健康预警 服务定制

服务基础建设的不断完善带来更多好玩的智能化服务的应用，服务越来越成为核心竞争力，服务创新将是驱动智能服务的核心。

UPDATE

第八章　全媒体客户中心的品质管理与提升

全媒体客户中心互动渠道和互动形式与传统客服中心的差异，既是服务提升的机会点，也是服务监控的重点和难点。

文本、图片、音频、文件等多样化的互动形式带来了服务管理监控的多样化，而因为文本类互动具备标准化的特点，加之关键字、禁忌词库管理等技术手段，大大提高了质检的效率，有效地规避了服务风险，因此借助新的技术手段能够充分发挥原有的品控管理理念，是高效率提升品质的方法。

第一节 全面质量管理认知

一、什么是全面质量管理

全面质量管理（Total Quality Management,TQM），就是一个组织以质量为中心、以全员参与为基础，目的在于通过让客户满意和本组织所有成员满意而达到长期成功的管理途径。

20 世纪 50 年代末，美国通用电气公司提升了全面质量管理的概念，认为全面质量管理是为了能够在最经济的水平上、在充分满足客户要求的条件下进行生产和提供服务，把企业各部门在研究质量、维持质量和提高质量的活动中构成为一体的一种有效体系。60 年代初，美国一些企业根据行为科学的理论在企业的质量管理中开展了依靠职工"自我控制"的"无缺陷运动"，日本在工业企业中开展了质量管理小组（Q.C.Circle/Quality Control Circle）活动，使全面质量管理活动迅速发展起来。

全面质量管理的基本方法可以概括为四句话：一个过程、四个阶段、八个步骤、数理统计方法。

一个过程：即企业管理是一个过程。企业在不同时间内应完成不同的工作任务，企业的每项生产经营活动都有一个产生、形成、实施和验证的过程。

四个阶段：根据管理是一个过程的理论，美国戴明博士把它运用到质量是管理中来，总结出计划 Plan、执行 Do、检查 Check、处理 Act 四个阶段的循环方式，简称"PDCA 循环"，又称"戴明循环"，通过 PDCA 循环不断改善企业服务质量。

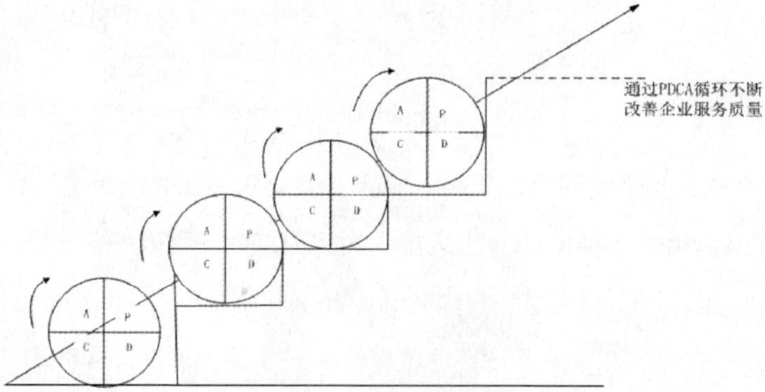

图表 8-1-1 PDCA 改善循环

八个步骤：为了解决和改进质量问题，PDCA 循环中的四个阶段还可以具体划分为八个步骤。

(1) 计划阶段：分析现状，找出存在的质量问题；分析产生质量问题的各种原因或影响因素；找出影响质量的主要因素；针对影响质量的主要因素提出计划，制定措施。

(2) 执行阶段：执行计划，落实措施。

(3) 检查阶段：检查计划的实施情况。

(4) 处理阶段：总结经验，巩固成绩，工作结果标准化；提出尚未解决的问题，转入下一个改善循环。

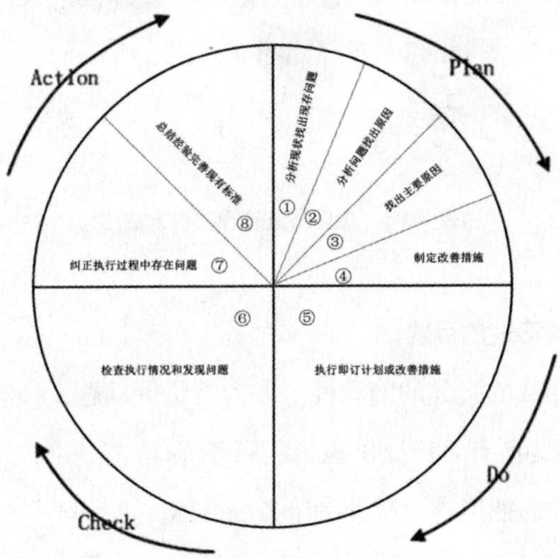

图表 8-1-2　PDCA 改善八步图谱

二、常规方法

在应用 PDCA 四个循环阶段、八个步骤来解决质量问题时需要用科学的方法进行系统的分析，最常用的七种统计方法是排列图、因果图、直方图、分层法、相关图、控制图及统计分析表。这套方法是以数理统计为理论基础，不仅科学可靠，而且比较直观。

数理统计：数理统计是概率论在自然和社会科学诸方面的实际应用，概率论是数理统计的理论基础。它通过随现象的观察收集一定量的数据，然后进行整理、分析，并应用概率论的知识作出合理的估计、推断、预测。

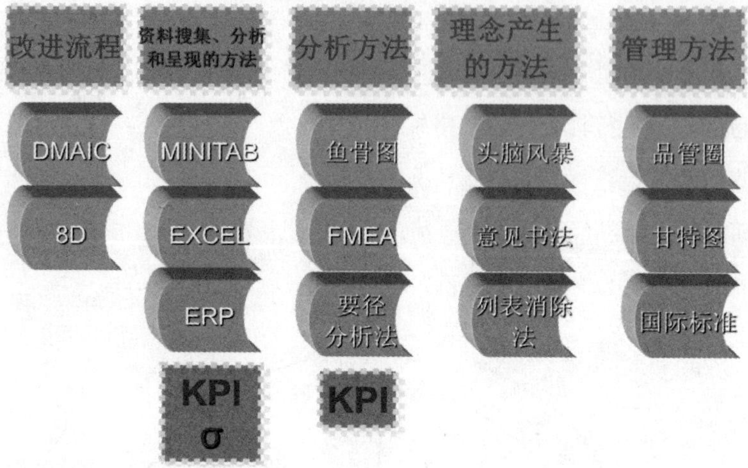

图表 8-1-3 全面质量管理改善方法图集

三、呼叫中心质量管理的目的

◇减少人为因素导致的服务的随意性、人为差错等问题，使客户在服务过程得到一致性的体验，并尽可能为所有客户提供满意的服务。

◇加强员工自律性，把追求卓越作为服务的目标。

◇找到并加强事前控制的薄弱环节，不断优化服务流程。

◇从管理上避免人为失误，通过各方面支持降低座席人员的操作复杂程度。

◇改进服务质量，提高成交率，帮助员工及各业务板块实现各项指标（KPI）。

◇发现服务风险及服务亮点，建立典型录音库，为培训、知识库建设及服务标准建设提供素材。

◇质检人员更多的是重复性地用耳朵听，通过录音查听评估服务态度、服务技巧及标准的执行情况，输出质检得分、服务问题与服务亮点，有些单位也由质检人员直接对一线人员进行辅导。

四、传统客服中心品质管理的常用方法

◇随机监控的方式

◇远程监控

◇录音抽查

◇录音 / 录像同步

◇神秘客户来电

◇案例分析与管理

五、客服中心质检流程

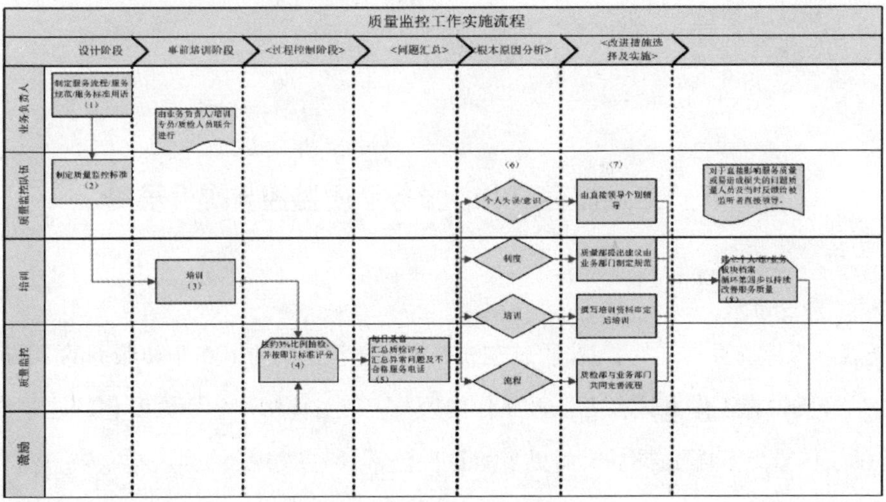

图表 8-1-4　客服中心质检流程

六、服务质量管理的难点

◇服务的无形性：服务表现为活动形式的消费品，服务之后，消费者并未获得服务的物质所有权，而是获得一种消费经历。

◇不可储存性：服务行为不可能像那样进行储存，服务性企业必须保持足够的生产能力，以便随时为消费者服务。

◇服务的差异性：服务性企业提供的服务是不可能完全相同的，同一位服务人员提供的服务也不可能始终如一。

◇服务和消费的同时性：即使客户接受了不良服务，也无法像买物品般退货或要求更换，当然也不可能自行修理或改善，所以不良服务造成的不良后果比不良物品更为严重。

七、传统呼叫中心录音质检存在的问题与困难

◇质检抽样率覆盖不足。

◇质检完成速度存在局限性。

◇质检存在人为判断误差。

◇质检结果无法归类分析。

传统客服中心以录音质检为主，存在上述几点问题与困难，曾有技术开发公司不断尝试将语音转化为文字进行智能化质检，但由于发音、语速等原因，准确率仍处在不断的提升当中，多数客服中心仍以人工质检为主。

第二节 全媒体客户中心服务品质监控与提升思路

随着全媒体交互方式的普及,通过在线等富媒体沟通的方式占整体服务的70%以上,原来的录音质检在工作方式、方法及工作内容及定位方面都产生巨大变化，这些变化使得质检的工作重点不再是“检”，而更多的是“建设”与“发现”。

一、全媒体客户中心的质检差异与特点

◇多渠道品质管理：包括自助服务、电话、在线、微信等多渠道沟通。服务渠道的多元化带来品质管理的任务及关注点更多，多标准、多技能、多渠道带来多方向的品质提升任务。

◇抽检内容变化：富媒体沟通的方式包含文字、图片、语音、文件等多种形式共存的品质管理内容。

◇抽检率变化：文字的沟通形式实现智能化质检，对于基础服务的执行与风险用词的抽检可以通过批量或自动化质检的方式实现，抽检率可以实现100%。

◇实时性更强：文字、图片等沟通方式可以实时“查看”沟通内容与用词。管理人员可以实时对座席代表的工作情况进行监控，查看访客对客服的评价，及时进行业务、人力的调整，规避业务风险点。

◇质检人员配置规则变化：以往在制定质检策略时首先要确定抽检比例、质检人员

与一线人员或班组的配比情况，如 1∶30 或 1∶45、1∶60 等，即 1 个质检人员匹配 30 个、45 个、60 个一线人员，通过配比来平衡工作量及抽检辅导的质量。全媒体质检不再按“人头儿”来配置，新的质检管理方式和人力配置方式需要重建。

◇工作重心变化：传统的质检更多的是检验标准和规范的执行，目的在于输出。而全媒体客户中心的质检更多关注是“输入”什么样的标准和内容，输出的是知识、机会点、风险点，质检人员也从流水线的工作方式转变成为管理策略的参与制定者。

二、全媒体客户中心的目的及作用

文字的沟通更趋标准化，这为智能化质检或批量质检奠定基础。类似标准执行的检验、禁忌词汇的检验可以借助系统来完成，真正实现了“一目十行”，既解决了抽样率不足的问题，又解决了人为差异的问题。而在质检人员从“用耳朵听到用眼睛看”的转变过程中，其工作的使命和内容也有了巨大变化。

◇标准输入者：通过标准的制定能够推进智能化质检，有效将流程化的规范执行、情绪识别的用词、服务禁忌语等基础服务内容实现批量或自动化抽检，将“不合格”“不满意”“有风险”等服务问题个案、普遍性的共性问题检验出来。

◇风险预警者：通过双向对话发现问题点，推动风险的预控并完成标准建设。

◇吸金探测者：通过对话标签的设定对优秀案例进行挖掘，让优秀得以传承和复制。

◇知识固化者：日常的对话数据包含大量的业务知识、产品知识、客户关注信息，文字的互动可以顺利转化为知识并进行知识审核流程。

◇机会挖掘者：在对话过程中发现营销机会，借助质检大数据挖掘优秀销售和服务案例，成为机会的挖掘者。

全媒体服务的推动有机会解放一线和质检生产力，使得基础岗位可以逐步向管理岗位、专家型岗位转型，将经验进行复制，推动群体快速提升。

三、在线服务品质监控体系的搭建流程

在线服务品质监控体系有三个重要环节，需要结合业务规则、策略、标准与制度不断完善。

◇输入端：通过标准、禁忌词库、风险词库的设定实现预防和检验的作用。

★输入服务标准、评价标准。

★输入禁忌词库、风险词库。

★过程关键词：细化服务过程、找出关键因素转化为服务标准、实时迭代与优化。

★结合业务流程将整个服务过程细化到最小单位，细化程度将直接影响标准制定的精准程度。任何影响到整体服务品质的因素都应被筛选出来，将所有筛选出的关键因素转化为具体的、可量化、可操作的服务标准。服务标准一定不是一成不变的，随着行业的发展、公司业务、政策的改变，流程也在变，这一系列动态因素需要实时迭代、与时俱进。

◇输出端

★定义对话类型、对话标签。

★知识点、风险点、机会点。

★对话评定等。

★过程关键词：公平一致、同步迭代、全员开放、疑议处理、申诉通畅。

★通过定期的标准校验可以保证监控工作的公平性与一致性，监控标准校验通常使用会员评分的形式进行，一般分为四个步骤：提前准备校准案例，召集相关人员开展校准会议；针对在线对话进行现场打分；针对监控表中监控项打分分值出现差异的监控项结合监控标准进行讨论；形成统一规范。

◇转化类

★销售机会、知识内容、培训需求、培训素材。

★过程关键词：集思广益、鼓励创新、快速迭代。

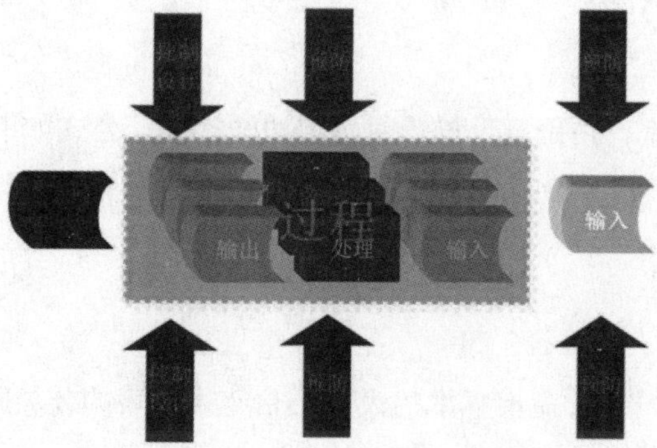

图 8-2-1　品质监控输入输出图

四、在线服务品质监控流程

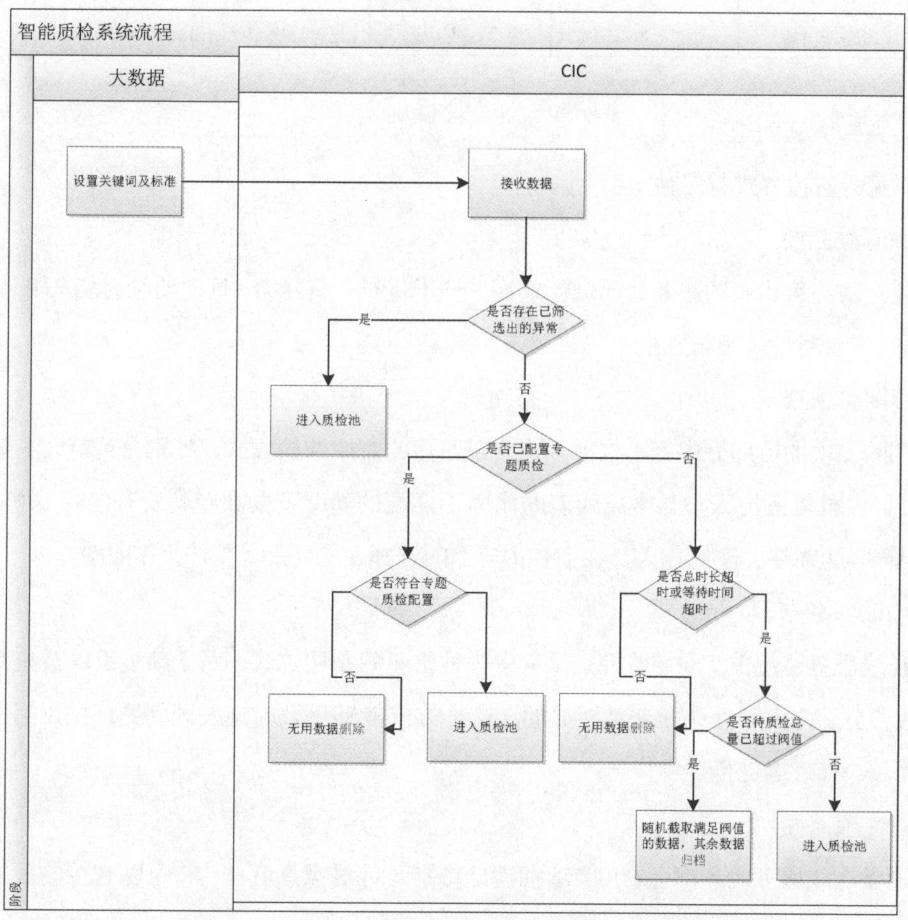

五、监控业务的实施

1. 抽样规模的设定

结合历史缺陷比率、精确度、置信度设定抽样规模，公式如下：

抽样规模 = 群体规模 × 历史缺陷比率 × 精准度 × 置信度

2. 抽样范围与频次

◇常规监控

一般建议对于客户中心监控频率的设定结合座席代表的分类同步进行，常规可以分为四个类：优秀座席代表、一般座席代表、待改进座席代表、新员工。针对不同类型人员设置不同的抽检频次，例如：

座席类型	优秀座席代表	一般座席代表	待改进座席代表	新员工
抽检量（通）	5	12	24	30

3. 监控方式的选择

常见的监控方式有三种。

◇通盘监控

通过对座席代表的服务情况进行掌握，便于进行人员分类，同时要结合相关 KPI 指标，进而有针对性地制定监控。

◇随机抽查

剔除专项抽检部分内容，这种方式是最常用的监控抽检方式，特别是目前大多数客户中心负责质量监控人员与座席代表的比率不匹配的情况下很难做到所有内容 100% 监控，但同样也需要关注监控人员在监控内容上的选择，从而提升整体工作效率。

◇现场监控

在线服务监控中，现场监控也是其中一种重要的监控方式，对于新员工以及重点关注待改善员工来说其效果是非常明显的，这种方式能够更及时地发现问题，控制问题的影响面，并有效地进行现场指导。

◇专项监控

通常在线服务业务都会启用专项抽检，特别是针对满意度评价，可以直接掌握客户的心声，指导现场业务，也可以结合业务目标进行针对性的专题监控，比如对于销售型在线服务中心针对座席代表的销售情况进行专题监控。

4、监控结果的应用

◇内部反馈

针对监控中出现的共性问题判定性质，反馈给到内部对应部门，提出改善建议并沟通改进方案。涉及培训相关的部分提出培训需求给到培训部门；需要补充到知识库的内容给到知识库管理人员进行补充，完善知识库体系。

◇外部反馈

将客户的意见和建议反馈给到对应部门，如采购、物流等，提出对应的政策或改善建议以优化服务以及业务流程。

◇员工辅导

对于员工自身的问题进行针对性的指导，制订个人改进计划，追踪改进效果；一般个人改进计划的实施步骤如下：

创建案例库及分享库，创建典型案例档案，供员工学习及后期应用。

第三节　智能质检设计与应用

一、智能质检背景下质检工作职能的变化

智能质检可以说是质检工作的一场变革，从“0 智能到半智能再到全智能”的转变，在解放“双手”带来生产力、提升运营效率的同时也必将引发质检工作职能的变化。

智能质检与常规质检主要工作职能对应表：

序号	智能质检	常规质检
1	制定服务标准，监控标准	制定服务标准、监控标准
2	磨合智能筛选条件，优化智能质检系统	通过对录音 / 文本的抽检、打分进行业务监控与服务水平的评估
3	进行质量分析，实现风险预控，制定服务策略	对员工进行业务辅导以提升员工技能水平
4	通过对业务监控结果的分析提出改善建议，创建改善循环	通过对业务监控结果的分析提出改善建议，创建改善循环

智能质检职能主要变化：

★智能质检系统的管家

质检工作变得更有意思，但对于智能质检工作的要求也越高，为达到全智能化质检，对于筛选条件的磨合以及系统的优化成为主要智能之一，而我们所扮演的角色则更像是智能化系统的管家。

★质量分析

在全智能时代未到来之前通过大数据的分析对于智能质检系统投诉模型、销售模块等多种模型的创建，其更多的工作在于如何透过系统为筛选出的各类模型样本进行专项的质量分析，从而调整服务策略，创建改善循环。

★员工辅导层面

透过智能化系统的互动功能，质检信息全面实时呈现，之后可以将更多的基础辅导类功能下放到主管，由主管进行全程基础业务辅导，提升辅导效率。

二、智能质检下质检关系的匹配

基于智能质检业务，不仅可以进行单一业务类型的质检模型设定，对于复合型业务同样适用，针对不同业务类型、不同质检专题，均可单独设定筛选条件系统自动将符合指定筛选条件的样本给到对应的质检工作人员。

例如对于在线类业务，通过对话小结单中业务类型的记录可将符合 A 类型的业务匹配给复合 A 类业务的质检人员。

三、智能质检人员的设定

智能质检人员的设定需要结合智能化程度来确定，一般情况下在 0 智能化质检到半智能化质检的过程中可留有 30% 左右的人员即可，这里面 25% 的人员负责系统的优化，剩余 75% 的人员进行专题质量分析；从半智能化质检到全智能化质检质检的过程可结合自身业务确定；达到全智能质检，鉴于智能质检系统的智能化程度可留有最初业务的25% 左右即可，这其中 5% 的人员进行系统优化，其余 95% 的人员进行专题质量分析。

四、智能质检的基础模块

◇智能筛选及专题设置

通过对筛选条件以及专题的设置，系统可自动根据设定的条件智能检索出所有匹配筛选条件的样本，实现“大海捞针”。对于筛序条件可以进行等级划分，如说一般、重要、紧急、特殊等，常见的专项设置在线服务上有不满意、超时回复、产品介绍等。

对于符合筛选条件的样本，最终将通过一定的路由逻辑给到对应负责的质检人员进行质检。

◇智能质检问卷设置

系统可针对质检标准进行编辑、导入、导出，用于质检人员在线评分使用。

◇智能质检派单

对于符合筛选条件的样本将通过一定的派单逻辑给到对应负责的质检人员进行人工质检。

常规质检系统判断规则：系统直接按照常规质检规则将单据导入派单平台，由管理员统一设置派单数量（可配置）分配座席。

专项质检人工派单规则：管理员对筛选过单据进行按单 / 批量分配，选择对应组织人员；人工派单优先级高于系统自动派单，人员质检优先取人工派单单据。

◇智能质检处理平台

质检人员对于质检样本实现在线打分的功能，若为电话渠道，系统则先将录音数据转写成文本数据并在存在问题的文本处标注出问题类型及时间段；若为在线渠道，系统则直接在存在问题的文本处标注出问题类型及时间段。

◇智能质检报表平台

★质检人员质检工作量的统计

为了保证不同人员抽检量的均衡性，报表可实时查看每位座席人员已被质检的话务量以及质检人员的质检量。

★质检明细分析

可进行质检成绩统计、各质检项质检结果的分析，并查找系统质检的问题点。

★改善效果评估

针对改善的问题可以进行记录展示、效果的追踪以及改善点的跟进。

◇智能质检库

质检库可进行专题划分，质检人员在质检过程中可直接将对应的典型案例加入质检库。

◇质检互动平台

实现质检人员与座席间的互动，对质检出问题涉及扣款的录音／文本，座席可以给出反馈意见，回传到质检人员处，进行沟通，达成一致。

实现质检与培训及其他部门的互动，质检出的各类问题点可直接反馈给到对应人员。

质检中质检人员对于知识点的补充、对于新业务话述的补充，可同步到知识库工作人员。

◇智能质检的应用前景

随着公司业务的发展、规模的不断扩大，客户中心的业务量在持续增长，按照传统的质检模式很难进行全面的服务质量监控，更不可能精准、快速地找到座席与客户沟通中的潜在风险点，最终导致投诉的发生，给公司带来重大的影响及损失；同时，人工抽检模式耗时、费力，质检效率和抽检覆盖面低，难以迅速发现短板加以改善，难以把握销售机会。

智能质检的应用将全面改善这一切，将大幅降低人力成本，更多的基础工作将由系统自主完成，质检人员更多的工作将放在质检问题的改善与服务水平的提升上；实现100%质检，由系统过滤出需要质检的内容，提升质检工作效率，同时迅速找到风险点，提前进行风险预控，降低投诉率。

第四节 “众筹”质检机制的建立

质量不会自动提升，若想改进质量，必须长期付出时间与努力，而且要使努力收到成效，就需要组织中每一个人的参与。

互联网时代衍生出很多新的词汇和新的概念，如“众筹”“众创”“众包”。“众”即汇集大众的力量、群体的力量，而全民质检、客户的参与则是服务理念、经验方法的“众筹”。

一、“众筹”质检的优势与价值。

◇群策群力实现智慧共享。

◇自我约束自我提升形成内生动力。

◇推动服务创新与创新思维的互动。

◇减少管理成本。

◇降低服务风险。

◇服务标准建设更接地气，更加贴近客户需求。

二、“众筹”质检的形式。

◇服务开放日：服务开放日适用于企业内部跨部门的交流，通过开放日让影响服务的关联岗位更加了解客户的需求，了解自身业务问题对服务及客服的影响，一方面求得内部认同，另一方面有助于培养关联岗位服务意识的提升，更重要的是借助“外脑”更客观地认识和了解现有的服务问题。

◇客户回访与评价机制：让客户参与服务评价有几个环节。

★引导客户。

★收集意见。

★意见的归类与转化。

★满意度调查、服务评价收集、服务回访都是收集客户反馈的形式，而对于反馈意见的导向则差异很大，从评分到服务标签的设定，再到客户意见的文字编写，可以收集到的反馈程度差异很大，需要更好地设计、真实全面地了解客户的意见。

★最终将客户的意见转化为服务改善的方案，才能够真正让客户参与到日常经营和服务改善过程中来。

◇自我评估：可以将每个对话定义小结内容及应答类型，也可以由一线人员自已评估或打分。比如我们可以将应答类型设置为优秀、合格、发挥失常等，或者更加细致的分类。自我评估带来自我反思，同时可以对标准的认知进行校准。

◇全民优秀案例分享：可以通过团队、小组评比的方式自下而上自我提报满意的“作品”，让每个人把自已与客户的优秀沟通案例作为“作品”来提报。这样可以迅速形成相互学习、创优创新的正能量，同时还可以集思广益迅速汇集优秀案例。

◇一日质检轮岗活动：一日质检的轮岗活动在传统的电话客服中心被广泛运用，目的是借此方式发现自身不足借鉴他人优点，而且更有助于相互的理解和配合。

第五节 习惯培养与职场精英塑造

标准的建立与迭代机制以及习惯的培养是质量持续提升和人才塑造的关键，让所有人参与到习惯培养与思维迭代的过程中来，就需要经常性地进行头脑风暴，这种形式可以广泛地应用到所有的问题分析与标准建设与更新迭代的过程中来。

一、头脑风暴的作用

◇迅速集中各个维度的观点，群策群力拓展思维广度，使决策更周密。

◇群体参与感带来个人价值的认可，参与感带来使命感。

◇唤醒群体意识，提升团队凝聚力，胜过大吃大喝类的团建活动。

◇过程中达成共识，确定后迅速执行。

二、头脑风暴法的禁忌

◇过程中不对观点进行批评或评论。

◇目标集中不过于分散，围绕设定的主题及目标观点越多越好。

◇与会人员一律平等，各种设想全部记录下来。

◇主张独立思考，避免私下交谈。

◇提倡自由发言，畅所欲言。

◇参与人数多时可以提倡小组讨论。

好习惯的培养和塑造可以从工作角度出发，分人群进行头脑风暴，事后进行归类整理。不同层级进行自我约束与规范执行。

好习惯的培养和塑造也可以就某项业务出发，或从工作规范的角度出发，对于质量管理方面尤其是对规范的执行力度方面，借助头脑风暴进行质检标准设定的全员参与过程，既集思广益，又达到了培训和自我意识唤醒的过程。

三、好习惯培养过程

习惯的培养是一个循序渐进的过程，包括制定标准、达成共识、制度约束、不断纠正这几个环节。每一层的管理者都需要在执行制度的过程中不断纠正，逐步让团队成员形成习惯。培养一支有内驱力和好习惯的队伍，才能够真正做到“无为而治”，才能打硬仗、打胜仗！

制定标准 → 达成共识 → 制度约束 → 不断纠正

附录一：客户中心 CSR 与 TSR 好习惯培养《好习惯是让成功持续的关键》

号	职场 22 个好习惯	10 个线上好习惯	11 个线下好习惯
1	守时	微笑服务	话前准备微笑服务，心理建设完整
2	不抱怨	随笔记录有用信息	整理业务知识，稳固销售框架或服务框架
3	乐于分享	赞美客户学会倾听	文本工具提前准备
4	积极心态	业务知识储备	提前分析客户的购物习惯
5	良好的学习习惯	尊重客户	一切以“早”的准则开始一天的工作
6	工作环境的美化与保持	不和客户针锋相对	养成随笔记录的好习惯
7	定期的工作总结	换位思考	销售和服务要始终站在客户的立场展开
8	适应和遵守规章制度	以诚信为本实事求是	自己归纳总结话述
9	主动沟通	声音甜美情绪建设到位	养成自我分析的习惯
10	自我情绪控制	保持积极心态，传递正能量	学习自我提升的能力
11	学会自我检讨		不要评价和议论客户
12	有团队意识，协作精神		
13	不拖延		
14	坚持不懈		
15	言必行，行必果		
16	做好事前准备		
17	懂得感恩		
18	空杯心态		
19	微笑		
20	职业化形象		
21	薪酬背靠背		
22	愿意播种，愿意等待收获		

温馨提示：通过头脑风暴制定标准并达成共识，团队内就可以开始讨论了……

附录二：Team leadr 每日工作辅导表

TL周度工作计划表					
项目部		项目组		年 月第 周	
时间轴	周一	周二	周三	周四	周五
8:50-9: 20					
9: 30-10: 00					
13: 40-14: 10					
14: 10-14: 40					
17: 50-18: 00					
满意度指标					
效率指标					
◇团队会议：确定主题△PRP：确定面谈人□录音成长：确定主题○培训：明确内容及参加人					
整体工作计划					
1. 重点跟进人员： 2. 重点跟进问题： 3. 重点提升能力及方法					
重点思考逻辑					
1. 整体的不足是什么？什么原因造成的不足？哪件事是我可控可实施且见成效的工作？有哪些工具或制度或资源可用于改善？					
2. 标杆是谁？他们能够给团队带来哪些影响？如何最大化发挥他们的价值？					
3. 哪些人存在不稳定性？哪些存在业务上的个性问题？谁或用什么方法，借助什么资源可以帮到他们？谁更急迫？					
4. 整体计划是什么？我的业务重点是什么？需要我推动哪件事，大家才能行动起来？					

温馨提示："工具"是引导基层管理者持续形成管理习惯的法宝，每日的辅导表既是约束又是引导，同时也是了解基层问题、找到提升机会的信息源头。

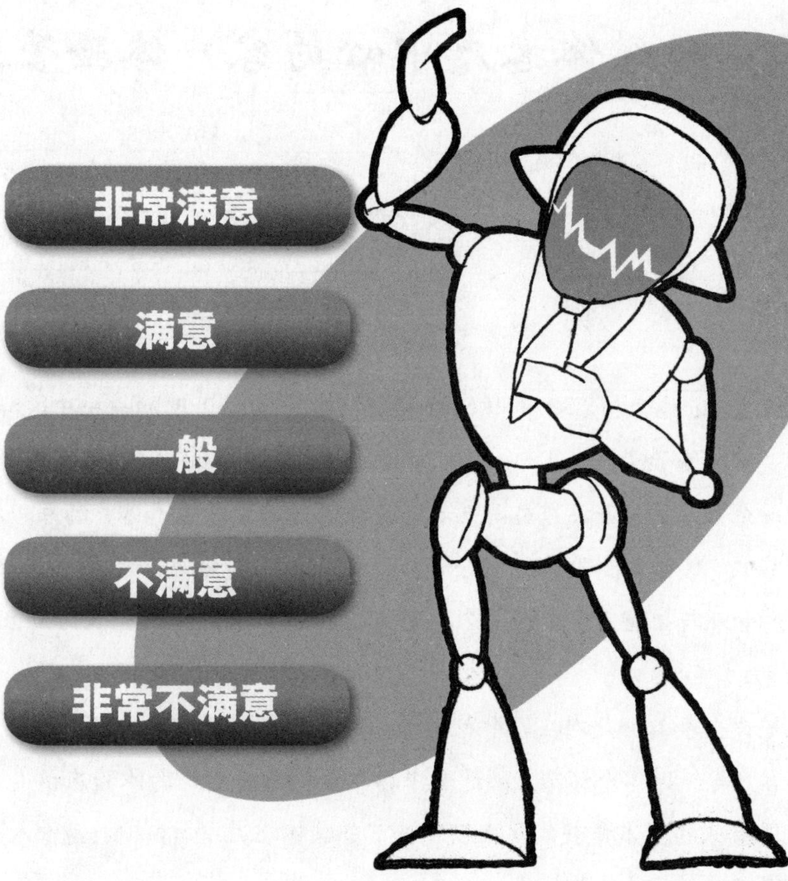
非常满意
满意
一般
不满意
非常不满意

第九章　全媒体客户中心的客户体验管理

记得伯尔尼H. 施密特 (Bernd H.Schmitt) 在《客户体验管理》一书中这样定义客户体验管理：客户体验管理 (CEM, Customer Experience Management) 是在全局的高度上战略性地管理客户对产品或公司互动全过程的体验；注重和客户的每一次接触，整合售前、售中、售后各个阶段，整合线上、线下各个接触点，对每个接触点的体验进行有效的管理与把握并力求在每个接触点上打造喜悦点、避免风险点，最终提升客户的忠诚度。

客户体验发乎于心，是内在的个人感受，因此除了产品和基础服务以外，客户体验更多是在客户与企业各个环节互动过程中的印象和感受；好的体验应该是舒适的、难忘的、值得回味的。本章我们就来研究一下全媒体客户中心如何打造令人难忘的、舒适的、值得回味的客户体验。

第一节　重新认识客户体验

一、什么是客户体验

客户体验是一种纯主观的、用户使用和购买产品的过程中建立起来的感受。

客户体验包括产品体验和服务体验两部分。产品是有形的，服务是无形的，而服务所创造的体验可以把有形产品增值在客户体验中，企业提供的不再仅仅是商品或服务，而是在体验过程中愉悦客户的能力与维护客户的情感，提升与客户的忠诚度。

在体验中增加消费需求及获益的内容，比如增加产品选择的技巧、使用和维护的方法，使用过程中涉及担心、喜悦等方面的共鸣。

在这里要分享一个故事：一个"90后"的女孩佳旋创建了自己的内衣品牌，她从女性健康的知识切入，开始自己拍摄内衣用法及女性健康的视频，这种模式迅速引发了轰动和广泛关注，尽管也有客户对此做法存在争议，但这种关爱女性健康的视频、知识分享的贴心关怀和在购买过程中的体验被客户广泛认可，与大品牌形成了差异化的竞争。这种通过社交化媒体传播与实体店形成O2O线上线下融合的业务模式、低成本形成口碑推广和品牌效应、通过用户思维关怀客户健康形成产品核心竞争力，从而迅速传播扩大粉丝群体并形成忠诚的客户群体。其成功经验一方面在于从客户需求出发（显性、隐性需求）的服务产品；另一方面则是从推广到销售再到售后服务，各个环节的客户体验形成了闭环。

◇补充概念：

★显性需求是指消费者意识到并有能力购买且准备购买的有效需求。

★隐性需求是指消费者没有直接提出、不能清楚描述的需求。隐性需求来源于显性需求，并且与显性需求有着千丝万缕的联系。另外在很多情况下，隐性需求是显性需求的延续，满足了用户的显性需求，其隐性需求就会提出；两种需求的目的都是一致的，只是表现形式和具体内容不同而已。

二、客户体验的认知

◇对于全媒体客户中心而言，服务体验已经延伸到整个公司的各个环节，而不仅仅局限在客服部面向客户的声音、话述和日常业务处理能力上。必须在几方面充分认识，才能让企业的客户体验提升到更高层面。

★客户体验最终体现的是企业的服务文化和运营水平及服务管理能力，它不仅是客服一个部门的事情，更是一种整体战略，因为好的客户体验本身就是核心竞争力。

★好的客户体验不是形成在服务开始时，而是在与客户的第一次“相识”开始直到购买结束后，甚至延伸至日常生活中。对于电商公司而言，客户体验始于产品设计、活动策划、平台流程、服务界面等。

★好的客户体验不是从企业内部的流程出发，而是从客户的需求出发，找到需求点、喜悦点、差异点。

★客户体验不光是服务水平的体现，更是企业内部协作水平和运营能力的体现。

★好的客户体验是走入客户内心世界的，是在每个环节换位思考，是用户思维的体现。

★好的客户体验是一个不断与时俱进、创新求变的动态提升过程，在互联网时代，快速迭代、紧抓需求才能不断创造喜悦点。

三、客户体验管理（CEM,Customer Experience Management）的认知

1. 什么是客户体验管理

客户体验管理以提高客户整体体验为出发点，注重与客户的每一次接触，通过协调整合售前、售中和售后等各个阶段以及各种客户接触点和接触渠道，有目的、无缝隙地为客户传递目标信息，创造匹配品牌承诺的正面感觉，以实现良性互动，进而创造差异化的客户体验，实现客户的忠诚，强化感知价值，从而增加企业收入与资产价值。通过对客户体验加以有效把握和管理可以提高客户对公司的满意度和忠诚度，并最终提升公司价值。

所谓体验，就是企业以服务为舞台、以商品为道具进行的令消费者难忘的活动。产品、服务对消费者来说是外在的，体验是内在的，存于个人心中，是个人在情绪、知识上参与的所得。客户体验，则是客户根据自己与企业的互动而产生的印象和感觉。

客户体验管理是“战略性地管理客户对产品或公司全面体验的过程”，而客户体验管理框架则是用于全方位指导客户体验管理实施过程的流程和策略的集合。

2. 客户体验管理的步骤

Schmitt 于 2003 年建立了实施客户体验管理的框架结构，指出实施客户体验管理可以遵循以下步骤：

Step1：分析客户的体验世界（包括社会文化因素、消费者的体验需求、生活方式以及影响客户体验的经营方式等）；

Step2：建立客户体验平台（主要包括体验定位、体验价值承诺等要素；客户体验平台的制高点是全面的实施主题，它主要协调市场和沟通及未来的创新）；

Step3：设计品牌体验（体验产品特点、产品美学、标签设计、包装以及货架摆放，体验信息和广告、网站上的形象和其他营销活动等共同形成了品牌体验）；

Step4：建立与客户的接触从而实现与客户的良性互动（与客户的接触点主要包括店内面对面的接触、网上的交易等）；

Step5：致力于不断创新（包括接待客户的方式和提高客户体验的活动，从重大的发明到产品形式的小创新以及营销的创新）。此理论为客户体验管理的实施奠定了基础。

3. 客户体验改善七部曲

Step1：理解品牌价值。品牌价值是每一个企业在发展初期或各个发展阶段不断进行调研、反思、提升、包装的一个关键问题，但品牌价值的体现在于内部的解读、传承与执行，这也是客户体验奠定的根基。

Step2：了解客户体验期望。结合自身的产品了解客户对产品及服务的体验期望。市场环境和基础水平决定了客户的基础期望，但要满足客户的心理期望，则要从“人性”、“心理”等角度出发，换位思考，设身处地地体验。

Step3：确定关键体验点。这个过程是基于体验流程、梳理流程来确定流程中的风险点、机会点、喜悦点而确定的关键体验点。

Step4：期望与现实的差异分析。了解客户期望与现有产品及服务水平的差异，差异点既是提升点，又是行动计划落实点，更是逐步改善客户体验的机会点。

Step5：确定需求弥补差距。要了解客户在产品品质、功能、价格、价值等各方面的需求并确定差异，形成改善和弥补差距的行动方案。

◇品质需求：包装产品性能、产品安全性、产品质量、可靠性、产品外观等方面的需求。

◇功能需求：产品的主要功能、辅助功能、产品兼容性、扩展功能等。

◇外延需求：包括服务需求、被尊重等心理需求及文化需求等。

◇价格需求：物超所值的感觉、价格弹性、产品价值定位、“占便宜”的心理等。

Step6：将需求与企业策略与能力相结合。在充分了解客户期望和需求之后需要回顾企业策略与现有能力，客户的期望值也需要有效管理，以控制在追求满足期望时不断提升的运营成本。适当地管理期望值，引导性地激发需求，并因势利导，放大“已有能力”期望和价值，也是低成本提升客户体验的方法。

Step7：倾听客户之声。客户对产品和服务的期望是一个动态的过程，一方面是环境带动需求的变化；另一方面，执行差异带来个体体验的差距。因此，倾听客户之声也是了解业务情况、了解未来需求、了解发展机会点的重要一环。

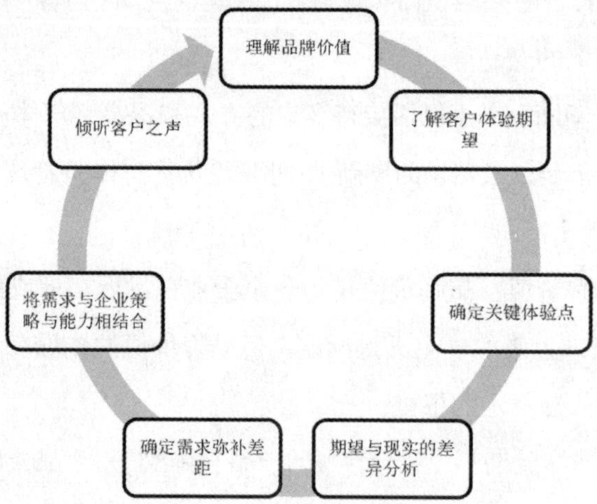

图 9-1-1　客户体验改善七步图谱

第二节　客户体验的评估与提升方法

客户体验评估包括三种方式，第一种是客户满意度 CSAT（Customer Satisfaction），第二种是客户净推荐值 NPS（Net Promoter Score），第三种是客户费力度 CES（Customer Effort Score）。

一、客户满意度 CSAT（Customer Satisfaction）

1. 满意的定义

满意是一种心理状态。是客户的需求被满足后的愉悦感，是客户对产品或服务的事前期望与实际使用产品或服务后的所得到的实际感受的相对关系。如果用数字来衡量这种心理状态，这个数字就叫满意度，客户满意是客户忠诚的基本条件。

2. 客户满意度评估方式

满意度评估广泛应用于网站、APP、电话服务、在线服务、银行柜台、C2C 类的服务互评等。有三种常用方式。

◇结束通话后满意度评价。在电话或在线通话后邀请客户进行评价。评价的分类在常规情况下有两种形式，一种分为五类，即非常满意、满意、一般、不满意、非常不满意；另一种分为三类，即满意、一般、不满意。

◇在线服务满意度评价因展现方式灵活，还可以通过服务标签的形式进行评价的反馈收集。

◇传统企业如中移动“10086”通过上下行短信的形式进行评估。

3. 满意度评估价值

◇满意度对业务的正向带动：强化客户参与度，强化客户对服务的反馈，提升整体服务品质。通过客户满意度评估客观地评价和监督服务品质，对内提升服务执行的约束能力，降低服务监督成本。

4. 满意度计算方法

◇满意度评估需要关注参评人数、满意度得分、不满意原因等数据走势及不满意原因分析。

◇参评比率＝参评通话／有效通话。参考值（35%～50%）。如过低则影响满意度测评结果的准确度。

◇满意度＝满意通话数／参评通话量，对于5类选项的评估＝(非常满意＋满意通话)／参评通话量。

◇目前有公司直接将满意度计算方式定义为：满意度＝满意通话数／有效对话数。这个指标直接涵盖了参评情况与满意情况，对比更加客观。

◇满意度评估的目的不仅是为了了解满意度的现状和水平，更重要的是为了了解客户对于产品、服务、全程体验的期望，因此收集不满意的原因并进行持续分析以形成改善循环才是满意度评估的最大价值所在。

5. 满意度日常管理报表

◇满意度管理工具《满意度日常管理表》

统计维度	有效会话量	评价数	满意通话	不满意通话	参评比%	满意度%	不满意原因（内部原因）		
							服务态度差	问题没解决	回复不及时
时段									
技能									
组									
员工									

6. 满意度提升方法

◇追本溯源

全媒体对于满意度的评估可直接进行分类标签设定，对于电话类不满意则需要通过质检录音查听的形式进行原因分类。满意度评估的最终价值是了解客户反馈，不断提升服务体验。通过对不满意原因的分析找到提升方案，有的放矢地推动流程、政策、服务能力、系统便捷性等影响整体体验的环节提升。

满意度评估是服务改善的开始，而非结束。

◇利益绑定

满意度是需要各个岗位每个人共同行动才能够持续提升的指标。要实现持续提升，就需要将绩效考核、激励机制甚至提成方案作为重要因素进行考量，对于服务类客户中心各个层级，包括经理、主管、一线员工、质检人员，均需要共同绑定满意度的提升。

例如：利益绑定之满意系数杠杆。

	非常满意	满意	一般及未评	不满意	非常不满意
提成系数	1.5X	X	0.8X	0	-X

X 值是结合业务类型设定的提成值。通过“满意系数杠杆”驱动直接接触的顾问想方设法让客户满意。客户满意是一切生产经营能力提升的前提。政策上线后第二个月，60% 以上的人员都得到了大幅提升，达到优秀水平。

7. 平台电商商家的服务满意度管理

以“天猫”为代表的平台型电商的服务管理经过十余年的磨合与优化而逐步成熟，目前主要通过卖家服务评级系统（Detail Seller Rating，简称“DSR”）进行管理与评估。

DSR 评分目前被广泛应用于平台类电商，客户在购物后对商家在商品及服务层面进行评价。早在 2007 年 5 月，eBay 开始启用卖家服务评级系统，买家在为卖家留下总体信用评价时就可将卖家提供的以下四方面服务留下详细的卖家服务质量评级。

◇评价结果分类：分为好评、中评、差（负）评三类选项。

◇卖家质量评级范围包括以下几个维度。

★物品描述与实物之间的差异（Item as described）

★沟通质量及回应速度（Communication）

★物品运送时间合理性（Shipping time）

★运费及处理费合理性（Shipping and handling charges）

卖家服务评级由四项评分构成，这使卖家可以更直观地了解自己的服务表现。目前“天猫”将后两项合并为物流服务。

8. 满意度调研问卷

◇满意度调查问卷的用途与特点

满意度调研问卷被广泛应用于市场调研、客户回访、企业内部管理和内部客户反馈，适用于临时性的、周期性的、特定主题的周期性调研，对企业或服务决策起到较好的作用。

◇与前两类有几点不同。

★调查对像更广泛；

★调查内容范围广；

★调查内容更深入；

★调查结果更客观；

★事后分析价值高；

★针对性强；

★决策参考价值高。

◇满意度调查的方法

◇满意度调模型：SERVQUAL（Service Quality 服务质量的缩写）是上世纪 80 年代提出的 SERVQUAL 概念，其理论核心是“服务质量差距模型”，即服务质量取决于用户所感知的服务水平与用户所期望的服务水平之间的差别程度(因此又称为“期望－感知”模型)，这是目前绝大多数客户满意度调查的理论基础。

★ SERVQUAL 模型对于服务品质构面（Determinants of Service Quality）提出十点分析，其为消费者服务品质感受的主要成分如下。

◎可靠性（Reliability）：一致性的绩效、表现，并重视对消费者承诺。

◎反应性（Responsiveness）：员工提供服务的意愿和立即性。

◎胜任性（Competence）：服务人员是否拥有执行服务的专业知识和技巧。

◎接近性（Access）：接近性系指容易接触或联络。

◎礼貌性（Courtesy）：服务人员服务客户或电话接听都要殷勤有礼、尊重、体贴与友善。

◎沟通性（Communication）：以消费者能“听得懂”的语言沟通，并且倾听。

◎信用性(Credibility)：以客户利益为最优先，带给消费者信赖感、信任和诚实感受。

◎安全性（Security）：消费者能免于担心危险、风险式疑惑等状况。

◎了解性（Understanding）：对客户需求的了解。

◎有形性（Tangibles）：服务的实体证据及其他服务设施等。

满意度调研的目的不是在数字结果，更重要的是通过满意度调研来了解服务水平以及产品服务与客户需求的差距，因此客户反馈的收集、整理至关重要。通过分析、整理、分类将客户反馈的有效意见整理后形成可视化的服务大数据，再针对客户不满意的因素寻找改进措施，进一步提高产品和服务质量。

◇满意度调研注意事项。在收集和分析客户满意信息时必须注意两点。

★客户有时是根据自己在消费商品或服务之后所产生的主观感觉来评定满意或不满意的，因此往往会由于某种偏见、情绪障碍或关系障碍而造成客户可能会对心中完全满意的产品或服务说很不满意，此时的判定也不能仅靠客户主观感觉的报告，同时也应考虑是否符合客观标准的评价。

★客户对产品或服务消费后遇到不满意时也不一定都会提出投诉或意见，因此企业应该针对这一部分客户的心理状态利用更亲情的方法来获得这部分客户的意见。

二、客户净推荐值 NPS (Net Promoter Score)

1. 什么是客户净推荐值 NPS

净推荐值最早是由贝恩咨询企业客户忠诚度业务的创始人佛瑞德·赖克霍 (Fred Reichheld) 在 2003《哈佛商业评论》发表的《你需要致力于增长的一个数字》(*One Number You Need to Grow*) 一文中提到，净推荐值毫无疑问可以被视为客户满意度的一部分，但这个指标更为直观，不仅直接反应了客户对企业的忠诚度和购买意愿，而且在一定程度上可以看到企业当前和未来一段时间内的发展趋势和持续盈利能力。

要做净推荐值的调研比较简单，只需要一个问题就行：“您是否会愿意将 xxx（企业或者产品）推荐给您的朋友或者同事？”然后根据愿意推荐的程度让客户在 0 ~ 10 之间打分，并根据得分情况来判断三种客户：

◇推荐者 Promoters（得分在 9 ~ 10 之间）：是具有狂热忠诚度的人，他们会继续购买并引荐给其他人。

◇被动者 Passives（得分在 7 ~ 8 之间）：总体满意但并不狂热，将会考虑其他竞争对手的产品。

◇贬损者 Detractors（得分在 0 ~ 6 之间）：使用并不满意或者对你的企业没有忠诚度。

2. 净推荐值（NPS）的计算

总体净推荐值等于推荐者所占的百分比减去贬损者所占的百分比，其公式如下：

净推荐值 (NPS)=(推荐者数 / 总样本数)×100% −(贬损者数 / 总样本数)×100%

3.NPS 净推荐值调研的注意事项

◇不能过于功利，需要从客户感受的角度在服务环节或整服务体验后进行调研。

◇净推荐值是一个补充指标，不能够完全取代客户满意度调查，也不能够只问这个问题，最好是作为客户满意度的一部分来进行调研。

◇为客户创造“推荐”的机会并给予恰当的回报才能够让有推荐意愿的客户采取真切的行动或者进一步提升那些被动者的推荐意愿。

◇净推荐值的调研结果与调研的人群非常相关，当调研的对象是某一忠诚群体时不能表现为整体的水平，可以以之作为服务模式差异成果的衡量依据。

三、客户费力度 CES (Customer Effort Score)

客户费力度这个概念在 2010 年《哈佛商业评论》7 月刊中名为《停止取悦你的客户》(*Stop Trying to Delight Your Customers*) 的文章中第一次被提出，作者想表达的是不要过度追求超越客户期望（这一点和传统的“期望 - 感知”模型有很大的差异），而应该专注于减少客户为了解决问题而付出的努力（这一点对于服务型呼叫中心来说尤为重要）。

作者在文中提出研究发现的 5 类减少客户获取服务过程中的“努力”(或者说费力) 的方法，包括：

◎不要仅仅解决当前的问题，要对下一个可能的问题有前瞻性（其实这有点类似于 FAQ）。

◎帮助客服代表解决和客户互动沟通中的情绪问题（比如用积极的语句来代替“没有”“不是”等可能比较负面的话，通过关键字把握客户类型等，一定程度上类似于 RATER 模型中的同理心 Empathy）。

◎通过增加自助服务渠道的黏性来最小化客户在不同服务渠道间切换的可能（文中举了 CISCO 的例子，其实在这一点上，微软的产品帮助和在线帮助是全球顶尖水平）。

◎使用不满意客户的反馈来减少客户费力度（这一点绝对是客户满意度调查的必要跟进步骤，对于给出低分的客户需要额外的关注，他们的意见往往格外有参考价值）。

◎授权一线员工提供更少费力度的体验（比如一站式服务、取消对一线座席人员话务量和通话时长的考核等等）。

对于客户体验的评估是一个长期的、变化的、复杂的过程，使用哪些指标本身并不能直接代表评估手段的先进与否，更重要的是我们衡量的指标是否可以涵盖客户体验的所有环节。

第三节　全媒体客户中心客户体验触点管理

一、关键时刻在客户中心的应用

1.MOT 的由来

MOT(Moment of Truth) 一词出自西班牙斗牛场，斗牛士向牛刺出致命一剑的一刻叫做“Moment of truth”，这个词用来比喻紧要关头或严酷考验才能、人格的时刻。

北欧航空公司 CEO 詹·卡尔森（Jan Carlzon）有一本专著《关键时刻 MOT》，描述了北欧航空的 MOT。1973 年 10 月第四次中东战争爆发，欧佩克（即石油输出国组织）向所有对阿拉伯不友好国家实施石油禁运，短短三个月时间，石油价格从每桶 3.1 美元飙升到 12.6 美元，引发了第一次石油危机。面对石油危机，世界航空业是最大的受害行业之一，整个航空旅游市场停滞，全球各国航空亏损累计 20 亿美元。詹·卡尔森临危受命接手这一惨淡局面，此时的北欧航空公司已经连续两年亏损，亏损额达到 2000 万美元。这位 39 岁的 CEO 提出了“关键时刻”的概念，仅仅用一年的时间，北欧航空公司就扭亏为盈 ，从亏损 2000 万美元到获利 8000 万美元，不仅成功挽救了北欧航空公司其他两个分支（平安旅行社和灵恩航空公司），并且在两年后，北欧航空公司被评为“欧洲最准时的航空公司”。卡尔森这样来解释 MOT 的含义：一年有 1000 万名乘客 ×5 名员工 =5000 万次的关键时刻。对詹而言，一个关键时刻的单位不是 15 秒，而是客户与员工接触的机会，其中 1 名乘客在乘坐飞机时可能会与 5 名员工打过交道，也就是 5000 万个接触点。

2.MOT 在客户中心的应用

MOT 在客户中心既可以应用于问题解决，也可以应用于销售机会挖掘。无论是服务还是营销，在梳理和试图把握与客户互动的关键时刻时都需要遵循用户思维，要从客户的角度出发，理解需求、体验流程，最后才能梳理出相应的关键时刻。

业务触点管控要遵循以下几个方面：

◇业务触点要从三个阶段进行梳理，包括售前、售中、售后。了解自身流程及客户需求关键点。

◇业务触点整理要结合要求与规范进行梳理。

◇业务触点整理要结合业绩考核指标，结合各个节点对业务的关键影响进行目标分解。

◇业务触点整理需要进行机会点与风险点的梳理，在关键时刻规避风险或抓住机会。

二、服务型客户中心的服务触点管理

1. 精耕细作的业务触点管控之规范法则

以电商企业主流程为例，从客户体验出发，梳理全业务流程及每个流程节点客户体验的期望，并对每个环节的工作规范制定出朗朗上口的服务口号。

目前很多企业在业务流程方面缺少全业务流程及服务体验流程的梳理，导致多部门配合节点易出问题，出现效率低下、相互扯皮的现象。

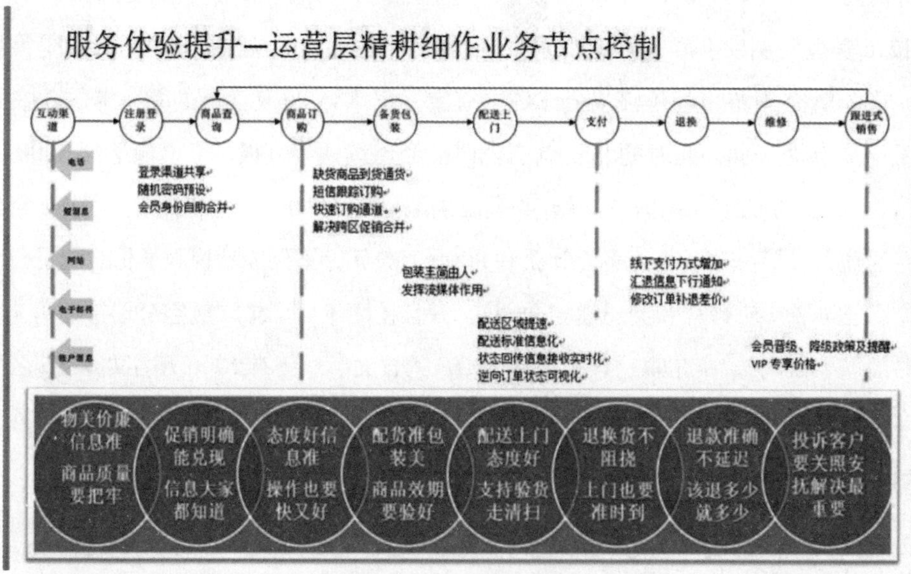

图 9-3-1 电商服务体验节点图

2. 步步为盈服务触点整理之目标法则

以商旅企业为例，以客户接入为始，在每个环节中梳理损耗风险及机会点，同时在关键的服务环节定义绩效考核指标。

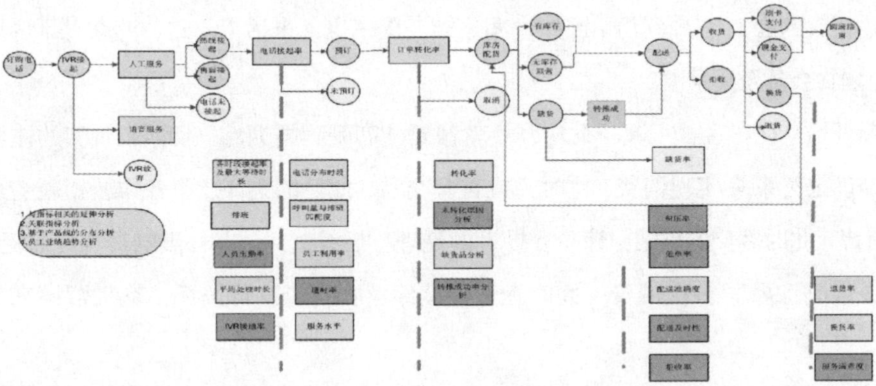

图 9-3-2　流程绩效节点图

三、营销型客户中心的触点管理

服务营销从相识到孕育之恋爱法则：无论是线上推广还是线下推广，客户与企业之间的关系就像是恋爱的过程。

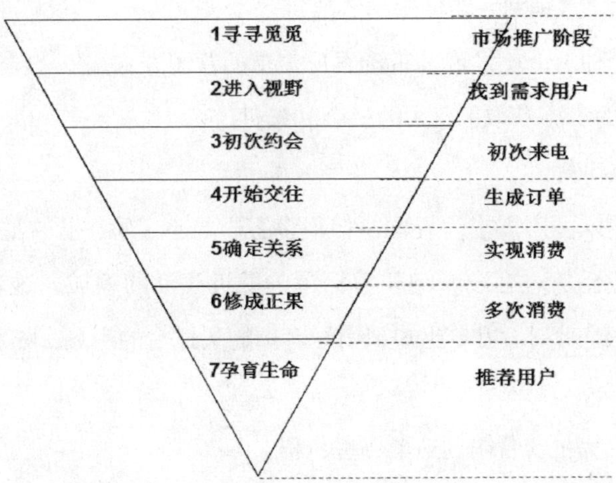

图 9-3-3　服务营销七步恋爱法则

◇寻寻觅觅 – 市场推广阶段：无论是线下获客还是社群营销或者拓粉，找到客户在哪儿是第一位的。

◇进入视野 – 找到需求客户：比如早教机构的需求客户在幼儿园；教学补习班在学校，要结合自身产品适合的客群找到相应客群。

◇初次约会 – 客户到访：比如说客户第一次来电、来话等，这一节点对于客户能否转化为购物会员至关重要。

◇开始交往 – 生成订单：此时开始就像是从恋爱到婚姻，一切回归现实的体验。

◇确定关系 – 实现消费：此时完成首次交易，此后的关怀及服务体验影响着后续的持续消费，此时客户的反馈、评价、投诉的处理、后续的回访关怀影响着客户的复购。

◇修成正果 – 多次消费：此时企业持续经营客户或进行关怀、交叉营销来带动复购。

◇孕育生命 – 推荐客户：持续好的体验加营销方案以及经营客户的互动，形成口碑相传的效果。

这七步是客户获取、注册、转化、复购、交叉营销、参与传播的关键触点。我们每天在与几万个客户互动时蕴含着巨大的经营机会，每一通对话结合客户所处的发展阶段都可以进行客户的经营和销售触动。服务的过程是最大的营销推广机会，通过每个阶段的精细化管理，我们会从营销漏斗上、运营数据上看到巨大变化。

四、主动营销之营销漏斗环环相扣法则

主动营销是一种由企业发展的带动客户需求的营销方式。在全媒体互动的大环境下，客户中心主动营销的实施获取了巨大的机会和条件。

1. 为什么要主动营销?

我们一直说要以客户需求为导向，但很多客户是不了解自己的需求的，尤其是专业度较高的领域，甚至是对客户影响非常深远的贴近生活的领域，这就需要我们从需求角度上进行挖掘关键时刻，用专业知识引导客户购买适合的产品，如金融、地产、母婴、保键等领域。

2. 全媒体时代为主动营销创造了哪些价值?

传统的主动营销大多以外呼（Outbound）的形式进行，目前在这种形式下的大多企业面临接通率、转化率日趋下降，客户沟通越来越抵触，TSR 挫败感越来越强的现状，又因客户购物渠道的选择越来越广泛，导致传统形式的外呼无论是在客户体验层面还是在经营效果方面都逐步体现出“想说爱你不容易”的尴尬境地。

传统的主动营销对于三个层面的精准度要求甚高，包括：

★客户精准。了解客户，包括基本情况及基本需求、购物偏好等。

★拨打时间精准。电话渠道的时效性精准，一方面从需求角度，了解客户的需求触发周期；另一方面需要了解客户的时间偏好，哪个阶段，什么时间。

★推荐产品精准。结合客户的消费偏好或实际需要推荐适合的产品。

因此，在什么时间、与谁联系、推荐什么产品，这三方面的精准度要求很高，使得传统的电销形式在CRM的建设上对其人员的能力要求很高。

3. 全媒体的交互渠道为主动营销提供了便利条件

★需求跟踪：通过浏览轨迹了解客户需求。

★需求预测：结合消费偏好与消费周期、产品使用周期预测消费需求。

★超越时空：借助全媒体互动方式规避客户对电话的抵触，可分时多循环互动。

★互动参与：社区、社群、微信、评价、晒单等方式激发客户参与及带动。

4. 全媒体客户中心主动营销机会点

与恋爱法则不同的是，营销漏斗环环相扣法则是从客户进入网站或APP之后对于每个节点销售机会的梳理与把握。

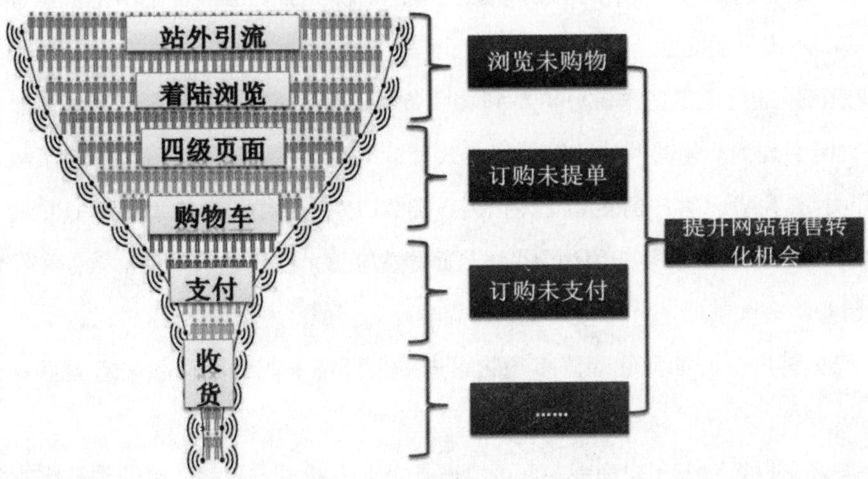

图 9-3-4　营销机会漏斗

★第一机会点：关注浏览未购物人群。结合客户浏览轨迹确定需求，对长时浏览中途跳出的客户进行跟踪销售，起到主动发起对话带动销售转化的作用。

★第二机会点：关注咨询未购物人群。借助互动过程中对客户需求的判断来解答问题并进行需求交叉转化，起到加大购物车数量、提升品类交叉、延长客户活跃周期的作用。

★第三机会点：关注加入购物车未提交订单人群。客户浏览后将商品加入购物车但没有提交支付的原因多种多样，有些是基于犹豫需要再三考虑，而有些可能是由于库存的原因或支付操作原因导致放弃，这时候是最需要一对一的帮助与互动，从而起到提升全站转化率带动销售的作用。

★第四机会点：关注未支付人群的带动销售成单。与第三个机会点不同的是，客户很有可能在支付环节遇到了问题而导致订单提交失败，此环节需要了解原因并给予必要的指导和辅助，从而起到再次提升转化率带动销售的作用。

上面四个关键触点都可以精准了解到不同客群的具体需求，每个环节都蕴含着大量带动销售的机会，可以通过在线服务导航的形式引导客户遇到问题时及时联系客服解决并产生交易，同时可以借助 IM（即时通讯）主动交流，并可以通过各个环节运营管理指标提升来评估管理效果。

五、主动营销之需求深度启发法则

在“互联网 +”的大环境下，客户购买渠道很多，无论是购物网站还是企业 APP 都会面临客户的不断流失，如果不能主动维系客户，就更加无法摆脱不断挖掘新客户所带来的获客成本提升的问题。

我们可以通过流量的来源分析看到直接访问量的占比相对少，多数客户是通过网站导航、关键字查询、相关网站的链接等方式登录网站。移动端的大发展减少了网站推广的费用，增加了 APP 客户的复购率，但因各类 APP 种类繁多，如何增加 APP 的下载量及日活用户量、如何避免客户因为内存不足而卸载等等，都成为影响运营效率和经营成果的关键因素。

全媒体客户中心如何在多屏多购物渠道的大环境下成为推动各渠道运营效率的利器呢？

答案还是以客户或用户为中心真正地抛开企业内的模式限制，单纯地从需求角度上思考，这才是真正的用户思维。很多人在思考客户或用户需求时往往想到的是局限、问题和困难，这会影响到方向的正确性。

在客服中心转型的过程中，每一个客服中心的管理者在“选择做正确的事”方面都举步维艰，因为这决定着客服中心的发展甚至存亡，同时也间接影响着企业的获客成本与经营成本。

真正的从客户或用户的角度挖掘需求决定着我们能否“做正确的事儿”，如何结合企业现状去克服困难、铺路搭桥，这决定着我们能否“正确地做事儿”。一个是方向，一个是方法，从思考的顺序上必须要方向在前方法在后，否则只会步步纠错，只有方向明确，才能步步为营。

需求深度启发，是在充分了解客户并结合专业知识、在帮助客户判断自身问题及解决方法的前提下进行主动营销。

以母婴行业为例，行业专业度要求很高，妈妈的育儿知识及育儿观念对孩子的影响深远，深远到什么程度呢？我们常说不要让孩子输在起跑线上，而长期以来我们一直认为幼儿的教育是起跑线，但科学证明 0 ~ 3 岁才是孩子成长中真正的“起跑线”。

很多新手爸爸妈妈对于育儿知识的了解有限，往往是不了解风险、不知道需求的状态，而母婴行业的育儿顾问是需要凭借全面深入的育儿知识来帮助新手爸爸妈妈们了解问题、风险和需求，需要比客户更了解需求，才能够主动激发需求。

那么，需求究竟从何而来？如何把握和创造需求？

所有的需求都是从痛点和痒点出发，从朴素的本能和逻辑出发，只有换位思考、设身处地为客户着想、掌握专业知识才能捕捉需求、深挖需求。

我们从三个方面梳理：

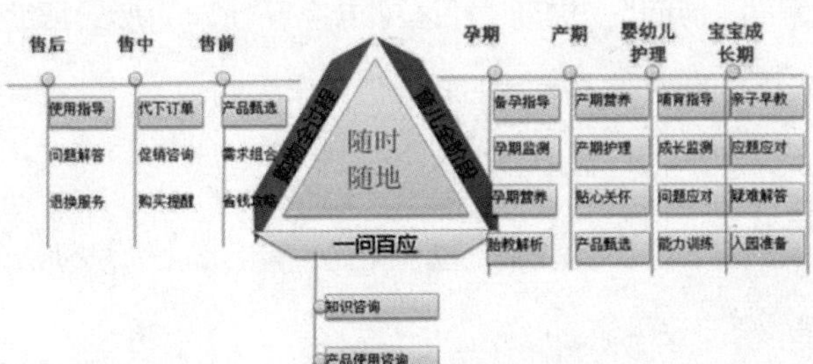

图表 9-3-5　母婴主动营销接触机会图谱

第一，从服务环节切入进行梳理。售前、售中、售后结合，按各个流程的风险点、痛点、机会点进行主动营销，从客户层面的流程体验入手进行梳理和思考。

第二，从客户常规需求切入进行梳理。结合客群及产品特点入手进行梳理，如母婴行业要先从成长周期铺开主动营销线路，横向拓展；再从每个周期的需求纵深挖掘；最后从家庭群体辐射，形成多元互动的机会。

第三，成长阶段细分：从孕期、产期、婴幼儿护理期、宝宝成长期四个阶段纵深挖掘每个阶段宝宝及妈妈的需求切入。各阶段纵深挖掘：每个阶段都可以进行深度挖掘，孕期可以从备孕准备、孕早期准备及孕期反应、孕中期准备及胎儿发育特点营养需求等等。

家庭群体辐射：这是在对客户深度了解的情况下进行的，比如围绕新生儿展开，逐步体会职场妈妈的辛苦以及家中老人的需求等。

◇从客户随机需求切入进行梳理：客户的随机需求往往发生在日常生活或服务的过程中，如何让客户在服务中或服务外都能够有好的体验，让客户在产品需求外、在日常生活中能够把“我们”当成随时随地可以找到的专家求助，这样的客户黏性是无法通过让利和促销来达成的。

◇服务中切入：服务过程中穿插知识推送，利用在线对话框的设置功能进行对话问题匹配，在解决客户当前问题的同时进行知识的辅导，一方面有助于树立专业形象，另一方面可以从专业的角度上辅助在线服务顾问进行专业解答。

◇生活中切入：互联网的新技术以及全媒体的新互动方式搭建起了群体互动的基础，无论是母婴行业还是外出旅游或购房租房，客户更希望通过专家、身边的人、群体互动的形式获得更多客观信息、专业知识，最终再由自己进行判断和评估，因此切入客户生活中的随机需求需要借助开放式的工具来介入，比如借助 IM 即时通讯技术搭建聊天室，结合痛点分类建立不同“房间”、借助“社区 + 专家互动”的形式帮助到客户解决生活中面临的问题等等，也可以借助私人定制的服务形式来形成。

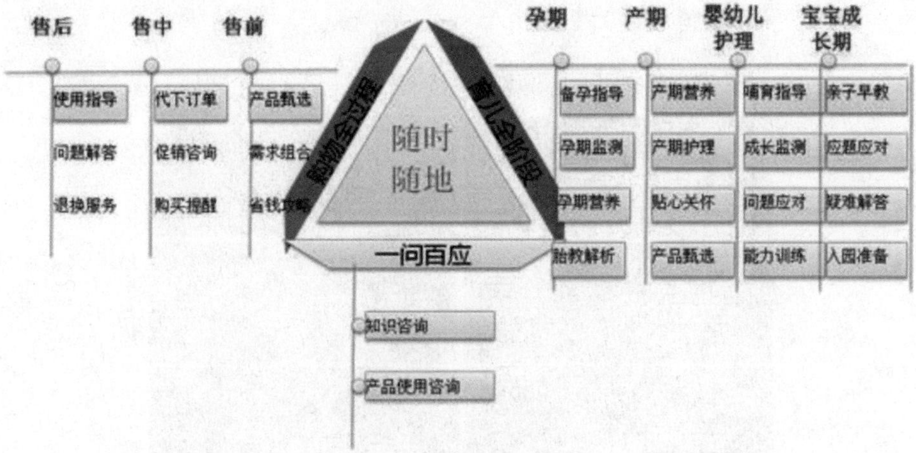

图表 9-3-6　社区专家

图表 9-3-6　在线聊天室

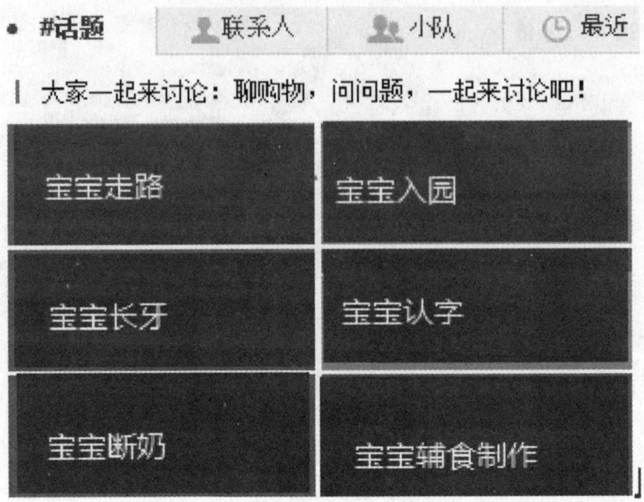

只有走进客户生活，才能够切入痛点。深度服务，这样的服务带来的价值无限。

附录：客户体验触点设计工具

<table>
<tr><td colspan="6">从开始（首次接触）到结束（完成整体）到接触后</td></tr>
<tr><td colspan="6">客户画像（特性、标签、人群属性）</td></tr>
<tr><td>阶段</td><td>第一阶段</td><td>第二阶段</td><td>第三阶段</td><td>第四阶段</td><td>第五阶段</td></tr>
<tr><td>体验触点</td><td></td><td></td><td></td><td></td><td></td></tr>
<tr><td>对应行为</td><td></td><td></td><td></td><td></td><td></td></tr>
<tr><td>看</td><td></td><td></td><td></td><td></td><td></td></tr>
<tr><td>想</td><td></td><td></td><td></td><td></td><td></td></tr>
<tr><td>感受</td><td></td><td></td><td></td><td></td><td></td></tr>
<tr><td>期望描述</td><td></td><td></td><td></td><td></td><td></td></tr>
<tr><td>对应解决方案</td><td></td><td></td><td></td><td></td><td></td></tr>
</table>

第四节　众目睽睽之下的服务应对——网络咨询与评价处理

随着互联网的高速发展，客户通过网络平台购买商品的习惯日益凸显。基于客户消费习惯的改变，客户的购买决策越来越受商品评价、客户咨询回复结果、图片详情等因素的影响，而商品评价所呈现的结果变得像是一张张考卷，等待着消费者发自内心、结合切身经历对于整个购物过程给予打分评判，来自于客户购买后的商品评价也越来越影响到更多消费者的购买决策，所以及时发现客户负面评价并妥善回复、处理是提升客户满意度、改善工作效能的重要任务，如何高质量地应对来自客户的质疑和负面评价也越来越受到诸多电商企业的重视。

一般来讲，目前电商企业会根据客户评价的内容及打分对评价分为好评、中评、差评三大类。

一、好评的处理

好评的基数一般占比较大，所以传统的人力处理模式一方面处理效率低，另一方面是覆盖面窄，企业需要加速实现智能化评价处理进程来实现全面预控和高效针对性处理是为当务之急。目前行业内基本实现了“智能化筛选 + 人工筛选”的双重处理模式，对于有利于带动销售的评价信息一般会作加精华置顶的操作处理，一方面能刺激客户购买欲望，提升商品销量；另一方面也能树立品牌及企业的正面形象。

精华评价的定义是对商品详细的、全面的、公平公正的、最好图文并茂的原创评论，要求详尽真实，内容包括以下几方面的基本要求：

（1）内容符合国家法律法规，不得使用不文明用语；

（2）内容必须为原创，不能带有广告成分，包括其他网站或品牌的名称和 LOGO 露出及有广告嫌疑的水印和外链；

（3）客观公正，无夸大或贬低的用辞；

（4）内容不少于 50 字，可以包含对服务的评价，但必须以分享自己使用商品的心得为主；

（5）评价内容丰富，起到实质指导作用，可以帮助到其他用户；

（6）内容中如包括相关照片、同业比较，则评价被精华置顶的机会将增大。

案例分享 — From 吴杰

案例一：客户"无敌也"购买族手机后给出的精华评价

"优点：送给GF的礼物，白色很耐看，女生用起来很好看。开机的时候被屏幕惊艳到了，屏幕的确不错，非常细腻，边框的确非常窄，屏占比非常大，1800×1080的分辨率并没有让人觉得很奇葩，实际感觉屏幕面积要比一般5寸1080P的略大，整体做工要比国内某个饥饿营销的粗粮公司的Mi3好很多。Flyme3.0系统优化得不错，非常流畅，摄像头虽然只有800万，但是凡是玩摄影的都知道像素并不是决定摄影照片质量的标准。MX3的摄像头属于当前主流手机摄像头的中上等水平，已经超出我的期待。"

"缺点：后盖设计非常奇葩，第一个让我感觉开盖非常费劲的手机。后盖可以拆卸却不能更换电池，这种设定非常不合理。J.W说MX3不能root，如果root就失去保修，作为玩机一族不得不吐槽一下，如果对自己产品质量有信心，应该让机友无论怎么玩机都给保修！总体来说MX3是国产手机的精品，必须要支持一下，准备自己再入个黑色32G做情侣机。"

案例二：客户"我是辣妈"购买一款婴儿米粉给出的评价

"女儿以前是吃亨氏长大的，现在买给儿子吃，冲调方便，很粉很细，宝宝很容易接受，满减还能用易购券，真的好便宜，而且物流也很给力。值得一提的是，这次购买的亨氏米粉虽然便宜，但却是最新的包装，而在一些大超市出售的米粉都还是老包装的。快递小哥太负责任了，又是打电话又是确认商品数量，最后还送到门口，太感动了，包装防水防潮，亨氏老品牌，品牌没的说；红孩子正品行货，服务没的说，赞！！！"

但值得注意的是，好评中往往也会隐藏一些难以发现的高分低评的信息，一般需要企业通过智能化系统提前将高危关键字汇总导入评价处理系统，自动过滤筛选掉高危信息。如何全面梳理出好评信息中的高危关键字，企业可参照以下场景进行梳理：

评价内容出现违反法律、法规以及社会道德标准：

(1) 评价内容严重不符合产品实际情况，恶意评价的；

(2) 评价内容含有私人信息如手机号、QQ号等；

(3) 评价内容涉及网络广告及兜售商品；

(4) 评价内容含有恶意诋毁、谩骂词语的；

(5) 评价内容出现乱码，只有标点或符号。

二、中评及差评的处理

对于中评及差评，企业需要根据其轻重缓急程度进行重点处理。中差评对于我们来说意味着客户不满意，意味着产品和服务的缺陷，更意味着产品和服务在竞争中的不利地位。

客户对于产品和服务的中差评是借助平台对企业提供的合理化建议，客户的意见能够帮助我们认清企业当前存在的问题，更是帮助我们大步前行的动力，我们要学会以感恩的心来对待每一个给出中差评的客户。

1. 处理中差评的步骤

处理中差评包括三个环节：

第一，页面负面评价针对性的回复，给客户安抚，给予围观者信心。

第二，涉及业务问题的同步处理。每一个中差评都是一个投诉案例，需要及时给予解决处理。

第三，中差评的原因分析及分类，便于后续进行持续改善与追责。

第四，对于中差评的多维度分析。

2. 中差评回复话述规范建议遵循以下处理方针

中差评的回复实质上是一次公开的“公关”行为，要通过文字的回复在解决问题的同时变坏事为好事，一方面解决当前问题，另一方面树立“围观者”对于企业服务和产品的信心，要把中差评的回复当成一次文字形式的投诉处理和危机公关。

提示如下：

◇避免不解决问题的官话套话，应以解决问题或提供解决方案作为第一要务，语言尽可能风趣幽默。

◇对于用户已经提出具体问题的，要针对具体问题给出具体的解决方案。

◇对于属于用户问题的中差评要善意提醒，说明误解而非一味“理论”评出对错。

◇对于暂时无法解决的问题需要给出明确的后期处理方案并电话联系客户。

◇对于确实无法解决的问题要在评价页面告之用户原因以及后续的计划。

同时面对中差评，我们还需要注意以下方面：

◇禁止模糊回复，即不直接回复客户问题。

◇不可无故拖延回复时间，有问题需及时反馈。

◇禁止带侮辱性语言回复。

◇禁止在回复中和客户争辩问题。

◇如遇到非常规问题不能确认回复话述，应讨论确定最佳答案后再进行回复。

◇回复内容不能过于简略生硬。

◇回复内容中不允许出现错别字。

◇回复的过程中要用亲切的语气。

3. 案例分享 –From 吴杰

客户中差评原文：

“我宝宝一岁半了,之前一直在实体店给他买二段的奶粉,吃得很好。第一次在网上买，吃了四五天了感觉不好，上火，怀疑是假的，不是正品。”

客服人员给到回复如下：

“芈月体”回复：

“大王，太子公主们若奶粉喂养，两餐奶之间一定要加喂水的，否则一般会出现上火的问题，大便干燥。多喝水，还可以让奶粉吸收效果更好。每天的喝水量一定要在奶粉总量的三分之一以上才够，如果汗水流得较多，那么喝水应该更多。待太子公主们四个月后就应该适当添加些稀的果汁或者菜水，一来补充营养，二来防止上火。太子公主们喝完奶之后可以直接给喝上 10CC 的水，少量、不必过多，这样子可以帮助清洁口腔，防止舌苔过厚而影响食欲。我宁可选择绕道而行，我希望置身于阳光下，哪怕烧灼得浑身是伤，也不愿意为了利益在阴影里去隐藏真我，扭曲心志。”

这一段回复借助喂养知识的普及说明了“问题”的原因，并给出了专业的建议，同时在众人围观的网络环境下让发起差评的客户避免尴尬，最终借助“芈月”的话，表达了自己的“职业精神”。

中差评会在一定程度上损害企业的利益，但高效、针对性的回复能够为企业挽回不少流失会员，同时也会对企业和品牌形象的树立起到推动作用。

三、评价的后续分析与改进推动

客户的评价是与企业互动的重要信息，而非数字。必须深度解读分析，让评价的信息服务于企业的经营管理和运营管理。

1. 评价参与度分析

追踪每个频道、每个品类、不同商品的评价参与度，参与度越高，越能够促进客户的购买，形成消费导向，因此很多企业通过“评价送积分”的形式拉动客户评价反馈。

2. 品类好评率分析及好评率数据应用

商品的好评率既是对客户购买决策的参考，也可以在企业中被充分应用，比如：

◇评价参与度、好评率作为搜索排名的参数，好评率高排名高。

◇好评率的基础值成为产品主推的基本要求，进而成为网站或 APP 首页或焦点图的推荐前提。

◇对于不同评价得分的商品制定不同的广告收费标准等。

对于客户评价的重视是推动产品和服务提升的动因，必须将客户评价与商家或内部各个部门、各个相关的利益结合，才能够真正让客户的真实感受推动产品和服务的提升。

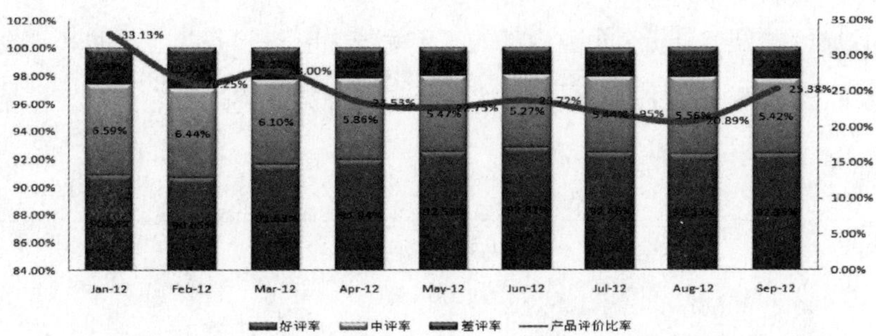

图表 9-4-1　评价趋势工具表（数据结果为虚构）

各类商品的好评率	Apr-12	May-12	Jun-12	Jul-12	Aug-12	Sep-12	2012-Q2	2012-Q3	指标变化
成长用品	92.00%	93.00%	93.00%	94.00%	94.00%	93.00%	92.67%	93.67%	↑ 1.00%
家用电器	90.00%	90.00%	90.00%	90.00%	89.00%	100.00%	90.00%	93.00%	↑ 3.00%
时尚美妆	92.00%	92.00%	92.00%	92.00%	93.00%	93.00%	92.00%	92.67%	↑ 0.67%
营养食品-母婴	94.00%	94.00%	95.00%	87.00%	94.00%	94.00%	94.33%	91.67%	↓ -2.67%
健康美食	93.00%	94.00%	94.00%	92.00%	87.00%	93.00%	93.67%	90.67%	↓ -3.00%
营养保健	90.00%	92.00%	92.00%	90.00%	91.00%	91.00%	91.33%	90.67%	→ -0.67%
积分专享	90.00%	88.00%	92.00%	91.00%	91.00%	90.00%	90.00%	90.67%	↑ 0.67%
整站赠品	90.00%	92.00%	92.00%	91.00%	91.00%	89.00%	91.33%	90.33%	→ -1.00%
妈妈专区	88.00%	90.00%	89.00%	94.00%	88.00%	88.00%	89.00%	90.00%	↑ 1.00%
图书城	90.00%	91.00%	93.00%	87.00%	91.00%	89.00%	91.33%	89.00%	↓ -2.33%
玩具童车	83.00%	82.00%	82.00%	83.00%	84.00%	85.00%	82.33%	84.00%	↑ 1.67%
名品童装	86.00%	86.00%	85.00%	82.00%	85.00%	84.00%	85.67%	83.67%	↓ -2.00%
居家生活	85.00%	86.00%	84.00%	82.00%	83.00%	82.00%	85.00%	82.33%	↓ -2.67%
电脑数码	87.00%	90.00%	78.00%	87.00%	85.00%	70.00%	85.00%	80.67%	↓ -4.33%

图表 9-4-2　品类评价对比（数据结果为虚构）

3. 差评原因分析与追责

◇差评的处理流程：对于电商平台，差评是投诉的主要来源之一，大量的业务需要流程化的处理机制。与电话投诉或在线投诉相比，差评的处理有两个不同点。

★判断审核环节：差评的发起方是客户，发起后同步呈现在网站或各个购物渠道，这中间需要有一个人工的审核过程或通过关键字方式筛选有效差评生成投诉工单。

★结果回复环节：对于差评而言，除了需要与客户通过电话或文字汇报或回复处理方案及进展外，还要同步通过做好网站回复的工作，这是对于处理方案的进一步包装与宣传。

◇差评原因的分类分析：企业内部的工单系统中应对于各类工单尤其是投诉类工单进行判责及原因分析，通过归因分类、按责任归属进行改善追踪和追责，挖掘客户反馈的价值。

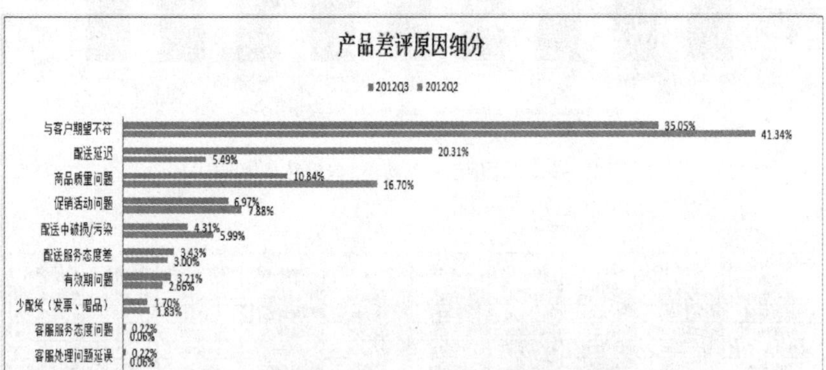

图表 9-4-3　产品差评归因分析（数据结果为虚构）

第五节　舆情评价监控与处理

舆情本身是一个中性词，并不是所有舆情都是负面的，但因为在互联网中往往负面评价最能引发传播和讨论，负面信息的能量也因为互联网传播渠道的多样化而不断被放大，一些非理性评价和负面报道常常在一定程度上影响其他客户的购买判断，甚至影响到其他客户对企业和品牌的认同。如不及时采取正确的措施应对就会造成难以估计的后果，所以做好对负面舆情评价的监控和处理对于企业来说非常重要，如何做好客户舆情评价监控，更成为电商企业当下最关心的问题之一。

在人人都是自媒体的社交网络发达的环境下，自媒体是既是广泛的传播平台，又是群体发布平台，每个人都借助周围的社交“圈子”重新对事物作出判断。在面对自媒体传播多样性、平民化、普泛化的特点下，传统的“堵”“拦”“封”的舆情评价处理思路显然已经不能为企业发展和树立正面形象扫清障碍，所以对于百花争艳下的电商企业来讲如何开展全渠道、渗透式的舆情评价监控工作以应对四面八方的舆情评价之声，显得尤为重要。

一般来说，舆情评价监控和处理分为三个阶段：舆情评价预防阶段、舆情评价处理阶段、舆情评价总结阶段。

一、舆情评价防范阶段之平台搭建

随着自媒体时代高速发展，客户互动中心的舆情评价收集方式也日新月异，不再仅仅局限于企业内部的客户反馈通道，网络、论坛、微博、微信等新媒体的崛起和迅速壮大迫使企业需要以同样的速度迅速拓宽舆情监测视野，研发新一代的多渠道舆情评价集成系统。

如果企业自身拥有强大的技术研发部门支持，可自主研发多媒体舆情评价交互系统，实现对多渠道负面舆情声音的收集；不具备自主研发的企业可借力第三方公司实现。多渠道舆情评价集成系统能够及时对行业动态、同行动态、负面敏感信息进行采集、分析、汇总，并识别其中的关键信息，作出预警并及时通知到相关人员进行正确舆论导向控制。

1. 外部舆情监控

一般来说，目前舆情评价监控平台对于外部的监测范围基本涵盖以下几个方面：

◇传统媒体，如电视、电台、纸媒等机构。

◇网络媒体，如新浪新闻、搜狐新闻、天涯社区等平台。

◇自媒体，如微博、微信等。

◇政府及监管机构，如食药监、工商、“12315”等机构。

2. 企业内部的咨询评价及电话在线客服受理通道

从监控要素来看主要包括：

◇公众关注点；

◇敏感信息及内容；

◇产品使用效果。

从监控内容来看主要包括：

◇企业内部的页面咨询、客户评价、在线咨询、电话投诉及官方微博、微信。

◇企业外部的网络舆论、时事热点中涉及企业相关的舆论导向，涉及到企业的“故事”及其他相关的“声音”。

多媒体舆情评价系统的上线将大大提升企业对舆情评价监控的覆盖面积，精准的舆情评价筛查能力能迅速从千千万万的舆情信息中筛查出对企业不利的消息，从而减少企业负面舆情评价事态升级的概率，避免企业的不必要损失或将损失降到最低，同时能为企业及时处理负面舆情评价争取时间上的先机，将负面影响扼杀在摇篮里。

二、舆情评价防范阶段之团队搭建

针对舆情评价的监控光有监控系统还不行，还要搭建一支专业化的舆情服务管理团队来操控系统。调研发现，组成专业化舆情服务管理团队需要从以下几个因素考虑：

◇明确的岗位职能划分：应该根据负面舆论的缓急轻重程度匹配不同的技能处理人员，包括紧急协调型专项处理人员、抱怨型专项处理人员、赔付型及重大型专项处理人员。

◇岗位胜任能力要求：应该优先选择熟知企业产品、文化和各环节业务流程的资深员工，经过系统的培训，并且在上岗前必须通过企业内部技能考核或者外部的资格认证考试，同时他们还应该具有富于创新、善于沟通、严谨细致、处乱不惊、具有亲和力等素质，以便在日后处理舆情评价时统揽全局、迅速果敢地作出决策。

◇培训体系支持：工欲善其事，必先利其器。组建专业化的舆情管理团队离不开系统化培训的支持，培训的主体结构包括业务知识、业务流程、内外部政策、话述、系统操作及沟通技巧等方面。

◇信息系统支持：多媒体舆情评价交互系统基本能实现信息采集、信息处理、舆情分析、舆情展示四部分，为企业舆论信息安全保驾护航。

三、舆情评价防范阶段之预案制定

对于舆情评价处理机制健全的企业来说，负面信息的出现不会给企业造成太大的伤害，所以客服互动中心对于处理预案的提前制定显得尤为重要，应该具体、明确、有针对性，同时也需要考虑保留一定的灵活性，最后形成书面的方案，使之制度化、规范化。

舆情评价处理紧急预案的制定应该从以下几个方面考虑：

◇常见舆情评价处理场景及处理指导方针的制定，便于迅速锁定负面舆情评价场景，针对性处理；

◇相关部门对接人联络机制的建立；

◇舆情评价处理时效机制的建立；

◇重大舆情评价上报处理机制的建立；

◇舆情评价理赔和惩罚机制的建立。

四、舆情评价处理阶段

当负面舆情评价出现后，客户中心应该准确判断，并根据舆情评价的轻重缓急分配不同技能员工进行处理；处理人员在收到负面舆情评价后要第一时间结合指导方针给予以回复，并且在约定的时间内与客户达成一致意见，处理的基本思路应该由“堵”转“疏”，包括：

◇传播故事，但需尊重客观事实；

◇传播观点，务必站在企业立场；

◇面对诉求，树立公正平和态度；

◇面对质疑，表达正直公开意愿。

同时应该坚持以下几个处理原则：

◇及时响应：企业在收到每项负面舆情信息时应按照其紧急程度进行处理，保持良好的服务态度与客户沟通，并第一时间告知其反馈信息处理过程的进展。

◇准确处理：结合应急处理预案和指导方针，以尽量让客户满意的方式与客户沟通，防止事态蔓延，并迅速找出负面舆情产生的原因，进行化解处理。

◇消除负面：针对已出现的负面舆情评价要更多地关注公众利益而不仅仅是企业的短期利益，尽量为受到负面舆情评价影响的客户消除或者弥补因为负面舆情带来的损失，这样不仅有利于企业形象的维护，更有利于企业的长远发展。

◇多些宽容：针对已出现的负面舆情评价必须要容忍情绪和偏见，个别客户是很难通过一两个案子扭转的，在处理过程中应该表达自己的观点，但不要针锋相对地辩论。

◇不要试图通过一个案例就彻底翻转公众口碑，因为口碑的形成源于太多的外界要素，我们的任务是专业的"服务"，设身处地地为客户着急和解决问题。"你若盛开，蝴蝶自来"，坚持不懈地提供优质服务才是口碑塑造的"正解"。

◇网络是一个不很严肃的课堂，所以在回复过程中不妨幽默点儿，大家轻松，更容易树立"平和"的企业形象。如果想要人传播，幽默必不可少。

五、案例分享：《招行理财新宠遭遇狂吐槽》—From 吴杰

欣妍和文浩新婚燕尔，小两口共同愿望是尽快拥有一套房子，建立甜蜜温馨的家。为此小两口的财务决定由欣妍统一掌管，文浩每月发工资后留1000元，剩余的钱全部转到欣妍的账户，但每月都要进行同样的操作相当麻烦。

后来招行出台了一个"保底归集"的政策：跨行资金归集提供保底归集功能，只需设置一个保底金额，如1000元，招行将每天查询文浩的账户余额，只要大于1000元，就将把超出部分自动转账至欣妍的账户上，不仅不再需要每月转账，最重要的是转账费用全免！省时省力省钱!

然后《温州都市报》这样的大咖转发了一个男士的微博原文如下：@温州都市报：太残暴：这条微博不能让老婆看到@某狄小别扭 发现："某银行推出一个'让所有已婚男士潸然泪下的功能……'太残暴了……这业务已经能通了一段时间，不知有没有受害者现身说法……"

针对男士的吐槽，招行神回复如下："亲们，别再打招行的客服热线了，都打爆了!闺蜜哑着嗓子告诉我，男士来电话无一不是痛骂，说银行'灭绝人性'！女士来电话无一不是详细咨询保底金额是否可以设置到'零'。唯一的例外是有个MM问，"被归集的账号能否是红十字会"。对了，那个MM姓郭。"

幽默风趣的回复，是"四两拨千斤"的机智应答。这样的回复不仅化解了吐槽的负面影响，还顺带从另一个角度上挖掘了产品的优势，结尾加上的调侃更增加了传播转发

的机率，这样的舆情应答不仅仅是做好了问题的处理，更起到了宣传的作用!

六、舆情评价总结阶段

对于负面舆情评价中存在的各种问题进行综合归类，同时每周进行分析，提出典型案例，分别提出整改措施，并责成有关部门逐项落实，且督促改善；同时应该定期对负评客户进行回访，了解负评处理满意度，推动客户回购，并定期提供客户回访报告。

第十章　社会化媒体在全媒体客户中心的应用

过去我们说企业发展除了有好的产品以外还必须有好的服务，而评价服务是否得到客户的认可、是否足够的“好”，就决定能否“口碑相传”。好的服务、对客户有益的专业知识是需要被广泛传播的，只有这样才能更好地服务于企业和客户。因此，借助社会化媒体让长期接触客户的一线把客户需要的专业知识通过社会化媒体进行广泛传播，有着极其深远的意义，这也是服务最大的乐趣与价值。本章就和大家一起探究社会化媒体在全媒体客户中心的应用。

第一节　微信公众号的建立与运营管理

一、微信公众号的作用与价值

1. 微信公众平台

微信公众平台是给个人、企业和组织提供业务服务与用户管理能力的全新服务平台。微信工作平台的口号是：再小的个体也有自己的品牌。这个个体包括的范围很广，机构、企业或个人都可以使用。

2. 微信公众号的价值体现

◇形象宣传打造：企业微信公众账号对企业最大的价值在于它是新型的企业资产的载体，是企业最核心无形资产的传播者与承载者。通过微信公众号传递给用户有关企业的信息，逐层递进，可以打造专业的品牌形象。

◇用户需求调研：移动互联网时代，用户体验将成为企业的核心竞争力。以往企业都是通过第三方公司的问卷或电话来做调研，不仅成本高，数据也不精准，而通过微信直接接触粉丝用户，企业不仅省去大笔经费，而且可以得到微信粉丝实时的反馈，这对企业来说是一笔宝贵的财富。

◇客户关系维护：微信产品总监曾鸣曾说到，“公众号是一个天生的 CRM，因为每个订阅你的用户，它背后就相当于自动形成一个用户的数据库，而且这个用户数据库你自己可以管理”。同时，微信作为用户天然的沟通工具，极大地方便了用户与企业沟通，特别是将微信与企业 CRM 系统结合后实现的多项管理功能可以大大提高客户的满意度。

◇营销推广：未来的零售一定是全渠道，企业需要尽可能让消费者随时随地方便购买。微信可以实现活动促销的最大曝光，能及时有效地把企业最新的促销活动告知给粉丝用户，降低企业营销成本；同时可以将产品或服务信息及时快捷地送达粉丝促成交易，缩短营销周期。

◇降低企业内部开发成本：对于中小型企业来说，可以借助微信公众号在实现低成本运作的同时开发线上的客户获取、沟通渠道，同时借助其功能延伸开发线上购物渠道。

3. 微信公众号分类与分类差异

微信公众号包括三种类型，分别如下：

◇微信订阅号：适用于以营销推广为目的的公众号运营，每日均可主推发送多个图文信息。

◇微信服务号：适用于以企业面向客户（B2C）进行服务的公众号，每周可主动发送一次多图文信息，与企业平台开放多个服务接口，多用于客户服务及消费者教育、内容及知识推广等应用。

◇微信企业号：适用于企业内部即时通信或企业面向合作伙伴（B2B）的移动应用平台。

★微信企业号是微信为企业客户提供的移动服务应用入口，可以帮助企业建立员工、上下游供应链与企业 IT 系统间的连接。利用企业号，企业或第三方服务商可以快速、低成本地实现高质量的企业移动轻应用，实现生产、管理、协作、运营的移动化。企业号作为企业移动化解决方案，可以取代中小企业自主开发 APP，具体优势如下：

（1）快速移动办公：企业在开通企业号后可以直接利用微信及企业号的基础功能来加强员工的沟通与协同，提升企业文化建设、公告通知、知识管理，快速实现企业应用的移动化。

（2）开发成本较低：仅需要按照企业号的标准 API 与现有系统进行对接。

（3）零门槛使用：用户微信扫码关注即可使用，在玩微信时随手处理企业号消息，无须学习即可流畅使用。

附录工具《微信服务号提供功能及开发接口列表》

<table>
<tr><th>类目</th><th>功能</th><th>接口</th></tr>
<tr><td rowspan="17">对话服务</td><td rowspan="2">基础支持</td><td>获取 access_token</td></tr>
<tr><td>获取微信服务器 IP 地址</td></tr>
<tr><td>接收消息</td><td>验证消息真实性、接收普通消息、接收事件推送、接收语音识别结果</td></tr>
<tr><td rowspan="4">发送消息</td><td>自动回复</td></tr>
<tr><td>客服接口</td></tr>
<tr><td>群发接口</td></tr>
<tr><td>模板消息（业务通知）</td></tr>
<tr><td rowspan="5">用户管理</td><td>用户分组管理</td></tr>
<tr><td>设置用户备注名</td></tr>
<tr><td>获取用户基本信息</td></tr>
<tr><td>获取用户列表</td></tr>
<tr><td>获取用户地理位置 (已关闭)</td></tr>
<tr><td rowspan="2">推广支持</td><td>生成带参数的二维码</td></tr>
<tr><td>长链接转短链接接口</td></tr>
<tr><td>界面丰富</td><td>自定义菜单、个性化菜单</td></tr>
<tr><td>素材管理</td><td>永久素材管理接口、临时素材管理接口</td></tr>
<tr><td rowspan="6">功能服务</td><td>智能接口</td><td>语义理解接口</td></tr>
<tr><td>多客服</td><td>获取客服聊天记录、客服管理、会话控制</td></tr>
<tr><td>微信支付</td><td>微信支付接口</td></tr>
<tr><td>微信小店</td><td>微信小店接口</td></tr>
<tr><td>微信卡包</td><td>微信卡包接口</td></tr>
<tr><td>设备功能</td><td>设备功能接口</td></tr>
</table>

<table>
<tr><td rowspan="20">网页服务</td><td>网页账号</td><td>网页授权获取用户基本信息</td></tr>
<tr><td>基础接口</td><td>判断当前客户端版本是否支持指定 JS 接口</td></tr>
<tr><td rowspan="4">分享接口</td><td>获取“分享到朋友圈”按钮点击状态及自定义分享内容接口</td></tr>
<tr><td>获取“分享给朋友”按钮点击状态及自定义分享内容接口</td></tr>
<tr><td>获取“分享到 QQ”按钮点击状态及自定义分享内容接口</td></tr>
<tr><td>获取“分享到腾讯微博”按钮点击状态及自定义分享内容接口</td></tr>
<tr><td>图像接口</td><td>拍照或从手机相册中选图接口、预览上传下载图片接口</td></tr>
<tr><td>音频接口</td><td>开始、停止、暂停、播放语音接口；上传、下载语音接口</td></tr>
<tr><td>智能接口</td><td>识别音频并返回识别结果接口</td></tr>
<tr><td>设备信息</td><td>获取网络状态接口</td></tr>
<tr><td>地理位置</td><td>使用微信内置地图查看位置接口、获取地理位置接口</td></tr>
<tr><td>界面操作</td><td>隐藏、显示、关闭、批量隐藏、批量显示菜单接口</td></tr>
<tr><td>微信扫一扫</td><td>调起微信扫一扫接口</td></tr>
<tr><td>微信小店</td><td>跳转微信商品页接口</td></tr>
<tr><td rowspan="2">微信卡券</td><td>调起适用于门店的卡券列表并获取用户选择列表</td></tr>
<tr><td>批量添加卡券接口、查看微信卡包中的卡券</td></tr>
<tr><td>微信支付</td><td>发起一个微信支付请求</td></tr>
</table>

二、微信公众号建设思维导图

1. 公众号建设思维导图

在建设公众号之前使用思维导图的方式梳理思路，避免在建设过程中出现方向性的问题，可以从以下几个角度思考：

◇公众号定位：开通的目的、服务的人群、特点与优势。

◇内容定位：知识性、专业性、互动性、营销推广等。

◇互动目的：即通过公众号互动带来的作用与效果。

◇营销推广的方式与手段：可以通过此渠道进行推广的范围。

◇公众号推广方式与手段：推广公众号的方式及可用的资源。

◇服务产品的定位：即服务形象及服务功能的打造。

◇产品功能及开发支持：公众号发挥的作用及所需的系统支持。

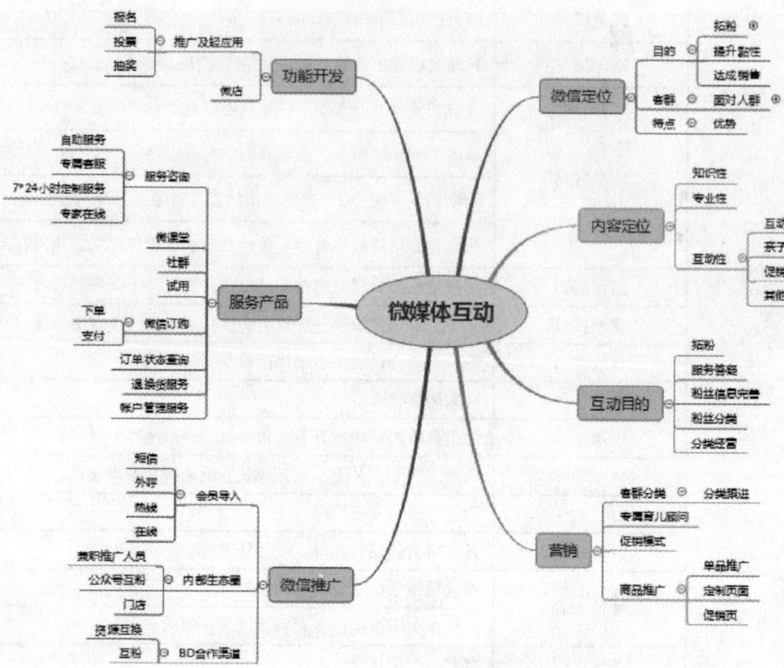

图表 10-1-1 公众号建设与运营思维导图

2. 微信公众号的选择

根据企业自身的特点及微信定位来选择订阅号或者服务号。比如：

◇以宣传为主：宣传企业品牌形象、发展动态或者为客户提供资讯或知识等，可以选择使用订阅号。

◇以服务为主：有一定知名度的企业、专业性比较强的行业或企业，通过服务号提供自助服务。

3. 微信名称及微信号

用户一般会通过微信名称或者微信号来搜索，因为微信号是数字和字母组成的，识别度不高，但微信名称是中文名称，可搜索性较强。微信名称要避免使用冷僻字，同时使用精准词汇，如“特色美食”，用户较难通过搜索来关注，如果改为“北京特色美食”，就能比较准确地锁定用户群体。取名时可以参考以下 3 个原则：

◇企业名称：企业名称往往最能让大家记住，如招商银行、苏宁。

◇功能性：根据其用途或作用来起名字，如途牛旅行网、逻辑思维。

◇行业相关：行业名字和用途组成，如红孩子母婴网、百度电影。

三、微信公众号内容设计与推送技巧

企业发布什么内容、使用什么措辞、什么时间发送、要不要和粉丝互动等几个关键点，都值得深入考虑。

1. 推送内容设计

企业结合自身的品牌定位总结出品牌的内容个性，再进行内容的筛选，做出独特的、实用的话题。

◇内容有价值：有价值的内容才会引起用户关注，诱发分享到朋友圈，希望对自己的朋友有更多的帮助。

◇内容专业：在该领域专业的内容更容易被分享，让用户读了觉得受益匪浅。

◇成功案例：人人都渴望成功，也会关注别人成功的例子和故事。

◇热点事件：把握当下的热点新闻，借势借力，引起共鸣。

2. 推送时间

根据品牌特性对人群进行数据分析定位，对不同营销对象采取不同的时间策略。一般来说早上、中午、晚上最为合适。

◇早上：8～9点，一天工作生活正准备开始，更适合推送资讯类的文章。

◇中午：12～13点，午饭后的休息时段，适合推送优惠折扣类信息。

◇晚上：20～21点，晚饭后一天最轻松的时段，适合推送团购促销类及文章类。

四、公众号运营优化关键点

微信运营其实就是企业与用户之间的一种强关系，让订阅的用户信任你、依赖你，有需求的时候马上想到你来找你，这是每一位运营者希望得到的效果。

比起关注者的数量，关注者的质量更为重要。企业更需要高黏性与强关系，所以更应该精准地挖掘客户群体，提高有效的阅读者。除了企业的现有用户可以转化为微信用户外，重点还在于开发潜在的目标人群，可以通过线下宣传、地面活动等吸引他们来关注微信公众号。

1. 功能完善、操作简单

在企业的移动客户端基本上能完成全部操作，如订购、支付等环节；在运营微信公众号时也要尽可能保证功能的完整性，使微信用户直接可以完成查看、咨询、订购等环节。在可以操作的基础上要努力为用户提供简单的操作方式，尽可能减少中间环节，提高成功可能性。

目前的微信公众平台开放了高级接口供企业拓展使用，如银行、酒店在培养用户的习惯的同时可以进行品牌的推广和产品的展示，进而促成交易。

2．增加微信文章阅读的标题

一个醒目的标题让人有深入了解的欲望，要想让内容吸引更多人的目光，就应该努力做一个“标题党”。什么样的标题更醒目呢?

◇名人：人们对于权威人物崇拜敬仰，渴望了解他们成功的经历。例如“大明星都在用的香水在这里!”

◇热点：对于当前时段的热点热门，人们的关注度很高。比如“爸爸们带娃的 5 种方法?”修改为‘爸爸去哪儿’中，你最欣赏哪个爸爸的带娃方法?”

◇对比：通过数字对比使得矛盾突出、与常识相违背制造成冲突，从而制造关注点。例如“优秀互联网文案是什么样的?”可修改为“月入 30000 和月入 3000 的文案区别。”

◇数字：数字和汉字有明显的区别，而数字更容易造成视觉上的冲击，吸引读者目光，迫切想知道是哪几点?哪些方面?例如“如何快速减肥?”可修改为“如何在 30 天内减掉 10 斤肉?”

◇夸张：题目中出现夸张的成分“超过 100 万人收藏、年薪过百万”，从众心理也会看看里面有什么内容我也要看看。例如“北京迎来大降温”可修改为“史上罕见的北京大降温，请囤货在家”等等。

五、公众号运营成果与数据监控

关键考核指标及影响因素

微信指标	定义	参考值	影响因素
粉丝量	关注公众号的粉丝个数		推广渠道及微信名等
新增粉丝	新增关注粉丝数		
取消粉丝	取消关注粉丝数		内容及推送时间、频次
图文阅读率	阅读数 / 粉丝数	15% ~ 20%	图文排序与命题
转发收藏率	转发或收藏数 / 粉丝数	10% ~ 15%	是否具备长期价值
原文阅读率	点击“原文阅读”的次数	3%	引导图文阅读的设置
独立访客（UV）	通过公众号带来的独立访客数		链接设置、引流统计、推荐产品价值及技巧
浏览次数（PV）	通过公众号带来的浏览次数		
订单数	通过公众号带来的订单数		推荐产品、订购功能易用性、引流统计功能
订单金额	通过公众号带来的销售额		

第二节　粉丝经营与朋友圈经济在客户中心的应用

粉丝是英语“FANS”（狂热、热爱之意，后引申为影迷、追星等含意）的音译，原本多指女影迷、女歌迷、女追星族等，最初源于湖南卫视超级女声，微博、微信等自媒体盛行后成为了“朋友”的代名词。顾名思义，“粉丝”的真正意义是远超越企业与客户间的弱关系，是通过社交化媒体打造与客户之间的“强关系”，因此在做粉丝经营之前，先确定好我们与客户之间的定位非常重要。

一、客户关系定位

曾经我们用几句话来定位企业与客户之间的关系：

◇“客户是上帝”“客户是老板”“客户是衣食父母”，体现服务的谦卑与对客户的尊重，但距离感很强，公事公办的感受。

◇“客户是恋人”“客户虐我千百遍，我待客户如初恋”，这种关系经常是一厢情愿的，客户并没有充分的信任和参与，依然不是稳固的。

◇“客户是闺蜜”“客户是密友”，紧密的铁粉、朋友、放松、平等，这样的关系使双方都更加真实、轻松、简单、快乐。

关系的定位决定着口吻的变化和心理距离的变化，在互联网大环境下，“80后”“90后”成为主要客群，客户更加喜欢轻松、真实、坦诚的朋友相处方式。

二、强关系与弱关系

强关系、弱关系是一种按用户之间联系或互动频率的社交关系界定方法。

1．强关系

强关系是双方的、互动频率强的、相对密切的关系，是彼此信任宽容的社交关系。

◇特点：互动频率高、沟通随意、圈子小、信任度高。

◇互动平台：QQ、微信等。

2．弱关系

弱关系是社交网络中的关系以展示自我和获得提高为主，可以双向互动，也可以单向展示，内容不需要全面匹配。

◇特点：圈子更大、内容优秀、展示作用、通知发布作用强化、维系成本低。

◇互动平台：新浪微博、唱吧、微课堂或微视频。

用弱关系渠道扩大“朋友圈”“粉丝群”，不断经营并将弱关系逐步转化为强关系。从“找朋友”到找到共同话题、兴趣点，逐步通过共同的话题互动并逐步建立强关系，逐步建立信任，形成销售成果。粉丝经营、社群经营的目的则在于此。

三、粉丝经营与传统电话销售的差别

互联网改变了人们的沟通习惯。节奏的改变、沟通习惯的改变、信息安全意识的提升、智能手机的应用、拦截软件的普及等因素都导致传统的电话外呼逐步削弱，接通率逐年下降已经是不可逆的趋势，必须改变客户互动方式、迎合客户需求变化，才能创造新的业务增长点。

1、两种互动渠道的差异对比

粉丝经营	传统电话销售
◇粉丝吸引过程：多渠道、多形式、低成本、精准	◇名单获取过程：新客获取渠道成本高、渠道相对少、精准度取决于渠道
◇信息发送即接收	◇接通率日趋下降，不易于建立沟通
◇易于多次沟通	◇每次沟通均需重新建立关系
◇随时随地，碎片化时间互动	◇受时间影响，各时段效率差异大
◇易于多次互动、客户参与感强	◇单次互动能力减弱、多次互动能力较难建立
◇易于由弱关系转化为强关系	◇不易于建立强关系

2. 粉丝经营的价值

◇形成口碑传播，成为品牌宣传、产品推广渠道。

◇通过口碑传播，形成低成本新会员拓展渠道。

◇通过粉丝互动建立会员强关系，提升会员黏性。

◇实现销售转化、变现引流、创造价值与收益。

◇由经营产品向经营关系转化：建立强关系后无所谓经营什么产品，围绕客群的所有需求都是易于被接受的。

3. 粉丝经营思路与技巧

◇明确价值定位：粉丝经营不同阶段重点不同，必须确立阶段性重点，从内容的组织到吸引客群的来源，都要围绕设定的目标与价值展开。

第一阶段：吸引粉丝，拓展客群。

第二阶段：提升活跃度，建立强关系。

第三阶段：提升粉丝转化为会员，进而产生购买行为。

第四阶段：提升会员黏性 — 复购、年度贡献值。

不同发展阶段要设定不同的目标及侧重点，而粉丝互动的内容要与发展阶段相匹配，随着粉丝群体的扩大，可以通过分设群组、粉丝标签的形式进行分群互动。

4. 确定服务人群的兴趣点及来源

服务人群的设定思考决定着后续所有的经营关键，是设定所有目标和实现方式的第一步，需要从几个角度加以思考。

◇我们的产品是什么?

这个问题要在两个层面思考清楚，无论粉丝经营还是会员经营都要想清楚，才能够形成自己的风格和调性。

首先，想清楚我们选择经营的产品是什么。其次，要想清楚我们的服务产品是什么。再次，我们带给“朋友圈”客群的价值是什么。

只有用“服务包裹产品”，让粉丝被价值所触动，才能让产品本身增加生命力，并在朋友圈中起到传播和变现的作用。

◇产品卖给谁?

这个问题是在企业整体的政策下进行细分，要实现精准和联动。

首先：我们是卖给直客还是代理?面向的是B2C还是B2B？

不同的群体诉求不同、内容不同、痛点不同，但对于B2B类的客群，要考虑的是B2B2C，既要考虑到中间环节，又要考虑终端客户。

其次：细分产品是什么?以什么作为切入点?哪一类最适合进行切入?

不同产品的经营思考差异很大，经营的切入点及利益点差异很大，因此所有主动经营都需要思考并做出取舍，主销产品、搭销产品是什么，需要加以确认。

再次：先精准再联动的机制。

由单项产品或单类产品进行切入，由此作为粉丝经营“入门”，目的是精准获取“粉丝”，而“粉丝”的长期经营则需要不断创造和抓住关联需求，形成产品关联推广与联动的机制，这是一个围绕需求的双赢机制。

◇粉丝的痛点和兴趣点或兴奋点分别是什么?

要让触动粉丝迅速进行互动及传播，必须抓住痛点与兴奋点。

★痛点是什么Pain Point：痛点是尚未被满足的而又被广泛渴望的需求；客户需求往往可以理解成是客户非常关注、至关重要、急需要解决的问题，如新妈妈的痛点是如何催乳、怎么判断宝宝的成长情况等。

★兴奋点：是让客户感兴趣、产生共鸣、很快引发兴趣的需求，让人有眼前一亮，瞬间引爆兴趣、睁大眼睛“WOW”的感觉。

★掌握客户痛点和兴奋点，是需要充分了解产品、产品适用客群、客群在某一阶段的需求点和心理状况后得出的判断。

◇粉丝在哪儿？如何找到他们？

对于产品、客群、客户需求、客户痛点、兴趣点充分了解后，就可以通过几种方式找到粉丝。

★线上线下联动形式：通过线下门店、线下活动扫码加入微信、QQ、社群、微博等方式对弱关系群体或未建立关系的“一面之缘”客群进行持续粉丝经营。

★产品宣传联动：借助物流载体实现粉丝经营，如何与商品到达客户手中的各个环节形成联动，包括运输车辆、配送站点外观装修、配送车、配送员服装产品包装、POS机小票等均可进行扫码关注。

★跨屏连动形式：比如“拜托了”妈妈节目通过电视节目后的微直播与客户互动，迅速将收视客户转化为粉丝，建立强关系进而形成持购买，这类跨屏连动的方式尤其适合电视购物为业务模式的转型。

★社群：通过兴趣点关键词命名的社群找到客户群体，形成互动互粉。

★公众号联合推广：通过与产业链上下游企业的内容互推形成粉丝共享机制。

★线上线下生态圈联动：通过与生态圈企业进行联动推广形成粉丝共享机制。

★支付环节互动：借助微信支付环节实现对一次消费用户的持续经营。

★口碑传播联动：通过优质地解决痛点或触发兴趣点的内容形成分享转发。

★社区联动：很多网站开设社区、APP 设置“圈子”实现客户问题互动。

★免费 WIFI：这种方法相信大家都有经历，目前在各行各业均有广泛应用，即当客户使用免费 WIFI 后注册、填写信息，后续形成互粉并持续经营。

三、粉丝的管理与分类

1. 分类标签的应用：粉丝分类是为了结合多维度信息进行分类经营，尽可能实现内容、时间、偏好精准。对于不同类别的粉丝使用不同的方法与内容形式进行互动营销。

2. 分类标签的维度：粉丝标签的设定应既有整体设定原则又有个体化的设定，同时分设动态与静态两类。

◇活跃度：这里面的活跃度可以按互动、购买、参与社群等不同方式进行设定，而不单纯以购物频次作为设定原则。此为动态标签。

◇互动偏好：包括时间、渠道、形式等。

◇消费偏好：包括品牌、周期、购买渠道等。

◇生活方式：如全职妈妈、职场女性等。

◇与产品相关的经营偏好：如玩具品牌等。

◇来源与关系：对粉丝的来源与推荐人进行记录或绑定，可以借助系统完成。

◇粉丝标签信息来源：粉丝标签的信息来源更加广泛，如定位功能、朋友圈信息、头像、昵称等都是粉丝的名片，能够借助各类信息进行标签的补充与分类，进而形成精准的互动。

3. 粉丝标签与会员标签的互通

粉丝标签相关更加灵活、动态标签变化快、易于获取，涉及消费偏好类标签等应与会员标签打通接口互相补充。

◇形象打造

自媒体形象既是个人形象也是品牌形象、服务形象，包括四个环节。

★昵称：可用姓名、可用花名，但决不能使用编号。互联网是开放的平台，客户互动是平等的对话，要拉近与客户的关系，首先要有一个开放平等的心态。

★头像：结合要打造的风格进行规范与要求，真人像、真面目面对粉丝是最真诚的表现。

★专业化：可以通过统一形象及真人照片形式作为头像，适用于专业度强、专家型的客户中心。

★个性化：突出个性化。全家福、亲子秀、个人照均可以作为个性化头像。

★卡通化：可以借助卡通画像的形式增加头像趣味性。

★加微信后首次互动：与在线服务相比，微信等社交化媒体更加开放，更适合个性化的展现和相对奔放与灵活的互动方式，因此在昵称、头像、背景、互动语言方面可以更加轻松，允许生活化，通过定义风格不拘泥于形式的方式来释放个性化服务基因。

五、朋友圈互动

1. 互动规范

◇通过朋友圈互动的总体方针制定，如精准互动、积极有效回复。这一环节包括主动发送信息的规则及客户发送信息的互动。

◇圈内好友分享要多点赞，话题要多评论，遇到问题要多关怀、多安慰，从客户心理需求出发，首先要成为客户的粉丝。

◇内容以知识性为主、销售为辅，过多的销售会引起客户反感和拉黑。

◇内容清新、诙谐轻松幽默能提高阅读率和转发率，从而达到有效的互动。

◇分享短文与知识，无论是鸡汤还是生活贴、实用贴都需要正能量。

◇社会化营销是口碑营销、事件营销，结合公众号信息、促销及活动信息来形成信息联动。

2. 禁忌与原则

◇守法原则：发布内容需要遵守相关法律法规及腾讯协议规则的规定。

◇禁止侵权或侵犯隐私类内容，禁止擅自使用他人名称、头像，侵害他人名誉权、肖像权等合法权利。

◇高雅原则：禁止发送不健康和低俗的短文。

◇频次原则：禁止频繁发送促销信息定义次数，避免骚扰。

◇精准原则：禁止模糊回复，即不直接回复客户问题。禁止互动内容中出现错别字。

◇转发原则：禁止转发涉及客户个人隐私的内容。

3. 朋友圈内容的组织方法

朋友圈内容的组织与编辑可以多种形式并存，不同类别内容可设定不同的自由度。

◇内容库：内容营销、服务贴士、产品推广等适合通过内容库形式自取转发。

◇专业写手：实时动态的信息可由专业写手撰写，个人转发。

◇个人自定义：励志类、鸡汤类、个人客群匹配的营销推广类可以发挥个人专长，进行个人自定义内容发送。

4. 朋友圈内容规则分享

朋友圈内容发送的三要素包括发送频次、发送时间、发送内容，决定着信息的阅读结果和推广效果。

◇时间：发送信息的时间要匹配看微信的时间高峰，以提升朋友圈阅读的效果和辐射人群。

◇次数：频次不宜太多，避免刷屏带来的反感，要有间隔。

◇内容：就像饮食要营养均衡一样，传递给粉丝的信息也要营养均衡，所谓“鸡汤不能老喝，喝多了会上火”，因此在设计规则时要考虑到内容组合。

◇以下为“6+X”模式，即6条规范类信息，在发送时间及内容类别上均按统一规则进行；X是可发挥的部分。可以结合粉丝类型定制，也可以结合自媒体调性进行自定义内容分享。

推送次数	时间段	互动内容	（朋友圈）
6+X次/天	7：00 ~ 9.00	发送第一句话：问候语+励志（心灵鸡汤）	发送问候语（早安）
	12:00 ~ 13:00	朋友圈分享，讲故事，用朋友的事情举例，制造话题	互动内容发送让客户有期待（趣事、文章）
	15:00 ~ 16:00	提供专业的育儿资讯（问句+温馨提示+单品）	互动内容要求结合实际情况（如换季、过敏等）
	17:00 ~ 18:00	社区及网站评论晒单（客户体验感受）	使用者的（晒单）有图片，有内容，能引起客户兴趣
	19:00 ~ 20:00	制造话题（实事、娱乐圈），引出销售，如：天气/换季等	以问句开头，客户愿意互动（更新微店选品）
	21:00 ~ 22:00	晚间问候+（每日一贴：育儿百科/临床常见护理问题/知识讲堂等信息）	发送问候语（晚安）+专家讲座/知识课堂或线下活动等信息

5. 个人私信互动规范与禁忌

个人私信的互动与朋友圈互动存在差异，朋友圈更像是一个公众平台，展示和宣传作用大于私信，覆盖面广；互动性弱于私信。私信更亲近，更加差异化。

◇私信的作用更多地是一对一的沟通和互动，更加直接，对于回复的速度和交流的深度要求更高。

◇互动规范：

★首次互动：以什么样的口吻，如何自我介绍，要形成双方“舒适”的风格。要同时考虑到主动与被动的首次互动话述，借助微信自带功能可进行预设。

★互动时效：被动互动注意时效，微信的互动时效比在线、电话都要宽松，是基于“朋友”间的耐心和信任度更高，但从内心的期望上看，任何朋友都希望“有去有回”“秒发秒回”，因此如果信息回复超过10分钟，要做致歉与关系的维系，但对客户的要求则无须过于期待时间。

★互动内容：私信内容的互动性更强，朋友圈更多的是展示，吸引起到的是“广告”和“传播”的作用，而私信则是一对一的深度互动，更适宜差异化的沟通与深度的交流，成单效果更佳。

★互动结束：每一次互动结束都要为下一次沟通作好铺垫，因此结束语不仅仅是一句话，而是一个预设的场景，即完美的结束。

◇处理禁忌

★主动私信注意时间要有约束，以不打扰客户为主，要制定最早和最晚时间。

★粉丝私信仍是业务行为，代表着官方的信息，可以轻松表述，但业务原则不可夸大，严肃的事儿轻松地说。

★互动内容有始有终，让每次结束都带着情感与期待。

六、经营成果评估

◇复购率 / 重复购买率：指消费者对该品牌产品或服务的重复购买次数，重复购买率越多，反应出消费者对品牌的忠诚度越高，反之则越低。

◇ ARPU 值：每用户平均收入 (Average Revenue Per User)，客户单次购买金额、购买次数越多，贡献值越高。与产品的交叉销售、购物车大小、购物次数正相关。一对一的服务可以通过交叉销售、向上销售形式教会客户选择适当的商品，提升效率显著。

◇购物频次：对于强关系的一对一服务，适当地提醒配合定期购买的功能提示，有效提升高频销售产品的购物频次。

◇亲传率：对于老会员推荐新会员比值的数据，有效评估一对一粉丝经营的口碑宣传效果。

序号	参考指标	定义
1	复购率 / 重复购买率	一段时间内 2 次以上购买客户数 / 所有购买客户数
2	ARPU 值 / 单客贡献值 (Average Revenue Per User)	每个客户一段时间的销售贡献（月度、季度、年度）
3	购物频次	订单数 / 客户数
4	亲传率	推荐客户数 / 现有客户数
5	销售效果	一段时间内销售额
6	引流效果	一段时间内 PC/ 移动端浏览量

在提升复购率、贡献值、购物频次等方面，随着信任关系的建立，粉丝经营的模式

可达 2 倍的提升效率（与基础值相关）。

附录：粉丝经营接触场景及接触点

<table>
<tr><th>场景</th><th>接触次数</th><th>节点</th><th>场景</th><th>时间</th><th>方式</th><th>目的</th><th>互动内容</th><th>指导及禁忌</th><th>物料</th></tr>
<tr><td rowspan="2">按业务场景及客户现阶段需求划分</td><td>1</td><td rowspan="2">初次接触建立信任</td><td>已接通</td><td>注册后多长时间，拨打电话</td><td>电话后续微信跟进</td><td>1）推广品牌
2）顾问服务内容
3）如何联系 - 个人微信
4）公众号</td><td>基本信息、标签信息</td><td>避免客户抵触，塑造好感</td><td>内容产品：如故事、课堂、介绍、知识等</td></tr>
<tr><td></td><td>未接通</td><td>当时</td><td>短信 + 微信</td><td>加微信争取后续有接触的机会</td><td>公众微信号 + 个人工作微信号</td><td>主动联系客户，避免客户不同意强加微信好友</td><td>专属育儿顾问服务介绍</td></tr>
</table>

第三节　社群经营在客户中心的应用

一、什么是社群？

一般社会学家与地理学家所指的社群（community），广义而言是指在某些边界线、地区或领域内发生作用的一切社会关系。而互联网环境下的社群，本质上是一群志同道合者或是兴趣志向价值观趋同的人群聚焦并通过参与互动找到归属感。

2015 年，大大小小的企业或创业者、微商、各类自媒体都开始了社群的尝试，而社群从个体的经营形式转化为可复制的专业化运营还需要进行摸索与细化。社群是互联网去中心化的产物，是与客户建立强关系、充分建立客户参与感的社会化工具。

社群的核心关键词是参与、互动、统一的兴趣点、归属感、亲密、开放、信任。围绕这些关键词，我们来看一下全媒体客户中心如何借助社群实现服务营销。

二、社群在客户中心的作用与价值

◇去中心化：互联网时代去中心化的产物，实现企业与客户的互联、客户间互动，无论是沟通渠道还是销售渠道都更加扁平，意味着快速、统一。

◇建立强关系：互动性更强，借助社群实现开放的互动，互动频次高，易于建立信任感，从而提升客户黏性。

◇建立客户互助服务模式：对于“80 后”“90 后”人群，广告的宣传远不如朋友的推荐。社群的分享互动更易于客户对产品及服务的认知，客户客观的感受与评价是最好的口碑营销。

◇低成本传播推广，引流拉新带动销售。

三、社群的组织形式与分类

1. 按组织人划分

◇客户自发组织：由客户发起的社群，建立迅速，互动性强，但在内容和导向上需要重点关注。

◇企业建群：由企业建群，拉动粉丝加入并进行互动。

2. 按群功能划分

不同的功能在内容的组织及社群的管理上均存在较大差异。

◇服务型社群：以服务粉丝为目的的社群。

◇学习交流型：以粉丝之间交流分享为目的的社群。

◇营销导向型：以销售品牌、产品为目的的社群。

四、如何选择社群建设平台

社群建设的平台选择较多，包括 BBS、QQ 群、贴吧、豆瓣、SNS、微博、微信、QQ 兴趣部、企业自建线上聊天室等。按客户的习惯，易于拉动粉丝入群及活跃度较高的是 QQ 群及微信群。

依据 QQ 或微信的差异，可以选择不同的平台建群，从粉丝的习惯出发进行建设，而当前粉丝更习惯使用微信。

	QQ群	微信群
规模	4个2000人群 8个1000人群 500人群无限制	普通客户可建多个500人群
数量	500人群可建多个	无限制
群主权限	群主可设置管理员 仅群主可允许入群	创建者为群主，粉丝可随意拉人入群、群主与粉丝权限差异不大
功能	等级设定、群发、禁言、红包、互动、群公告	红包、分享、互动、群公告
粉丝活跃度	逐步减弱	高

四、社群的建设方法与思路

1. 确立群定位

◇首先要从群功能的角度上定位，不同定位在后续运营、内容制定、粉丝经营方面均有较大差异，不同功能的社群对于群主的要求也存在较大差异，此为建群的首要考虑因素。

2. 群成员定位

社群的根本是一群志同道合的人的聚焦，因此需要确定群成员的范围，包括区域、人群画像、关注问题点、确立分类经营产品等等。

3. 确定阶段性目标并围绕目标展开社群的运营与管理

第一阶段：社群的推广阶段，吸引粉丝入群，可以通过线上线下联动的形式迅速推广。

第二阶段：群粉丝初建规模，通过内容策划及入群福利等活动实现粉丝的互动与拉新，扩大铁粉数量，则粉丝不断拉动同样标签人群入群，迅速扩大粉丝群体。

第三阶段：粉丝活跃度拉升，逐步促进会员转化、流量转化、销售转化。

第四阶段：粉丝群体扩大拆分，通过群体特点将大群拆分为小群，进入多群发展的环节，群组织与群角色进行分工。

4. 社群建设团队成员设置。

社群是一个互联网虚拟组织，需要不同的角色配合，这些角色可以是客户中心的员工，也可以是忠实的粉丝、合作伙伴或兼职员工。在运营机制有待成熟的阶段，应由自组织人员进行尝试，迅速沉淀磨合，形成成熟的管理机制并具备可复制的模式后借助兼职、合作伙伴等形式进行复制，可以实现遍地开花、百花齐放的场景，也将会有意想不到的收获。

群职能	角色	作用
群主	建群者、核心人物、精神领袖、团队管理者	负责发送优惠、知识推送、日常维护管理
群管理员	运营者、观察者、操作者	辅助群主监控违规发言及确定群成员身份，发展私粉及会员
群策划	社群活动策划及活动内容组织，社群营销物料的准备者	负责各社群活动及优惠券申请、活动链接埋点等工作，负责各群会员群体育儿知识分享内容制作和发布
铁粉	意见领袖、忠实粉丝、响应者、号召者	积极互动、号召粉丝间互动，起到热场作用，吸引新粉丝入群
粉丝群	粉丝、潜在客户	粉丝传播引流，带动会员转化、销售转化，逐步转化为铁粉并吸引新粉丝，形成口碑传播

六、社群运营管理

1. 群主选择与培养

社群的运营无论是服务类、销售类、知识分享类，对于群主的要求都比较高，需要具备管理能力的业务专家转向社群管理，如一线班组长、培训质检人员、业务专家等，都可以逐步转型成为社群群主。

◇具备管理能力：能够调动、激励粉丝分享互动。

◇专业能力：专业知识扎实，具备解答问题并借助问题逐步导向销售或建立信任的能力。

◇文字交流与沟通能力：社群的交流与在线客服交流存在共同点和差异点，共同的是互动方式均以全媒体互动形式使用在线交流工具；差异点在于社群的交流范围大，涉及的内容不仅仅是业务层面，围绕人群所辐射的外延知识更为广泛，需要群主能够调动群内资源和粉丝进行互动，还需要具备敏锐度，在交互过程中能够发现机会点、风险点并及时采取措施。

◇经营思路与销售挖掘能力：推进围绕粉丝需求的销售机会挖掘，不断营造分享、互动氛围、推进营销方案的达成；同时能够借助群互动内容抓住需求热点，及时匹配资源形成经营闭环。

◇关系维护能力：强关系是一个不断建立、巩固的过程，由弱关系到强关系也是一个不断转化的过程，因此除了互动规则和规范的执行以外，关系的维护是一个动态的过程，需要较强的社交能力与互动能力。

◇随着传统呼叫中心转型及自助化服务能力提升，尤其是智能化质检等功能完善，原有的基层管理者既要有管理的能力和高度，又要具备专业知识与沟通能力，这样的人才可以在全媒体互动时代逐步转向到社群的运营与粉丝的经营工作中来。

2. 群规建立与维护

(1) 群规的制定

社群加入人群的定位和互动必须要有规则和禁忌，并且在粉丝入群时“有言在先”。没有规则看似宽松，实则无法凝聚人群。

规则内容设定一般包括群介绍、入群范围、发送内容禁忌、实名要求等。

参考一：《红孩子宝妈育儿交流》

群公告

欢迎各位加入【红孩子宝妈育儿交流】分享群!

请关注本群群规：

①本群欢迎大家讨论与孩子的育儿知识、成长、教育、心理相关话题。

②群内伙伴可以拉人进来，仅限为人父母，或孩子的合法监护人。

③纯公益广告可私信群主，经由群主进行发布和推广。

④谢绝广告。凡与阅读、教育、孩子等相关广告请联系群主，未经群主批准确认，不得擅自发布。

⑤谢绝集赞、拉票等与本群核心话题无关的求助和发布。

谢谢大家配合!

(2) 违规清理

设定规则后，群管理员或群主必须对违规粉丝进行提醒并及时清理，否则社群就会成为微商的经营场所，从而让社群伦为“乌合之众”，近而引发退群潮、早亡群的结果。

(3) 社群粉丝权益的设计

粉丝权益与会员权益不同。粉丝权益是拉动粉丝加入的激励政策与福利方案，设计的目的包括吸引入群、入群后的销售转化，因此围绕社群运营的目的进行权益方案的设计:如免费专家课堂，此类尤其适用于学习交流类社群;再如免费礼品领用、优惠券使用;也可以是某一类稀缺的资源领取等。

◇加入规则设定：社群加入规则要结合粉丝权益而定，有些通过社群进行培训分享或举办微课堂，入群设定收费门槛。

◇拉粉入群奖励规则设定：通过设定规则促进粉丝拉动，此方法仅适合粉丝传播的营销活动，借此促进社群粉丝迅速增长。

◇社群活跃度拉升机制建立：通过话题分享促进社群成员间互动，提升社群的活跃度，社群越活跃，越能够迅速带动粉丝拉新。

◇社群粉丝会员转化机制建立：社群是迅速扩大粉丝团体、迅速推广品牌形成口碑宣传的渠道，从粉丝向会员转化需要通过一对一互动、促销或活动推广、系统的对接来实现，需要从规则、系统对接、业绩追踪等方面建立规则。

3. 社群拆分机制建立

社群的发展一般包括萌芽期、高速成长期、活跃互动期、衰亡期、沉寂期等五个阶段,不同阶段可以通过不同的方式进行社群互动。社群的生命周期与产品的生命周期相关，单一兴趣点聚焦的粉丝生命周期是有限的，因此在认同社群存在的生命周期的同时还需要不断转移、拆分。

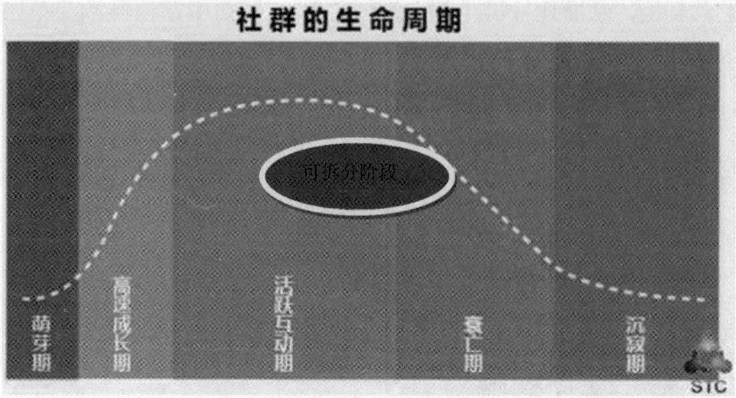

图表 10-3-1　社群生命周期

本图源自 STC 研究中心 SocialTalent

◇在社群处于活跃期时要开始结合兴趣点对现有社群进行拆分，复制新群。要通过对粉丝的洞察来确立拆分群的属性；同时基于对粉丝的洞察来进行铁粉的培养，以迅速搭建起多个活跃的新社群。

七、社群经营

社群互动与设计游戏一样，需要寻找一个有趣的、有价值的承载内容，可以是活动、可以是目标或者是知识、福利等吸引用户的参考，并形成广泛、主动的传播，这需要不断设计一些有"诱惑力"的元素、不断调动粉丝热情，并在此过程中形成长期的情感联接纽带或精神依赖，这是依托于粉丝需求、兴趣点的洞察而量身打造的"游戏规则"，不断凸现社群的价值，使得社群的活跃度不断提升与保持。

1. 内容型及知识分享型

对于持续性较强的高频产品所辐射的人群，此类知识分享最具吸引力。如母婴相关人群需要持续关注育儿知识，汽车配件是所有司机持续关注的话题，教育培训是不同年龄段父母关注的热点，出国留学是部分父母一段时间内持续关注的话题。培训和知识分享型互动在特定产业、特定客群最易互动。

◇适用产品或客群特点：周期性使用产品、高频、专业度强、对粉丝及家庭影响大、可选择范围广。

◇分享形式：内容及知识分享可以通过文字、微课堂、线下课堂、群课堂等多种形式进行，群课堂是互动性最强且最能够迅速扩充粉丝、迅速建群的形式。

◇分类知识分享：可以通过连载的形式定期进行知识分享互动，借助社群、公众号形成知识分享的载体。

◇微课堂：借助“蜻蜓”“荔枝”等平台开设微课堂，结合客群兴趣点分模块开讲，也可拉动社群专业人士进行分享互动，让粉丝充分参与，并找到网红的感受，形成多赢的分享模式 。

◇线下课堂或线下活动：O2O（线上线下结合）的模式在社群的应用上同样可以运用并形成“1+1 大于 2”的效应。无论是齐家网的线下侃价还是“红孩子”母婴的胎教音乐会都可以在每期活动后迅速进入社群，并通过社群互动形成后续交易。

◇群课堂：群课堂的形式在教育领域、咨询培训领域、医疗保健领域都将大有发展，邀请客座专家在约定时间通过社群授课，借助自媒体的传播可以迅速实现建群、持续互动的作用。

2. 热点话题型

在了解粉丝兴趣点的情况下确定话题、引发思考、确定时间周期进行群讨论。话题的选择一般要切中痛点，如教育领域“小升初如何择校”“中考如何提分”“青春期教育误区”等，类似话题是特定时期每个家庭的痛点或关注点，容易吸引此相应阶段的人群，同时也易于互动。

3. 福利分享型

此类较适用于营销推广类型的社群，可以定期发送试用装、赠品、优惠资格等，也可以通过定期发送群红包来提升互动效果。

社群经营可以多种形式并存，无论哪一类活动都需要遵循几个宗旨，即利他性、娱乐性、互动性、持续性。

八、案例分享：“红孩子”育儿妈妈群

“红孩子”主要客群为 0 ～ 3 岁的孕期及新生儿家庭，其中 80% 为准妈妈或新手妈妈。基于对于孕妈及新手妈妈关注点的整理、孕育成长阶段痛点的整理，按区域、年龄段建立育儿互动社群，通过社群价值定位、区域定位、宝宝年龄定位建立社群，经营 3 个月的运营，效果远超出期望。

◇社群定位：分享育儿课堂，足不出户学习育儿知识。

◇社群内部价值体现：开发服务产品，育儿课堂产品化，打造收费模式。

◇社群推广形式：通过微课堂、日常交流来扩大粉丝群体。

◇粉丝区域划分：粉丝区域群体细化，由大区至城市、小区。

◇粉丝经营：个人粉丝逐步纳入各群，统一交流与一对一业务形式并存。

◇社群活动形式及活动时间表。

	周一	周二	周三	周四	周五	周六	月粉丝日
育儿微课堂			■				
群福利 - 券		■					
试用整点抢	■						
爆品定时抢				■			
线下活动预告					■		
育儿互动话题				■			■

九、社群经营成果评估

◇粉丝获取：通过建立社群，社群成员之间会互相介绍、推荐好友加入，由此带来社群的自然生长和分化。

◇粉丝转化：通过新会员注册来源追踪社群转化效果，包括注册行为追踪、购物行为追踪等，此数据可以通过两种形式追踪。企业内部 CRM 系统通过注册渠道定义及渠道追踪统计相关数据；通过监测代码追踪相关链接产生的注册及转化情况。

◇引流及销售效果：通过技术手段（监测代码形式）追踪社群引流效果，包括社群带来 UV（Unique Visitor 独立访客）、PV（Page View，即页面浏览量或点击量，用户每次刷新即被计算一次）及转化情况。

◇任何工作的效果评估都需要量化，而在初始阶段，数据的考量方式及技术条件均处于磨合期，必须逐步开始才能不断完善，因此初期量化数据、确定阶段性目标值，才能不断挖掘潜力，确定有效的运营机制，进而形成复制的模型。

第四节 微课堂在知识分享中赢得客户

一、微课堂介绍

1. 什么是微课堂？

微课堂是新媒体的重要构成部分，既是传播渠道，又是交流分享渠道，分类录制和推送可以应用于内部教学和外部知识分享。

2. 微课堂应用平台介绍

移动电台、视频网站等低成本、低门槛录制平台为微课堂的应用和推广提供了良好的环境和工具，目前开放式的播客平台较多，如“喜马拉雅”“荔枝”“蜻蜓”等等，此类平台应用门槛低、易用性强。

要使用此类 APP 作为微课堂的应用平台，需要从几个方面考量并进行选择。

◇用户数：越多越好，可以借助平台增加推广范围。

◇录制功能：考虑功能易用性。

◇播放功能：考虑客户使用的便捷性。

◇节目推送功能：借助节目推送找到精准客群。

◇后台管理功能：后台对于节目的管理、数据分析、系统接口开发等功能的完善程序。

附录工具：《播客平台选择功能一览表》

类型细分	荔枝	喜马拉雅
用户数	1.5 亿	2 亿
录制功能	时长：60 分钟以内	时长：30 分钟以内
	背景音添加：多首，支持切换	背景音添加：多首，支持切换
	录音处理：自动混音、降噪；支持剪辑	录音处理：自动混音、支持剪辑
播放功能	在线播放	在线播放
	离线播放	离线播放
	定时停播	定时停播
	流量提醒	流量设置；在线评论、点赞
	在线评论、点赞	节目页自动播放
	节目页自动播放	历史播放内容展示
		特色闹铃
		车载模式
		智能硬件设备
节目页自动播放	手动推送至本平台	手动推送至本平台
	推送至平台（包括：微信、QQ 好友、空间、新浪微博、豆瓣、人人网）	支持定时推送
		推送至其他平台（包括微信、QQ 好友、空间、新浪微博、豆瓣、人人网；微信、新浪、腾讯微博、QQ 好友、空间、短信、人人网）
后台管理功能	4 大后台管理模块	7 大后台管理模块
	我的播客；播客概况、查看公告、活动	数据看板：播客数据概览、关键数据趋势（7/30/自定义天）、主播排行；收藏、播放、完播、留存、收听时段趋势（7/30/ 自定义天）
	播客数据；7/30 天播客数据分析，播放、点赞、下载、转发 top10，转发平台分析、收听时间分析	节目管理；声音、专辑、定时发布
	听众分析；地域、性别分析，听众订阅播客展示	推广中心；postcard、微电台
	节目管理；节目、专辑管理、听众来搞管理、上传、一键搬家	我的消息；系统通知及听众消息
		账号设置；账号信息设置
		付费收听；支持付费收听设置
		主播大学；主播学习及提升平台

二、微课堂应用价值

微课堂是互联网的产物，其特点是远程、异步、易传播、录制门槛低、易用性强。全媒体客户中心应用微课堂，无论是在内部能力提升还是在外部客户引导方面，都存在非常大的价值。

◇内部能力提升：知识快速迭代的环境下可以利用内部员工碎片时间自主学习、远程学习，迅速达到信息同步。

◇内部人才培养与塑造：微课堂因其应用简单、易录制，人人都可以成为微课堂讲师，可以通过话题确定发起内部全员参与的方式，提升员工自主学习的氛围，形成内部学习推广的良好氛围。

◇知识产品化推广：微课程的设计要切中客户痛点、解决关注问题，将知识产品化推向市场，既可以提升专业化形象，又可以培养客户对于产品优势的认知。专业权威的销售，其带动能力是最强的。

◇内容营销：微课堂作为传递知识的内容产品，可以定期录制播放，并在公众号、社群中发送，拉动粉丝活跃度。

◇广告传播：微课堂的播放、转发、订阅、收藏、互动都是迅速吸引粉丝的重要方式，而借助互动及传播逐步引入到强关系的媒介如社群，则可以迅速建立起低成本的引流通道。

三、微课堂的组织形式

◇从录制人员：内部员工、客户分享、外部专家。在定义话题后可以运用内部团队和外部资源进行话题的分享录制。

◇从录制方式：音频、视频两种。对于知识类、故事类可以通过音频完成，实操类适合使用视频完成。

◇从内容方面：结合专业领域及面向客群可以设定不同模块，同时设定不同的推送时间。模块的设定要考虑到以下几点：

★知识内容面向谁？要考虑受众及其家庭成员的互动和帮助。

★面向客群的需求？内容要解决客群或粉丝的哪些问题？

★课堂是否是热点话题，是否具备持续性和传播分享的属性？持续性的话题可以与粉丝形成互动和情感的扭带，同时在连载过程中形成持续的口碑传播作用。

★话题的选择要紧贴客群需求与产品特点进行定义和选材。

四、微课堂内容模块设计

微课堂的内容模块可以结合微课堂面向客群的需求进行分类。

如《专注于育儿的微课堂课程模块设计》

模块	面向人群	内容			
育儿	宝爸宝妈	新生儿护理指导	婴儿期喂养及护理指导及护理指导	婴幼儿疾病预防及护理防及护理	宝宝各阶段生长发育特点
孕产	准妈妈、备孕人群	孕期饮食营养	孕期护理	产褥期全方位指导	
睡前故事	新生儿、学龄前、亲子	培养好习惯	童话故事	绘本故事	国学
		童谣	知识百科	科幻故事	

五、微课堂录制流程八个步骤

Step1：申请账号。选择发布平台、开通账户。

Step2：定位、命名、节目分类。确定节目的明确定位，如知识分享、产品推荐、游戏、教育等，再结合定位进行命名，命名含义要明确指向客群及其内容定位，同时选定题材或分类。

Step3：课程分类与内容规划。从客群细分、需求细分、产品定位等角度出发设定课程模块。微媒体是利用碎片时间进行交流学习的平台，因此单期节目的时间以 5 ~ 10 分钟为宜，可以通过连载的形式持续播放，最长每期不能多于 30 分钟。

Step4：分享主播选拔。主播选拔一定要广泛，让“草根儿”参与进来，让“粉丝”参与进来，只有主播的机会给到更多的草根儿和粉丝，才能够充分调动员工和客户参与的热情，同时也是迅速进行知识经验分享的平台，更是发现内部人才、培养外部铁粉的平台。

Step5：内容收集与审核。所有的内容收集后必须进行严格审核，内容必须与计划分享内容匹配，除了听觉、视觉感受要让人轻松舒适以外，一定要从内容上把关，要解决话题中涉及的需求问题，内容正向、专业、准确。

Step6：内容上传。审核通过才能够上传到正式环境。

Step7：内容推广应用。除了平台自发吸引的客群以外还要借助公众号、朋友圈、社群、微博等自媒体进行推广，形成内容推广互动的闭环。

Step8：粉丝互动。每一期课程都可以收集客户对内容的评价、主播的评价，同时收集粉丝需求，形成粉丝参与完善的闭环。

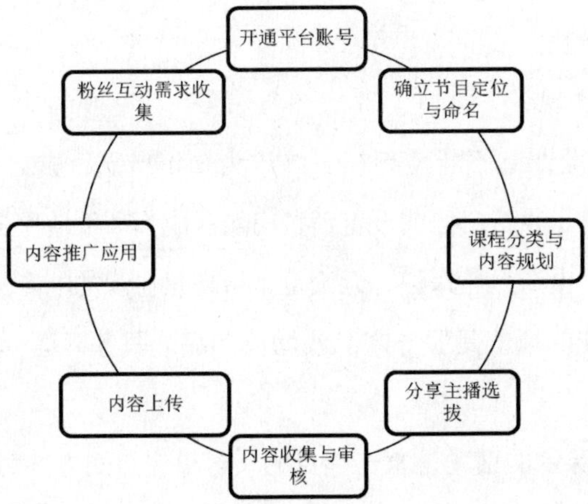

图 10-4-1　微课堂录制流程八步图谱

六、微课堂效果评估与分析

微课堂可以提供较为全面的听众分析，从听众的反馈和分析中可以评估节目话题的热点程度和对其内容的评价。

◇播放分析：随着播放平台的成熟，播放数据清晰可见，借助数据的呈现可以有效地评估内容选材的效果及话题关注度。

◇播放量的分析：每日订阅数、播放量、下载量、点赞量以及相应趋势。每一期节目上新 3 日内都是播放高峰，可以通过预告的形式实现订阅播放持续提升。

◇节目排名分类：追踪播放、收藏、转发 TOP 排名，通过排名洞察客户兴趣点及关注点，同时进行销售转化页面的承接。

◇客户收听时间统计：移动电台使用的是粉丝的碎片时间，上下班路途、晚饭后都是播放的高峰，这与 APP 端的流量高峰非常吻合，因此在内容的投放时间上可以迎合需求，同时对内也可以发起学习和分享。

七、听众分析

微课堂借助播客平台迅速传播，优质的命题和内容可以被广泛传播并迅速吸引匹配客群，因此微课堂是免费的流量获取和广告传播途径。

听众的分析与经营则是后期微课堂变现的关键环节。

从听众集中区域划分、听众性别、关联节目，通过听众的分析可以进行定制化的内容，同时进行精准客户的分析。

八、知识转化与变现

◇知识产品化：微课堂不断地积累可以成为知识产品，成为VIP客户或社群粉丝的高价值服务，可以设定收费门槛或设定消费门槛，成为高价值服务产品进行推广。

◇思考一下，对于电商企业来说，无论是平台还是自营类电商，我们的产品是什么？除了平台运营以外最佳的增值是服务产品或增值产品；服务不是“处理业务”，而是培养客户，提供专业引导。

◇植入广告：微课堂的话题是直击痛点的，解决痛点的方案可以是方法，也可以是产品。巧秒地提供解决方案，只要不急功近利，就可以得到多赢的合作成果。

◇引流变现：通过微课堂的知识传播同步关键词投放与站内搜索及专题承接页设置，形成购买闭环。

案例分享：《"红孩子"育儿微课堂建立始末》

好多朋友都知道我曾从事过母婴行业，遇到育儿问题难免会找我互相探讨，关于育儿的问题的客户声音也越来越多。

近几年“80后”、“90后”都在养育宝宝，好多宝宝都是由隔代的爷爷、奶奶、外公、外婆帮忙养育。想必大家也都知道“80后”、“90后”的父母们大多都需要为生计奔波，本身并没有机会积累很多的经验，同样新手爸妈对于科学的育儿知识也亟待了解。

微课堂——这个微信时代的产物充分可以发挥其作用，解决了所有问题，任何时代产生的问题都会在特定的时刻有很好的解决方案。

(1) 建设初衷

“不让孩子输在起跑线上！”然而，多数新手爸妈却不知道起跑线在哪儿。从备孕期到孕期，1 ~ 3岁才是育儿的起跑线。不得不说，最初开设微课堂的初衷是非常开心的，就是想帮助更多的新手爸爸、妈妈在人生最重要的阶段—养育宝宝时能够更加安心、快乐！

对于母婴客户群体开设微课堂是非常有意义的，这也为社会创造了更多价值，同时还树立了品牌专业度，简单概括下开设微课堂的价值，有以下几个方面：

◇外部客户：学习育儿知识，解决育儿问题，睡前故事陪伴宝宝成长；

◇内部员工：补充业务知识，丰富的粉丝经营推广素材及新颖的推广形式更吸引客户，一对一育儿顾问由幕后走到台前——打造个人的专业育儿顾问形象；

◇企业价值：提升会员黏性、树立品牌专业度、聚集各平台粉丝、销售达成；

◇合作伙伴价值：利用微课堂进行品牌推广、提升品牌黏性、获取新客户；

◇社会价值：营造欢乐的家庭氛围，育儿更轻松，让每一个宝宝都能被爱包围，健康快乐地成长。

（2）微课堂流程设计

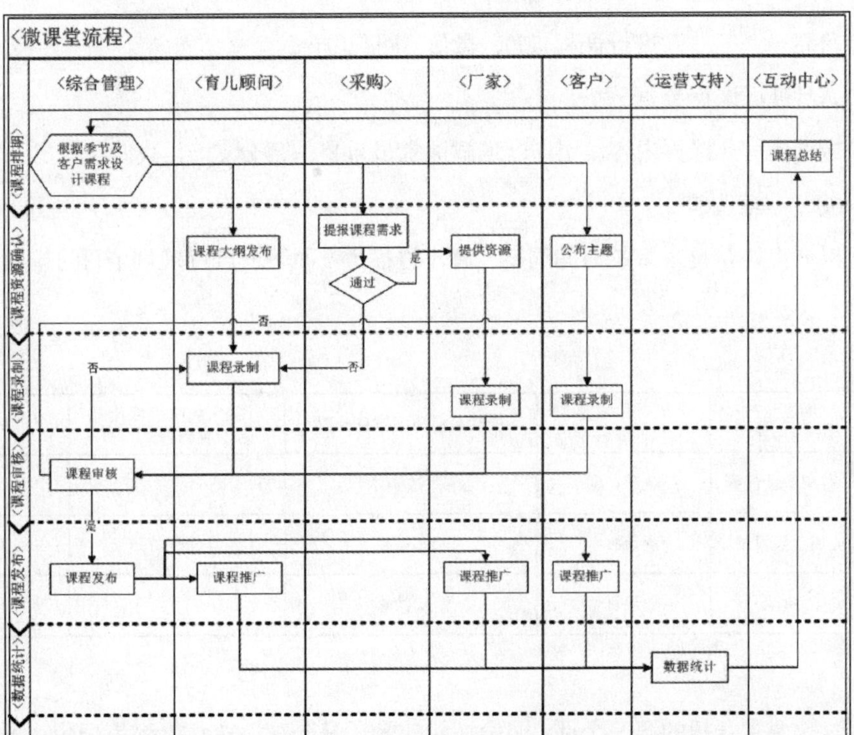

图表 10-4-2 案例　微课堂录制流程

(3) 实施阶段

前期试运行期间投放到各个平台上的节目都是由我们可爱的伙伴——育儿顾问在节目中娓娓道来育儿知识的点滴。

◇网络电台微课堂的开播，我们开通了“荔枝 FM”“喜马拉雅 FM”账号，移动平台的微课堂项目进入正式阶段。

◇进行微课堂页面模块设计，宣传定位。

◇微课堂报表设计。

◇全员学习网络电台使用，全员做主播制度建立。

◇录制节目时的注意事项。

◇全员投稿，节目选拔规范、制度建立。

◇微课堂课程计划及规则设定。

◇每季度末完成下一季度的微课堂课程主题计划。

◇每月 25 号前确定下一月微课堂讲师资源。

◇每周一、三、五进行课程推广，微信、网络电台。

◇每月进行课程数据分析。

◇微课堂育儿课程内容设定，这是微课堂最重要的部分之一，我们设定了三个模块：育儿、孕产、睡前故事。

◇根据宝妈孕育宝宝的时间周期、育儿的各个方面等，进行规划节目的排期。

模块	内容				
育儿	新生儿护理指导	婴儿期喂养及护理指导	婴幼儿疾病预防及护理	宝宝各阶段生长发育特点	早教
孕产	孕期饮食营养	孕期护理	产褥期全方位指导		
睡前故事	培养好习惯	童话故事	绘本故事	国学	其他
	童谣	知识百科	科幻故事		

(4) 微课堂开播的第一个月：无论是播放量还是分享、转发量都不理想。通过对节目的标题和内容的调整，而后取得了很大进步，并实现了单个音频播放量超过 3 万人的

好成绩，入选为播客平台育儿频道的主推内容。

（5）后期完善阶段

重新改版的过程增加了微课堂中与客户的互动，慢慢地，客户有了声音，育儿问题咨询也在微课堂进行时由育儿顾问轻松为客户解决。

海量的育婴知识通过微课堂的形式传递给全国的客户，关注我们的客户约有 60% 的宝妈、40% 的宝爸。短短的两个月，我们的客户关注量从零突破到了 6 万多! 关注的宝爸、宝妈遍布全国各地，她们都在期待从更多的分享中学习到育儿经验。

附录：全媒体客户中心关键指标参考

业务范围	指标名称	定义	指标性质	同行业参考范围
在线售前	满意度	满意 / 有效评价数	服务质量	98%
	询单转化率	提交有效订单会员数 / 咨询会员量	销售能力	≥ 40%
	在线接通率	有效会话量 / 有效诉求量	效率	≥ 95%
	小时处理量	评估客服当天总接线量 / 当天工作时长	效率	≥ 25
	并发处理量	评估客服同一时间同时服务的客户数量	效率	4 ～ 12
	询单客单价	有效订单金额 / 提交有效订单会员数	销售能力	产品差异较大
	平均回复时间	评估客服对客户咨询的响应时间	效率	45S
售后	在线接通率	有效会话量 / 有效诉求量	效率	≥ 95%
	满意度	满意 / 有效评价数	服务质量	98%
	一次性解决率	待解决问题工单 / 接入任务量	效率	≥ 95%
	小时处理量	评估客服当天总接线量 / 当天工作时长	效率	≥ 20
	均回复时间	评估客服对客户咨询的响应时间	效率	45S
工单处理	24 小时完结率	评估客服对投诉处理的效率和质量	效率	90%
	48 小时完结率	评估客服对投诉处理的效率和质量	效率	95%
	满意度	评估客户对客服服务评价情况	服务质量	≥ 95%
	客户复购率	投诉或升级问题客户月度或季度再次购买比例	服务质量	60%
	人均处理效率		效率	2500 左右

后 记

书写到一半的时候，越发感受到实践过程中的积累与日常总结沉淀的习惯特别重要。这个过程既是对过去的总结，也是对知识和经验的梳理。

经过几个月的时间，每天晚睡 1 小时、早起 2 小时，一点一滴用文字梳理思考的过程与实践的方法，不仅养成了深度思考和总结沉淀的习惯，更重要的是当把自己从日常事务中抽离出来站在行业发展的角度、站在经营者和消费者的角度去思考的时候，思路更加开阔，更关注问题的本身，判断事情也更加客观。

真的非常幸运能够有机会做这样一件有意义、有挑战性的事情，愈加感谢文香在呼叫中心领域的知识沉淀方面给予我非常大的启发。感谢“客户世界”赵溪在写书的选题与逐渐成书的过程中给予的帮助和指引。感谢业内的专家杨京津老师、李农老师、张安老师、曾智辉老师、周末老师、刘怀慈老师、周若洪，你们的每一次交流和分享都推动着行业的成长与深思。

感谢携程、遨游、“12580”、苏宁“红孩子”，这是培养我成长、不断让我汲取养分、给予我实践舞台的摇篮；感谢引领我成长、激励我前行的领导李敬东、王胜利、孙茂华、陈爽总、段冬总、田冠勇等。

感谢曾经一起摸爬滚打的伙伴们，王丽红、来静、吴磊、李建杰、丽娜、吴扬、潘晓羽、张飞飞、吴杰、李桂梅、姜萍、曾继聪。无数次讨论和团结一心的战斗让我们将问题转化为解决方案，将危机化解为良机。这本书中有很多我们曾经一起战斗、一起实践的影子。

感谢父母和女儿，自春节开始，每个假期和周末基本都用来查阅资料和码字，你们的支持永远是我奋斗的动力。每周回来，女儿都会问起这本书的进度，好像我关心她的学业一样关心书的进展，每当想休息一下、放任一下的时候，女儿的问候都让我不得不更加努力。

要感谢的人太多，工作和生活中有太多的贵人、恩人。心存感恩之心，感谢一路的支持和帮助。

第一本书，缺乏经验和系统化的知识沉淀，我怀着忐忑的心情期待着同行们的指正与鞭策，我想重要的是分享所思所想。当封笔的那一刻，心中燃起再次奋斗的期望，希望继续积蓄力量，翻开新的一页。

于 2016 年 5 月 2 日晚